Controle da Administração Pública-Desafios e Tendências

Controle da Administração Pública-Desafios e Tendências

ESTUDOS EM HOMENAGEM A NAPOLEÃO NUNES MAIA FILHO

2024

Atalá Correia
Rafael de Alencar Araripe Carneiro
Coordenadores

ALMEDINA

CONTROLE DA ADMINISTRAÇÃO PÚBLICA-DESAFIOS E TENDÊNCIAS
ESTUDOS EM HOMENAGEM A NAPOLEÃO NUNES MAIA FILHO

COORDENADORES: Atalá Correia e Rafael de Alencar Araripe Carneiro

DIRETOR ALMEDINA BRASIL: Rodrigo Mentz
EDITORA-CHEFE: Manuella Santos de Castro
EDITOR PLENO: Aurélio Cesar Nogueira
PRODUTORA EDITORIAL: Erika Alonso
ASSISTENTES EDITORIAIS: Laura Roberti, Tacila da Silva Souza e Patrícia Romero

DIAGRAMAÇÃO: Almedina
DESIGN DE CAPA: Roberta Bassanetto

ISBN: 9788584936960
Abril, 2024

Dados Internacionais de Catalogação na Publicação (CIP)
(Câmara Brasileira do Livro, SP, Brasil)

Controle da administração pública-desafios e tendências: estudos em homenagem a Napoleão Nunes Maia Filho / coordenação Atalá Correia, Rafael de Alencar Araripe Carneiro. – – São Paulo: Almedina, 2024.

Vários autores. ISBN Tal e Tal
ISBN 978-85-8493-696-0

1. Administração pública – Brasil 2. Brasil. Superior Tribunal de Justiça – Jurisprudência 3. Direito administrativo – Brasil 4. Garantia (Direito) – Brasil 5. Improbidade administrativa – Legislação – Brasil 6. Sanções administrativas – Brasil I. Correia, Atalá. II. Carneiro, Rafael de Alencar Araripe.

24-196713 35.076

Índices para catálogo sistemático:
1. Administração pública: Controle jurisdicional : Direito administrativo 35.076
Eliane de Freitas Leite – Bibliotecária – CRB 8/8415

Este livro segue as regras do novo Acordo Ortográfico da Língua Portuguesa (1990).

EDITORA: Almedina Brasil
Rua José Maria Lisboa, 860, Conj.131 e 132, Jardim Paulista | 01423-001 São Paulo | Brasil
www.almedina.com.br

SOBRE OS COORDENADORES

Atalá Correia

Doutor e Mestre em Direito Civil pela Faculdade de Direito do Largo São Francisco da Universidade de São Paulo. É professor do Instituto Brasileiro de Ensino, Desenvolvimento e Pesquisa (IDP). É Juiz de Direito no Tribunal de Justiça do Distrito Federal e Territórios.

Rafael de Alencar Araripe Carneiro

Doutorando e Mestre em Direito Público pela Universidade Humboldt, de Berlim (Alemanha). Professor do Instituto Brasileiro de Ensino, Desenvolvimento e Pesquisa (IDP). Advogado.

SOBRE OS AUTORES

André de Jesus Nonato
Mestre em Administração Pública pelo Instituto Brasileiro de Ensino, Desenvolvimento e Pesquisa (IDP).

André Luís de Freitas
Mestre em Administração Pública pelo Instituto Brasileiro de Ensino, Desenvolvimento e Pesquisa (IDP). Administrador e MBA em gestão pública, ambos pela Universidade Católica de Brasília (UCB). Diretor de Assuntos Institucionais e Inteligência Competitiva na Associação Brasileira da Indústria de Alimentos (ABIA).

Antônio Rodrigo Machado
Professor do Instituto Brasileiro de Ensino, Desenvolvimento e Pesquisa (IDP). Doutorando em Direito Constitucional pelo Instituto Brasileiro de Ensino, Desenvolvimento e Pesquisa (IDP). Mestre em Direito pelo Centro Universitário de Brasília (CEUB). Advogado.

Caio Alcântara Pires Martins
Mestre em Constituição e Sociedade pelo Instituto Brasileiro de Ensino, Desenvolvimento e Pesquisa (IDP). Pós-graduando em Direito e Processo Penal pela Academia Brasileira de Direito Constitucional (ABDConst). Graduado em Direito pela Universidade Federal de Goiás (UFG). Advogado.

Demóstenes Lázaro Xavier Torres
Mestre em Constituição e Sociedade pelo Instituto Brasileiro de Ensino, Desenvolvimento e Pesquisa (IDP). Especialista em Direito Penal e Processo Penal pela Academia de Polícia Civil do Estado de Goiás. Graduado em Direito pela Pontifícia Universidade Católica de Goiás (PUC-GO). Procurador de Justiça aposentado do MPGO. Advogado.

Edson Victor Eugênio de Holanda
Mestre em Estado, Regulação e Concorrência Instituto Brasileiro de Ensino, Desenvolvimento e Pesquisa (IDP). Especialização em Energia, Petróleo e Gás. Atual Presidente da Comissão de Petróleo e Gás da Seção do Distrito Federal da Ordem dos Advogados do Brasil (OAB/DF). Advogado.

Eduardo Lessa Mundim
Bacharel em Direito pelo Centro Universitário do Distrito Federal (UDF) e em Ciência Política pela Universidade de Brasília (UnB). Especialista em Prestação Jurisdicional pelo IMAG-DF. Mestre em Direito pelo Instituto Brasileiro de Ensino, Desenvolvimento e Pesquisa (IDP). Analista Judiciário e Assessor de Ministro no Superior Tribunal de Justiça (STJ).

Eumar Roberto Novacki
Mestre em Administração Pública pelo Instituto Brasileiro de Ensino, Desenvolvimento e Pesquisa (IDP). Foi Secretário Executivo do Ministério da Agricultura, Pecuária e Abastecimento (MAPA).

Felix Alberto Ciekalski
Bacharel em Direito pela Universidade de Cuiabá. Pós-graduado em Gestão do Estado pela Universidade de Cuiabá e em Gestão de Pessoas pela FGV. Mestre em Administração Pública pelo Instituto Brasileiro de Ensino, Desenvolvimento e Pesquisa (IDP). Secretário Executivo do Ministério Público de Contas do Estado de Mato Grosso.

Getúlio Velasco Moreira Filho
Doutorando e Mestre em Direito Constitucional pelo Instituto Brasileiro de Ensino, Desenvolvimento e Pesquisa (IDP). Especialista em Direito do Trabalho e Processo do Trabalho pela Rede de Ensino Luiz Flavio Gomes. Procurador de Contas do Ministério Público de Contas do Estado de Mato Grosso.

José Carlos Novelli
Conselheiro do Tribunal de Contas do Estado de Mato Grosso. Mestre em Administração Pública pelo Instituto Brasileiro de Ensino, Desenvolvimento e Pesquisa (IDP).

Luiz Carlos Azevedo Costa Pereira
Mestre em Administração Pública pelo Instituto Brasileiro de Ensino, Desenvolvimento e Pesquisa (IDP). Auditor Substituto de Conselheiro do Tribunal de Contas do Estado de Mato Grosso.

Marcos Rogério Brito
Senador da República. Doutorando em Direito Constitucional e Mestre em Administração Pública pelo Instituto Brasileiro de Ensino, Desenvolvimento e Pesquisa (IDP). Bacharel em Direito pelo Centro Universitário Luterano de Ji-Paraná (CEULJI).

Mariana Costa de Oliveira
Mestra em Direito Constitucional pelo Instituto Brasileiro de Ensino, Desenvolvimento e Pesquisa (IDP). Ex-Assessora de Ministro. Foi chefe de Gabinete no Superior Tribunal de Justiça (STJ), com atuação em Direito Público.

Mauricio Pereira Malta
Mestre em Administração Pública pelo Instituto Brasileiro de Ensino, Desenvolvimento e Pesquisa (IDP). Qualificado pelo Programa de Altos Executivos da Universidade Harvard Kennedy School. Pós-Graduado em Gerência Executiva em Administração de Transportes e Meio Ambiente, pela Universidade Católica de Brasília (UCB). MBA em Logística Internacional de Transportes e MBA em Administração de Negócios pela Universidade de Miami.

Paulo Henrique Figueredo de Araújo
Mestre em Administração Pública pelo Instituto Brasileiro de Ensino, Desenvolvimento e Pesquisa (IDP). Procurador do Distrito Federal.

Rafael de Alencar Araripe Carneiro
Doutorando e Mestre em Direito Público pela Universidade Humboldt, de Berlim (Alemanha). Professor do Instituto Brasileiro de Ensino, Desenvolvimento e Pesquisa (IDP). Advogado.

Rafael Rodrigues de Alcântara
Mestre em Administração Pública pelo Instituto Brasileiro de Ensino, Desenvolvimento e Pesquisa (IDP). Membro do Ministério Público de Contas de Alagoas.

Ronaldo Ribeiro de Oliveira
Mestre em Administração Pública pelo Instituto Brasileiro de Ensino, Desenvolvimento e Pesquisa (IDP). Conselheiro Substituto do Tribunal de Contas do Estado de Mato Grosso.

Thiago Bueno de Oliveira
Mestre em Administração Pública, Especialista em Direito Administrativo e Pós-graduado em Direito e Gestão dos Serviços Sociais Autônomos pelo Instituto Brasileiro de Ensino, Desenvolvimento e Pesquisa (IDP). Pós-graduado em Ordem Jurídica pela Fundação Escola do Ministério Público do Distrito Federal e Territórios. Bacharel em Direito pelo Centro Universitário de Brasília (CEUB). Membro da Comissão de Legislação Anticorrupção e Compliance da Seção do Distrito Federal da Ordem dos Advogados do Brasil (OAB/DF). Advogado da Agência Brasileira de Promoção de Exportações e Investimentos (Apex-Brasil).

Thiago de Lucena Motta
Graduado em Direito pela Universidade Federal do Rio Grande do Norte (UFRN), com estudos em Direito Econômico e Constitucional na Universidade do Porto. Analista Judiciário e Assessor de Ministro no Superior Tribunal de Justiça (STJ).

Túlio da Luz Parca
Pós-Graduando em Direito Processual Civil e bacharel em Direito pelo Instituto Brasileiro de Ensino, Desenvolvimento e Pesquisa (IDP). Advogado.

APRESENTAÇÃO

Essa obra coletiva foi idealizada pelos alunos e colegas de docência do professor Napoleão Nunes Maia Filho, que durante anos ministrou a disciplina *Controle da Administração Pública: Desafios e Tendências* do curso de Mestrado Profissional em Administração Pública do IDP. O propósito de todos é único: homenagear o engajamento acadêmico, a honestidade intelectual e a simplicidade humanística do professor Napoleão.

Cearense de Limoeiro do Norte, Napoleão Nunes Maia Filho bacharelou-se em Direito pela Faculdade de Direito da Universidade do Ceará (UFC) em 1971, sendo aluno de eminentes professores como Paulo Bonavides e Hugo de Brito Machado. Obteve o título de Mestre em Direito Público pela mesma faculdade em 1981. Da Universidade Estadual Vale do Acaraú-UVA, em Sobral/CE, recebeu o título de Notório Saber Jurídico em 2006. É professor nos cursos da graduação e pós-graduação do IDP há mais de uma década.

Iniciou sua carreira jurídica em Fortaleza, primeiramente como advogado privado e, em seguida, como Procurador do Estado do Ceará. Foi Juiz do Tribunal Regional Eleitoral do Ceará em vaga destinada a jurista. Em 1991 foi aprovado em concurso público da magistratura federal e iniciou sua jornada na 8ª Vara Federal do Ceará. Foi Desembargador Federal do Tribunal Regional Federal da 5ª Região. Tomou posse no Superior Tribunal de Justiça em 2007, aos 62 de idade. Em 2016 assumiu a vaga de Ministro efetivo do Tribunal Superior Eleitoral. Nas palavras do Ministro Barros Monteiro, então presidente do Superior Tribunal de Justiça quando da posse do professor homenageado, Napoleão Maia tem o bom senso de juiz experiente, a segurança do jurista, a percuciência do mestre e a sensibilidade do poeta.

É autor de extensa bibliografia jurídica. Dentre as suas obras, estão *Ideologia garantista: crítica ao punitivismo em reforço da plena defesa na ação de improbidade*, 2018; *O Legalismo nas Estruturas da Justiça: ensaios de crítica histórica*, 2016; *Princípios Jurídicos e Garantismo Judicial: atitude antipositivista e jurisdição includente*, 2016; *Improbidade Administrativa*, 2014; *O Poder Administrativo Sancionador*, 2012; *As Normas Escritas e os Princípios Jurídicos: o Dilema da Justiça nas Decisões Judiciais*, 2005, todas publicadas pela editora Curumim, de Fortaleza. Ainda é autor de mais de uma dezena de livros de poemas e ocupa a cadeira vitalícia nº 32 da Academia Cearense de Letras.

Esse livro festivo foi estruturado em três partes. A primeira reúne textos que abordam os princípios da administração pública e o controle estatal. Em *Planejamento e controle das Políticas Públicas e o Conflito entre os Poderes*, **Maurício Malta** e **André Nonato** propõem a ressignificação do conceito de política pública como forma de reduzir a interferência judicial indevida na gestão administrativa. Argumentam a necessidade de se respeitar o tempo do legislador e a universalização dos direitos fundamentais no conceito de política pública.

Paulo Henrique de Araújo apresenta *Regime jurídico do nepotismo nos cargos políticos: a definição de parâmetros de controle com base na análise casuística de decisões do STF*, em que contextualiza o cenário que originou a Súmula Vinculante nº 13. O autor conceitua os cargos de natureza política e analisa os critérios apresentados pelo STF para a aceitação das indicações de parentes aos cargos políticos.

Rafael de Alcântara examina a transparência pública brasileira, sobretudo dos entes subnacionais, a partir dos Rankings Nacional da Transparência de 2015 e 2016 divulgados pelo Ministério Público Federal, no texto *Controle da administração pública, transparência pública e acesso à informação no Brasil: evolução e estado atual (diagnóstico do ENCCLA)*.

No artigo *Alcance da tese fixada pelo STF no RE n. 848.826/DF: implicações da fiscalização e do julgamento dos atos de gestão de prefeito pelos Tribunais de Contas*", **Ronaldo Ribeiro de Oliveira** critica os efeitos do julgamento do Supremo Tribunal Federal no controle externo exercido pelos Tribunais de Contas.

Por sua vez, **André Freitas** contribui com *A Lei Anticorrupção Empresarial (LACE) e as principais alterações propostas pelo poder legislativo*, no qual detalha as 46 proposições legislativas de alteração da Lei nº 12.846/2013.

A segunda parte do livro trata do Direito Administrativo Sancionador. Inaugurando esse bloco, o professor **Rafael de Alencar Araripe Carneiro**, que ombreou Napoleão Nunes Maia Filho na disciplina *Controle da Administração Pública: Desafios e Tendências*, apresenta o texto intitulado *De garantista contramajoritário a inspirador da reforma legislativa: a contribuição de Napoleão Nunes Maia Filho em matéria de improbidade administrativa* esmiuça os oito pilares do garantismo paradigmático de Napoleão, concluindo que a reformulação da Lei de Improbidade Administrativa de 2021 advém do acolhimento, pelo Congresso Nacional, do pensamento contramajoritário e até então vencido do homenageado no Superior Tribunal de Justiça.

Na sequência, **Antônio Rodrigo Machado** apresenta *A jurisprudência do STJ e a independência entre instâncias administrativa e jurisdicional penal*, em que destaca decisões que afastaram sanções administrativas imputadas a servidores absolvidos por insuficiência de provas na jurisdição penal e defende que seja feita uma revisão jurisprudencial sobre a independência entre as instâncias.

O artigo de **Thiago de Oliveira** sobre os *Elementos essenciais para o controle da Administração Pública Punitivista* aborda os instrumentos legais, tais como a justa causa e a prescrição, na defesa de iniciativas sancionadoras.

Contribuições do Ministro Napoleão Nunes para a jurisprudência em Direito Administrativo Sancionador foi o objeto do texto de **Eduardo Lessa Mundim** e **Túlio da Luz Parca**, em que analisam julgados do STJ sobre o conceito de improbidade, o *in dubio pro societate* e a justa causa nas ações de improbidade, além da proporcionalidade das sanções por improbidade e possibilidade ou não de cassação da aposentadoria.

A terceira parte do livro trata de aspectos específicos acerca da Improbidade Administrativa. No texto *Reforma da lei de improbidade e (des)continuidade normativa típica do artigo 11*, **Demóstenes Lázaro Xavier Torres** e **Caio Alcântara Pires Martins** defendem a constitucionalidade do rol taxativo que regula os atos que violam os princípios da Administração Pública estabelecido pela Lei n. 14.230/2021.

Eumar Novacki, **Getúlio Filho**, **Luiz Pereira**, **Felix Ciekalski** e **Marcos Rogério** escrevem sobre *Banalização do Conceito de Improbidade Administrativa e seu uso político*, no qual criticam a imprecisão de diversos núcleos semânticos dos atos de improbidade administrativa e refletem acerca da necessidade limitação do controle judicial sobre a discricionariedade técnica.

Edson Victor Eugênio de Holanda contribui com o texto *A improbidade como modalidade dolosa de ilícito administrativo: interpretação à luz da Lei de Introdução às Normas do Direito Brasileiro*, em que examina os impactos da Lei nº 13.655/2018 na interpretação da Lei de Improbidade Administrativa antes mesmo das alterações promovidas pela Lei nº 14.230/2021.

Em *O juízo de prelibação das ações de improbidade baseada em delação premiada: limites e possibilidades à luz do garantismo judicial*, **José Carlos Novelli** argumenta que a delação premiada como única justa causa para admissibilidade da ação de improbidade administrativa é incompatível com a exigência legal de indícios suficientes da existência do ato de improbidade.

Por fim, em *Legado do Ministro Napoleão Maia ao direito administrativo sancionador: o caso da perda da função pública em ação de improbidade*, **Mariana Costa de Oliveira** e **Thiago de Lucena Motta** retratam o julgamento do tema pelo STJ.

Boa leitura a todos!

Atalá Correia
Rafael de Alencar Araripe Carneiro
Coordenadores

PREFÁCIO

É motivo de grande contentamento prefaciar esta obra em homenagem à brilhante trajetória do **Ministro Napoleão Nunes Maia Filho**, que coleciona décadas de experiência e possui um importante legado social no direito.

Em suas palavras, os "caprichos da sorte" fizeram com que o ambicioso sonho de se tornar juiz em Limoeiro do Norte/CE, sua cidade natal, ganhasse novos contornos. Hoje, olhando para trás, somos testemunhas do sucesso que foi sua caminhada profissional e acadêmica, seja como Advogado, Procurador do Estado, Magistrado, Ministro ou Professor.

Seu notável talento como jurista nunca o afastou de sua alma de poeta. Aliás, essa sensibilidade poética moldou o seu incansável compromisso com uma visão humanística nos inúmeros julgamentos de que participou. No Superior Tribunal de Justiça (STJ), o Ministro teve papel fundamental em casos paradigmáticos, a exemplo dos *leading cases* sobre a flexibilização do critério econômico para concessão do auxílio-reclusão, concessão do salário-maternidade às menores de dezesseis anos, ampliação dos meios de comprovação da condição de miserabilidade para fins de recebimento de benefício assistencial, imprescritibilidade do direito à concessão de benefício previdenciário, entre muitos outros.

Sempre pautado nos ideais de Justiça e na fé na humanidade, Napoleão nos ensinou – e ensina – muito além do direito.

Em boa hora, ***Controle da Administração Pública-Desafios e Tendências: Estudos em Homenagem a Napoleão Nunes Maia Filho*** traz reflexões sobre esses marcantes ensinamentos. Organizada pelos Professores Atalá Correia e Rafael de Alencar Araripe Carneiro, a obra é um merecido reconhecimento de seus alunos e colegas do Instituto Brasileiro de Ensino, Desenvolvimento e Pesquisa (IDP), instituição na qual o homenageado ministrou, por anos, a disciplina *Controle da Administração Pública: Desafios e Tendências*, do curso de Mestrado Profissional em Administração Pública.

A coletânea congrega quatorze estudos, divididos em três seções. Ao folhear estas páginas, o leitor encontrará ensaios que abordam os princípios da Administração Pública e o controle estatal, o Direito Administrativo Sancionador e aspectos específicos acerca da Improbidade Administrativa, debates complexos que contaram com significativas contribuições da genialidade do Ministro Napoleão.

Trata-se de valorosa contribuição, que evidencia a importância do juiz-poeta para o Poder Judiciário e para o Brasil, a qual merece um registro à altura de sua extensa biografia.

Desejo a todos uma excelente leitura.

GILMAR FERREIRA MENDES
Ministro do Supremo Tribunal Federal. Doutor em Direito pela Universidade de Münster, Alemanha. Professor de Direito Constitucional nos cursos de graduação e pós-graduação do Instituto Brasileiro de Ensino, Desenvolvimento e Pesquisa (IDP).

SUMÁRIO

PARTE I
PRINCÍPIOS DA ADMINISTRACAO PÚBLICA E CONTROLE ESTATAL

PARTE II
DIREITO ADMINISTRATIVO SANCIONADOR

PARTE III
IMPROBIDADE ADMINISTRATIVA

PARTE 1
PRINCÍPIOS DA ADMINISTRAÇÃO PÚBLICA E CONTROLE ESTATAL

1
PLANEJAMENTO E CONTROLE DAS POLÍTICAS PÚBLICAS E O CONFLITO ENTRE OS PODERES

MAURÍCIO PEREIRA MALTA
ANDRÉ DE JESUS NONATO

1. Introdução

Cumprir, por meio das políticas públicas, a integralidade da Carta Constitucional é a meta das democracias modernas. Os agentes públicos cujas responsabilidades estão vinculadas a tais cumprimentos, gozam hoje de uma disponibilidade inédita de recursos tecnológicos, metodológicos e informacionais para uma maior efetividade e transparência na execução de suas ações.

Pressionados por lógicas temporais distintas entre as necessidades sociais e a imprescindibilidade do cumprimento legal, estes agentes encontram-se frequentemente expostos às interpretações muitas vezes conflituosas entre os próprios poderes do Estado, que são instados a agirem com orientações nem sempre complementares para as políticas em execução, sobretudo no que tange a um novo papel do Poder Judiciário sob a ótica do controle judicial.

Direito fundamental à informação, sancionado pela Lei de Acesso à Informação (Lei Nº 12.527, de 18 de novembro de 2011), traz como princípio básico o desenvolvimento do controle social da administração pública, apoiado pelo desenvolvimento das novas tecnologias da informação e comunicação, passa exercer cada vez mais a pressão do conhecimento dos fatos e atos públicos em tempo real.

A política pública se circunscreve às ações governamentais em escala naturalmente coletiva, sendo os poderes executivos e legislativos os principais direcionadores destas preocupações, não obstante a atuação do poder judiciário tende a ser orientada em suas características de escala individual, instado a responder por particularidades da ação pública, constituindo, em certos casos, uma discrepância entre a atuação institucional dos demais poderes.

A Constituição Federal de 1988, em seu Artigo 2º, declara: "São Poderes da União, independentes e harmônicos entre si, o Legislativo, o Executivo e o Judiciário". Não obstante, há uma interdependência entre os Poderes pelo fato de que podem desempenhar, excepcionalmente, a função material um do outro, por terem função dominante e não exclusiva. Apesar do exposto Constitucional, muitas variáveis podem interferir positiva ou negativamente nesta harmonia, coordenação e colaboração entre os poderes.

A ampliação do controle jurisdicional dos atos administrativos discricionários, sobretudo os referentes ao mérito, relacionados aos critérios de conveniência e oportunidade, foram uma evolução necessária para coibir a prática de atos desvinculados do interesse público e em oposição aos interesses do estado democrático de direito. Ao judiciário, graças à constitucionalização do direito administrativo, tem cabido o poder garantidor da conformidade do ordenamento jurídico com os direitos consagrados na Constituição.

A judicialização dos atos administrativos discricionários, incrementada pela disponibilidade cada vez maior de conhecimento sobre os direitos e deveres constitucionais, associadas à demanda da modernidade por respostas também cada vez mais céleres, tem exposto um conflito inerente à lógica temporal de atuação de cada poder o que, consequentemente, vem apresentando seus impactos no controle da administração pública e na disponibilidade de seus agentes para responsabilizarem-se em cargos públicos.

A via judiciária, ao promover o direito positivo dos textos constitucionais e seus princípios, tem sido utilizado para mitigar demandas de agilidade na garantia de direitos não realizados ou até mesmo na aplicação e até desenvolvimento de políticas públicas materializadoras do ordenamento normativo constitucional, buscando resolver questões complexas e até mesmo polêmicas de ordem política e social.

Isto posto, algumas questões relevantes relacionadas à peculiaridade das leis e aos seus diferentes contextos socioculturais de aplicação precisam ser observadas de modo que a interdependência harmônica seja viável. É importante destacar a relevância da discricionariedade como margem de liberdade, segundo critérios de razoabilidade, para atuação administrativa nas hipóteses não previstas nas leis, cabendo ao executor ponderar sobre conveniência, oportunidade e modo de suas aplicações.

Oportunidade e conveniência são conceitos intimamente relacionados às imposições de governabilidade do Executivo, voltadas às necessidades de apresentar resultados com máxima celeridade, sempre de acordo com a lei, e a disponibilidade e recursos, frequentemente limitados para a plena garantia dos direitos individuais e coletivos.

Como a discricionariedade, segundo Di Pietro, pode ocorrer pela ausência do motivo legal ou pela sua imprecisão conceitual, legislações bem elaboradas restringem e organizam a atuação do administrador para decisões melhor tuteladas, parcimoniosas e passíveis de controle mais objetivo. Cabe ressaltar aqui portanto, que o processo legiferativo, deve, necessariamente, prover o administrador com legislações claras, bem conceituadas e não conflitantes com as necessidades econômicas hodiernas em consonância com princípios e direitos individuais e coletivos.

O presente trabalho busca analisar e acrescentar à hipótese de Casagrande & Filho (2010), de que o imediatismo do tempo econômico acaba por se estabelecer como a referência ao exercício do governo pelo poder executivo, o conflito lógico entre a tomada de decisão mediada pelo ciclo de vida pública de um agente individual e a consecução de políticas públicas de longo prazo, cuja lógica temporal seria não inferior a 20 anos, ou duas gerações.

Casagrande & Filho (2010), defendem que o impacto das novas tecnologias de informação e comunicação, cujos impactos são notáveis na velocidade das transações comerciais e no fluxo de capitais nos mercados globalizados, se expande para outros "campos da experiência humana", gerando implicações inevitáveis tanto nas políticas públicas quanto na própria relação entre os três poderes republicanos.

A modernidade é, sob essa ótica, embebida em um senso de urgência e de resolutividade que avança desde os produtos, historicamente comercializados como usufruto dos serviços, até a própria prestação de serviços, dos quais os critérios de qualidade ganham potenciais de comparação e exigências nunca antes vistos na humanidade.

Particularmente com o advento da internet, a prestação de serviços entregue por meio de plataformas digitais que primam pela disponibilidade, tem modificado a relação dos usuários com o próprio tempo para se conseguir o que se deseja.

Em oposição à velocidade dos impactos tecnológicos nos quais a sociedade se vê imersa, temos os poderes públicos, fortemente orientados por processos relacionados a trâmites do Direito Administrativo e Constitucional em muitas questões agindo em descompasso com as necessidades de seus cidadãos.

Este entendimento ganha tanto mais complexidade quanto percebe-se que entre os próprios poderes há um descompasso real sobre as demandas de velocidade das respostas à população, sendo o legislativo o que possui, pelo seu processo legiferante necessário, tramitação mais lenta entre os poderes. Não obstante a morosidade de muitos processos realizados pelo Judiciário, este encontra-se sendo cada vez mais instado a impor o cumprimento dos princípios constitucionais dos direitos individuais e sociais sobre as políticas públicas implementadas pelo poder executivo.

A justa exigência por parte dos cidadãos de políticas e serviços públicos descritos na Constituição, fruto inclusive do processo de redemocratização das últimas três décadas, soma-se à transformação da sociedade em um ambiente de compartilhamento de conhecimento sobre as vastas possibilidades da tecnologia e da velocidade no mundo moderno.

Nesse cenário de velocidade e transformações tecnológicas, a dinâmica da governabilidade exigida para a consecução das políticas públicas não se coaduna com o tradicional tempo do processo legislativo e seus resultados.

2. O tempo como conflito lógico intrínseco

Importante para continuarmos, destacar algumas interpretações a respeito das características objetivas, subjetivas e socioculturais sobre a percepção temporal e seus impactos nas ações interpretativas e consequencialistas do relacionamento entre os poderes.

Casagrande (op cit), citando François Ost, que entende ser o conceito de tempo uma construção sociocultural, construído coletivamente e essencialmente histórico, em oposição a interpretações estritamente objetivas ou meramente relativistas interpretativas do ponto de vista da realidade individual, apresenta duas lógicas temporais que funcionariam em dimensões distintas e que estão presentes na interação entre os Poderes: o tempo econômico e o tempo jurídico.

Por tempo econômico, podemos entender a lógica da modernidade que está imersa na velocidade das transações informacionais e de fluxos de serviços e capitais apoiados na crescente disponibilidade de soluções das novas tecnologias. Este tempo é célere, gerador de impaciência e cujas respostas precisam estar fortemente vinculadas às necessidades de seus agentes. O Poder Executivo e o Judiciário estariam mais próximos desta lógica temporal por estarem mais próximos das demandas sociais e individuais para a prestação dos serviços públicos e do cumprimento das políticas e dos direitos individuais e coletivos.

Já o tempo legal, pressupõe construção lenta, associada ao entendimento necessário de conceitos, histórico de resultados e projeções de cenários futuros que muitas vezes podem não estar imersos em consensos, solicitando alinhamentos e debates de longo prazo ao processo legiferante. O tempo legal se circunscreveria ao relacionamento entre o passado e o futuro, enquanto o tempo econômico, ao presente. A manutenção da governabilidade pressupõe necessariamente a tomada de decisões ágeis em tempo real, enquanto o tempo da tomada de decisões nos âmbitos do Legislativo e do Judiciário tem outros critérios de efetividade.

Figura 1 – Tempo lógico versus tempo de resposta dos Poderes

A constituição habilita rotas longas e curtas para que os Poderes possam desenvolver suas atribuições ou mesmo implementá-las na esfera de um outro Poder. As rotas curtas foram pensadas pelos legisladores constitucionais para serem exceção e não a regra de atuação.

O Executivo pode, portanto, exercer o seu direito desenvolver processo legislativo abreviado, esvaziando a função legiferante do legislativo e, com isso criando condições complexas que serão, a seu turno, deliberadas pelo Judiciário, interferindo em processos do executivo como executor das políticas públicas. O tempo lógico nestes casos se apresenta como um conflito inerente e aparentemente inevitável a ser considerado a respeito da atuação pública. Nesse sentido, Casagrande & Filho advogam:

> O Poder Executivo funciona em uma lógica temporal diversa daquela na qual funcionam o Legislativo e o Judiciário, o que gera discrepância de atuação entre eles. Por conta da lentidão do processo legislativo, Executivo e Judiciário acabam por legislar, adentrando área própria do Poder Legislativo, o que resulta na dificuldade dele se afirmar como um Poder relevante e necessário aos olhos da sociedade, por conta do déficit de legitimidade gerado.

Soma-se a esta complexidade a lógica temporal vinculada à percepção vital das entidades psicológicas que estão em interação. De forma resumida, o tempo lógico muda se observamos uma pessoa física ou jurídica. Podemos avaliar que 30 anos para um indivíduo pode ser toda a sua vida produtiva, para uma instituição, entretanto, pode ser um período de consolidação e maturidade no mercado na qual atua. O mesmo período para uma nação pode significar pequena etapa de sua história na consolidação de direitos sociais e individuais.

A utilização do tempo lógico individual para legislar, julgar ou executar políticas públicas apresenta a possibilidade de uma inconsistência geradora de conflitos de efetividades destas políticas e, consequentemente, do cumprimento integral da Carta Constitucional.

Nas democracias modernas, a alternância do poder como necessidade intrínseca ao modelo, se mede em ciclos plurianuais que podem variar de país para país. No Brasil, a possibilidade de alternância se dá em ciclos de 4 anos para o executivo e de 4 a 8 anos no legislativo. No Judiciário, apesar do cargo não ser exposto à alternância por voto popular, a alternância da liderança das instituições judiciárias pode obedecer a prazos até inferiores ao dos demais poderes (ex. 2 anos para o Tribunal Superior Eleitoral).

Figura 2 – Percepção temporal entre o ciclo individual, institucional e nacional

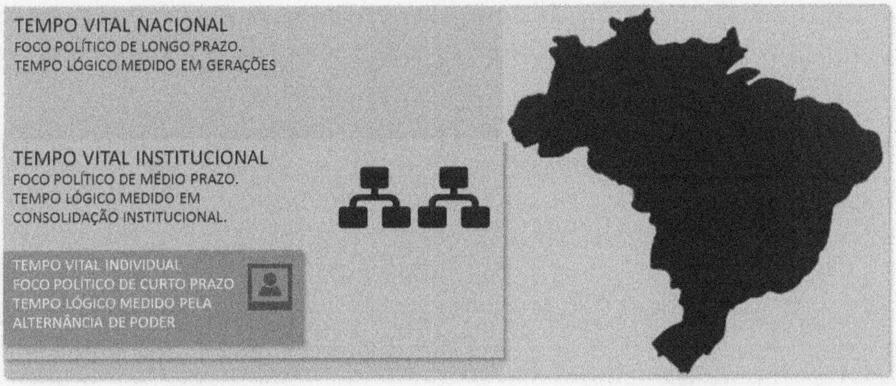

O que cabe salientar desta temática é a possibilidade do tempo individual, preocupado em ações de curto prazo para a garantia de governabilidade, pode interferir nas necessidades temporais institucionais e do próprio Estado, que carece em muitas dimensões, de internalizações de conceitos estruturante e geracionais ligados aos costumes, adoção de tecnologias ou mesmo a universalização e disponibilidade geográfica de suas políticas.

3. Análise temporal das políticas públicas

A execução de políticas públicas tem a prerrogativa de implementar direitos econômicos, sociais e individuais previstos constitucionalmente. Esta ação é realizada tendo como critério restritivo a inerente escassez de recursos disponíveis para a cobertura imediata destes direitos constitucionais. Como aspecto limitador, temos que as políticas públicas têm sido utilizadas como ferramentas de ação governamental, intimamente relacionados a contextos políticos nas quais se circunscreve e que definem estruturas decisórias, o quê, para quem ou que resultados devem ser alcançados, alinhados ou não a uma visão estruturante de Estado no longo prazo.

Ainda dentro do escopo de atuação das Políticas Públicas encontra-se o de articular na forma de processos juridicamente disciplinados elementos políticos, sociais, econômicos e organizacionais da gestão pública, de modo a perseguir a plena implementação das normas e princípios constitucionais.

Maria Paula Dallari, conceitua Política Pública com "arranjos institucionais complexos, expressos em estratégias formalizadas ou programas de ação governamental, visando coordenar os meios à disposição do Estado e as atividades privadas, para a realização de objetivos socialmente relevantes e politicamente determinados, e resultam de processos conformados juridicamente." Outros autores, porém, não circunscrevem necessariamente o conceito ao tempo governamental, destacando uma atuação mais abrangente relacionando políticas às diretrizes, princípios norteadores da ação do poder público; a regras e procedimentos para as relações entre poder público e sociedade, à mediação entre atores da sociedade e do Estado para aplicação e recursos públicos.

Para Cristiane Derani, são manifestações das relações de forças sociais refletidas nas instituições estatais, atuando sobre campos institucionais diversos, em função do interesse público, destinando-se a alterar as relações sociais estabelecidas.

Cabe destacar uma diferença necessária dentre política pública e administração pública, no qual está se direciona à aplicação de processos legais já estabelecidos e em vigor no direito administrativo e no *modus operandi* do Estado. Políticas Públicas, nesse sentido tem a característica de fazer as escolhas necessárias para não só alocar os recursos públicos, mas também introduzir inovações técnicas e conceituais à administração pública sobre o que fazer, quando e como agir.

Uma questão a ser colocada é se o termo "Política Pública" tem sido utilizado à luz da lógica temporal de forma adequada. Em se tratando do tempo vital individual, institucional ou do Estado, há um conflito inerente entre a demanda de tempo econômico, sob influência da governabilidade e o tempo jurídico que, em tese, deveria estar sendo regido pela lógica temporal do Estado.

Figura 3 – Tempo lógico e Políticas Pública

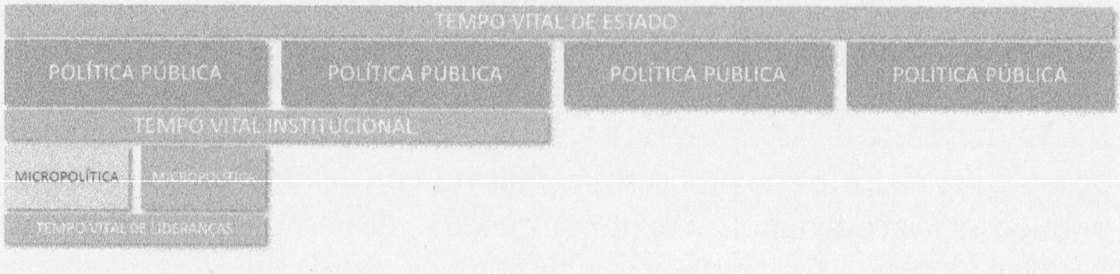

4. A visão e o tempo de estado como articuladores de soluções

Entendendo-se que quanto mais se amplia o conceito de legalidade, mais se reduz a discricionariedade da administração e, consequentemente, maior é o controle judicial sobre os atos das políticas públicas. A margem de discricionariedade dos gestores vem sendo reduzida, visto que qualquer ato do administrador deve se pautar nos limites da razoabilidade e da proporcionalidade, além dos critérios de boa-fé, justiça, juízo de igualdade e finalidade da lei.

Ora, o papel garantidor do Judiciário, apesar de legalmente fortalecido constitucionalmente e em jurisprudências do direito administrativo, ao ser exercido, pode ter poder desarticulador dos recursos destinados à execução das políticas.

A lógica temporal do Estado, necessariamente precisa ser avaliada em termos geracionais, de ganhos estruturais em direitos primordiais como educação, saúde e segurança, não sendo efetivo de outra forma que não a manutenção, para além do tempo individual e institucional, de ações políticas para as conquistas dos direitos e princípios constitucionais. Por geração entende-se a etapa da descendência natural que deve ser seguida por outra, sendo considerado como período de tempo médio de cada geração humano em cerca de 25 anos.

Neste sentido, propõe-se no presente trabalho a diferenciação conceitual dada ao termo "Política Pública" ao introduzirmos a lógica temporal, haja vista que a alternância dos poderes, preocupação individual, termina por exercer arranjos político partidários cujas lógicas temporais permanecem orientados ao curto prazo, em se tratando de tempo lógico de um país. Assim sendo, analisar se devemos chamar de mesmo nome Políticas Públicas submetidas a lógicas temporais distintas de atuação entre os agentes públicos e o interesse público de longo prazo voltado ao cumprimento constitucional e à qualidade e disponibilidade dos serviços do Estado.

Define-se **Suprapolítica**, como "arranjos institucionais complexos, expressos em estratégias formalizadas em programas de ação suprapartidária e de longo prazo (não inferior a 20 anos), visando coordenar os meios à disposição do Estado e as atividades privadas, para a materialização e universalização de princípios e direitos constitucionais, resultando de processos conformados juridicamente." O conceito, encontra-se em estudo como objeto de trabalho do autor deste trabalho e deverá ser mais bem delimitado à época de defesas dissertativas.

Figura 4 – Tempo lógico de Estado e Suprapolítica

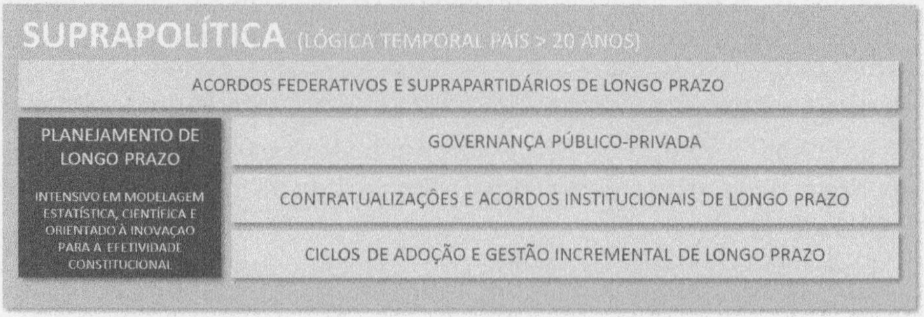

Os atos administrativos implementadores das políticas públicas são exercidos tendo o peso da legalidade, diante da complexa relação entre as restrições de recursos e o direito positivo garantido na constituição, somado ao peso do mérito administrativo que, em primeira instância, está vinculado ao sentido político e de manutenção da governabilidade.

Uma Suprapolítica Pública, institucionaliza uma ferramenta de ação governamental que busca, em primeira instância, resolver o conflito entre o tempo econômico e o tempo jurídico imposto à execução dos Poderes, na medida em que necessariamente pressupõe um arranjo de longo prazo entre os atores públicos e privados, planejados intensivamente com o apoio de modelagem cientifica, estatística e orientado por novas tecnologias que tem a capacidade de permitir ampla participação de todas as esferas da sociedade.

Figura 5 – Suprapolítica com solução de conflitos inerentes

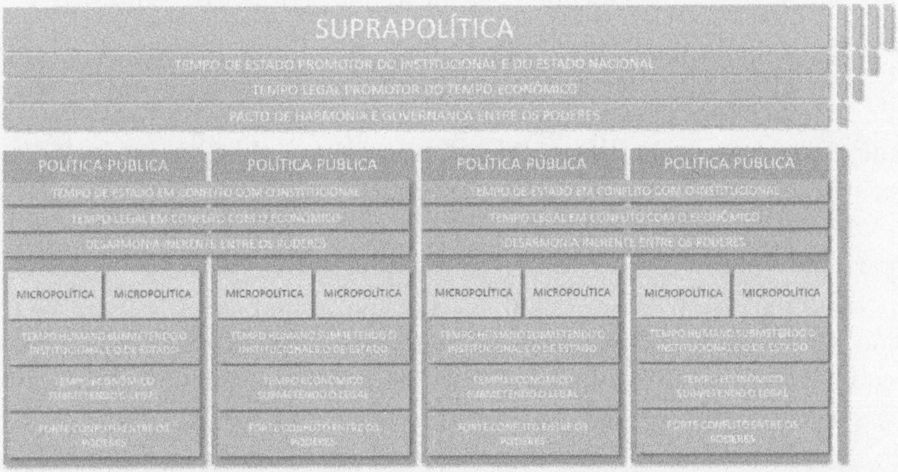

Como hipótese de relação conflitiva inerente entre os Poderes pela lógica temporal, ampliada pelos processos decisórios fomentadores das Políticas Públicas também sofrerem forte influência pela lógica temporal de curto prazo orientada pela alternância de poder das lideranças públicas, uma Suprapolítica Pública tem como visão final o caminho legítimo e harmônico entre os Poderes e o pacto de resultados alcançáveis compartilhados por toda a governança pública e privada, submetendo legalmente a alocação de recursos orçamentários a consecução das metas definidas.

A atuação legislativa seria não apenas fortalecida mas apoiada pelos demais poderes na fase de planejamento deste instrumento, cujo critério de efetividades seria circunscrito sobretudo ao tempo jurídico de amplo debate e participação da sociedade organizada e dos organismos nacionais e internacionais voltados à implementação de futuros sustentáveis. Importante destacar que a escolha temática para o desenvolvimento de tal ferramenta, necessariamente precisa responder às principais matérias estruturantes de universalização de direitos contidas na Carta Constitucional como Educação, Saúde, Segurança e Infraestrutura.

Entretanto, ainda na esfera do tempo governamental, as Políticas Públicas ainda estariam imersas no conflito lógico-temporal inerente ao relacionamento dos Poderes quanto à urgência e imprescindibilidade da garantia de direitos.

Conclusões

O controle do planejamento e execução das políticas na administração pública e a harmonia e interdependência entre os Poderes são princípios democráticos garantidores do Estado Democrático de Direito. Como parte dos conflitos possíveis de interferência na atuação do Estado sobre ele mesmo, temos a judicialização da administração pública na qual o Judiciário é instado a garantir a aplicação normativa constitucional e os princípios e direitos que dele decorrem. No presente trabalho, entende-se que parte importante deste conflito, pode estar circunscrito na diferenciação de lógicas temporais que terminam por impor urgências necessárias de um poder sobre o outro. Neste sentido, um entendimento que permita o equilíbrio destas percepções é condição lógica para o saneamento das consequências negativas que tais intervenções possam gerar.

A imposição de lógicas temporais individuais sobre as necessidades de longo prazo do Estado favorece a construção de intervenções como a crescente judicialização da administração pública. A proposição de arranjos político institucionais que respeitem o tempo lógico legiferativo e do Estado pode ser uma alternativa de estabilidade da relação interdependente e harmônica entre os poderes. Ao propormos a construção de um conceito prático e diferenciado de uma política de longo prazo, suprapartidária e voltada necessariamente à conquista da universalização dos direitos e princípios fundamentais, entende-se que tal iniciativa possa, não só mitigar os conflitos como fornecer outra natureza de controle e transparência à sociedade. A Suprapolítica, em sua lógica de articulação de saberes para a elaboração e manutenção por longos períodos de ações de Estado sem interrupções, pode realmente ser um caminho de fortalecimento do Estado Democrático de Direito.

Referências

BUCCI, Maria Paula Dallari – **Controle judicial de políticas públicas: possibilidades e limites.** Texto em meio eletrônico cedido pela autora.

DE MELO, Felipe. **A legitimidade do Poder Judiciário para o controle de políticas públicas in Revista brasileira de direito público RBDP, v. 6,** n. 20, p. 91-126, jan/mar., 2008.

CASTELLS, Manuel. **A sociedade em rede.** Tradução: Roneide Venâncio Majer. (A era da informação: economia, sociedade e cultura; V. 1) São Paulo: Paz e terra, 1999, p. 557.

DERANI, Cristiane. **Privatização e serviços públicos: as ações do Estado na produção econômica.** São Paulo: Ed. Max Limonad, 2002. p. 239.

DUPAS, Gilberto. **Economia global e exclusão social: pobreza, emprego, estado e o futuro do capitalismo.** São Paulo: Paz e Terra, 1999, p. 166.

HOBSBAWN, Eric. **Globalização, democracia e terrorismo.** Tradução de José Viegas. São Paulo: Companhia das Letras, 2007 p. 11-13.

LOPES, José Reinaldo de Lima. **Justiça e Poder Judiciário ou a virtude confronta a instituição. in Direitos sociais: teoria e prática.** São Paulo: Método, 2006, p. 127.

OST, François. **O Tempo do Direito.** Bauru: Edusc, 2005, p. 23.

2
REGIME JURÍDICO DO NEPOTISMO NOS CARGOS POLÍTICOS: A DEFINIÇÃO DE PARÂMETROS DE CONTROLE COM BASE NA ANÁLISE CASUÍSTICA DE DECISÕES DO STF

PAULO HENRIQUE FIGUEREDO DE ARAÚJO

1. Introdução

Em 21 de agosto de 2008, o Supremo Tribunal Federal (STF) aprovou a Súmula Vinculante nº 13 (SV nº 13), deixando expresso em caráter geral a vedação à indicação de parentes para cargos em comissão e funções de confiança na Administração Pública (também denominada *nepotismo*). Na ocasião, os Ministros explicitaram que a proibição seria uma decorrência direta da Constituição Federal de 1988. Apesar da redação do verbete não deixar clara a existência de exceções à sua aplicação, elas vêm sendo reconhecidas nas mais diversas situações casuísticas que são levadas à apreciação do Supremo[1].

A situação mais notória provavelmente é a relacionada à indicação de parentes para a ocupação cargos ou funções comissionadas de natureza política. Ao decidir diversos desses casos, o Pretório Excelso acabou por traçar um regime jurídico próprio para o nepotismo político, diverso daquele delineado na SV nº 13.

[1] Situações diferenciadas de nomeação para cargos ou funções comissionadas vêm sendo reconhecidas pontualmente, como nas hipóteses em que a autoridade paradigma do nepotismo e aquela nomeada: estão em vertentes diversas da Administração (uma na Direta e outra na Indireta – STF, Rcl 9284), envolve servidores já detentores de cargos efetivos (STF, MS 27945), de vínculo superveniente (STF, MS 28154 e Rcl 14497 MC). Esse elenco é somente ilustrativo. Tais situações não serão tratadas no presente estudo.

A relevância da questão é indiscutível, especialmente por 3 (três) razões: (i) primeiro, a existência de grande contingente de cargos de natureza política, nas diversas esferas da federação, e a alta incidência de indicações de familiares para o exercício das funções; (ii) segundo, o reconhecimento pelos Tribunais que uma indicação para cargo ou função comissionada em situação de nepotismo vedado configura improbidade administrativa. O Superior Tribunal de Justiça (STJ) possui precedentes enquadrando o nepotismo como ato de improbidade administrativa do art. 11 da Lei n. 8.429/92 (*v.g.*: AgRg no REsp 1386255/PB e REsp 1286631/MG); (iii) terceiro, o reconhecimento da Repercussão Geral de Recurso Extraordinário discutindo a constitucionalidade da nomeação de parentes para os cargos de Secretário Municipal – RE 1.133.118/SP[2] –, ainda pendente de julgamento.

O presente estudo objetiva a sistematiza brevemente o regime jurídico das regras de nepotismo incidentes para nomeações em cargos políticos. A base de pesquisa foram os precedentes do STF sobre o tema. O desiderato específico foi identificar regras gerais que estão norteando o Supremo na análise do tema e, com isso, criar um parâmetro orientativo a ser aplicado na Administração Pública. Assim, auxilia-se o controle de ilegalidades em caráter preventivo (servindo ao gestor que desejar preservar a legalidade das nomeações de seu corpo de auxiliares políticos) ou repressivo (propiciar parâmetros para que os órgãos de controle identifiquem nomeações em desconformidade com a moralidade administrativa).

Também é importante esclarecer a que não se destina o trabalho: não é objeto do estudo a análise doutrinária ou dogmática do nepotismo. Episodicamente haverá referências doutrinárias, para fins de maior precisão conceitual quanto à noção de agente político. Aqui também não se identificará um exame abrangente da jurisprudência de outros Tribunais que não o STF. Ambas as análises são reputadas relevantes e podem ser abordadas em estudos específicos. Contudo, neste momento, a intenção é aclarar sob que parâmetros a jurisprudência do STF vem aceitando a designação para cargos políticos. Portanto, a base de trabalho foi, quase totalmente, a análise pura e simples de decisões judiciais o Pretório Excelso.

Feitos esses esclarecimentos, antes da análise dos precedentes, importante expor a abrangência conceitual dos cargos políticos, *i. e*, quais as autoridades, em tese, são objeto da controvérsia em questão.

[2] STF, *DJ* 21 jun. 2018, RE 1133118/SP, Rel. Min. Luiz Fux, Tribunal Pleno.

2. Abrangência conceitual da noção de cargos de natureza política

Questão prévia à definição dos *critérios* para a nomeação de parentes em cargos de natureza política consiste na própria *identificação das autoridades* aptas ao enquadramento na categoria de "agentes políticos". A CF/1988 pouco contribui para esse desiderato: alude à expressão uma única vez, no art. 37, XI (redação dada pela Emenda Constitucional nº 41/2003), quando trata dos limites remuneratórios na Administração Pública[3]. Não promove qualquer conceituação expressa ou, pelo menos, uma identificação mínima dos elementos constitutivos. Portanto, inexiste, a nível constitucional, uma interpretação autêntica para identificar quais seriam os agentes políticos.

Na doutrina, costuma-se a apontar como integrantes da mencionada categoria o primeiro escalão da Administração Pública, *i. e.*, os cargos estruturais à organização do Estado. Há consenso quanto à identificação dos cargos *eletivos* como de natureza política – os Chefes do Poder Executivo e os Membros das casas legislativas[4]. Apesar de relativamente pacífica essa orientação, não há uma uniformidade quanto à abrangência do conceito quanto a outras autoridades: alguns incluem a Magistratura e o Ministério Público (Hely Lopes Meirelles)[5]; outros excluem essas figuras

[3] CF/1988, art. 37, XI: "XI – a remuneração e o subsídio dos ocupantes de cargos, funções e empregos públicos da administração direta, autárquica e fundacional, dos membros de qualquer dos Poderes da União, dos Estados, do Distrito Federal e dos Municípios, **dos detentores de mandato eletivo e dos demais agentes políticos** e os proventos, pensões ou outra espécie remuneratória, percebidos cumulativamente ou não, incluídas as vantagens pessoais ou de qualquer outra natureza, não poderão exceder o subsídio mensal, em espécie, dos Ministros do Supremo Tribunal Federal, aplicando-se como limite, nos Municípios, o subsídio do Prefeito, e nos Estados e no Distrito Federal, o subsídio mensal do Governador no âmbito do Poder Executivo, o subsídio dos Deputados Estaduais e Distritais no âmbito do Poder Legislativo e o subsidio dos Desembargadores do Tribunal de Justiça, limitado a noventa inteiros e vinte e cinco centésimos por cento do subsídio mensal, em espécie, dos Ministros do Supremo Tribunal Federal, no âmbito do Poder Judiciário, aplicável este limite aos membros do Ministério Público, aos Procuradores e aos Defensores Públicos;"

[4] Sobre a definição de agentes políticos: JUSTEN FILHO, Marçal. *Curso de direito administrativo.* 10. ed. São Paulo: Editora Revista dos Tribunais. pp. 886-887; DI PIETRO, Maria Sylvia Zanella. *Direito administrativo.* 24. ed. São Paulo: Atlas, 2011. pp. 526-528; MEIRELLES, Hely Lopes. *Direito administrativo brasileiro.* 36. ed. São Paulo: Malheiros, 2010. pp. 77-80; MELLO, Celso Antônio Bandeira de. *Curso de direito administrativo.* 30. ed. São Paulo: Malheiros, 2013. pp. 251-252. CARVALHO FILHO, José dos Santos. *Manual de direito administrativo.* 21. ed. Rio de Janeiro: Lumen Juris, 2009. pp. 560-561.

[5] MEIRELLES, Hely Lopes. *Direito administrativo brasileiro.* 36. ed. São Paulo: Malheiros, 2010. p. 79.

(Di Pietro)[6]. Não se enquadra no conceito as meras funções de chefia e direção administrativa da Administração Pública[7].

Tradicionalmente, o STF atribui aos Tribunais de Contas as características próprias dos órgãos de natureza política, reconhecendo-lhes autonomia e capacidade de autogoverno. A razão: eles ostentam posições estruturais na ordem constitucional brasileira, sem subordinação ou vínculo hierárquico com quaisquer outros órgãos políticos[8]. Tal orientação, em tese, indicaria que os membros ocupantes da cúpula do Tribunal de Contas (os Conselheiros, no caso das Cortes Estaduais, e os Ministros, no Tribunal de Contas da União) deveriam integrar o conceito de agentes políticos. Sem embargo, sob a perspectiva do nepotismo, o STF fez incidir os parâmetros da SV nº 13 para o controle do nepotismo no âmbito na hipótese de nomeação de Conselheiro de TCE, por reputar que não se trata de agente político.

O ponto merece explicação mais detalhada: o Governador de determinado estado da federação pretendeu indicar seu irmão para o cargo na Corte de Contas. O caso chegou ao STF por meio de Reclamação, por afronta à autoridade da SV nº 13. Em sede liminar monocrática, o Min. Ricardo Lewandowski indeferiu o pleito. Fundamentou em 2 (duas) premissas: (i) o cargo de Conselheiro revestir-se-ia, à primeira vista, de natureza política; (ii) a nomeação não estaria ao alvedrio exclusivo do Governador, pois representaria um ato complexo dependente do crivo da Assembleia Legislativa[9].

A orientação *supra* foi reconsiderada pelo próprio Relator no julgamento do Agravo Regimental, no qual afastou o caráter político do cargo de Conselheiro para fins de incidência da SV nº 13. Foi-lhe atribuída natureza puramente administrativa, pois ostensivo de função auxiliar ao Legislativo no

[6] Di Pietro, Maria Sylvia Zanella. *Direito administrativo*. 24. ed. São Paulo: Atlas, 2011. p. 527.

[7] Na Rcl nº 19048/RS, o Min. Roberto Barroso recursou a natureza política aos cargos de "Diretora de Biblioteca" e "Diretora de Telecentro".

[8] STF, *DJ* 10 jun. 2010, ADI 4190-MC, Rel. Min. Celso de Mello, Tribunal Pleno: "Os Tribunais de Contas ostentam posição eminente na estrutura constitucional brasileira, não se achando subordinados, por qualquer vínculo de ordem hierárquica, ao Poder Legislativo, de que não são órgãos delegatários nem organismos de mero assessoramento técnico. A competência institucional dos Tribunais de Contas não deriva, por isso mesmo, de delegação dos órgãos do Poder Legislativo, mas traduz emanação que resulta, primariamente, da própria Constituição da República".

[9] STF, *DJ* 19 mar. 2009, Rcl 6702 MC-AgR-ED, Rel. Min. Ricardo Lewandowski.

controle da Administração Pública, sem participação direta ou indireta nas decisões governamentais[10]. O mérito da Reclamação não chegou a ser apreciado, pois houve perda do objeto, tendo em vista que o ato reclamado (decisão liminar em ação popular) deixou de subsistir, ante a superveniência da sentença.

A jurisprudência identifica como políticos outros cargos de caráter organizativo estatal, cuja função é o auxílio direto aos Chefes do Poder Executivo. É o caso dos cargos de Ministro de Estado[11], Secretário Estadual[12] e Secretário Municipal[13]. Para eles, a problemática do nepotismo é relevante, pois consistem em cargos providos *ad nutum* – onde a voluntariedade na indicação e a possibilidade de que ela recaia sobre um familiar se torna um elemento relevante.

O parentesco entre autoridades políticas eleitas por sufrágio, com ressalva das hipóteses de inelegibilidade, não é um fator questionável sob a perspectiva da moralidade. Nesses casos, há um elemento externo que permeia a relação, qual seja, a deliberação por um corpo de votantes relativamente numeroso, com relação ao qual o nomeado e a autoridade paradigma não possuem poder de controle direto. É o caso da votação popular: ela é o fator de legitimação do eleito, não importando que, potencialmente, haja um parente ocupando, no mesmo órgão, cargo de direção ou chefia. Se um Deputado Federal que é filho do Presidente da Câmara dos Deputados, a parentalidade entre ambos não é determinante da investidura do primeiro, de modo que não se está diante de situação ilegal.

A mesma sorte não segue os cargos políticos sujeitos a livre nomeação e exoneração, como é o caso dos Ministros e Secretários de Estado. Eles ocupam cargos por força de vínculo *intuitu personae* e exclusivamente por força de indicação personalista. Não são legitimados por sistemas de seleção de caráter impessoal ou difuso. Nessa hipótese, a inexistência de um

[10] STF, *DJ* 29 abr. 2009, Rcl 6702 MC-AgR, Rel. Min. Ricardo Lewandowski, Tribunal Pleno: "Ora, reexaminando a questão, agora, à luz dos argumentos esgrimidos no presente agravo Regimental, entendo que se mostram presentes os requisitos para o deferimento da liminar. Com efeito, a doutrina, de um modo geral, repele o enquadramento dos Conselheiros dos Tribunais de Contas na categoria de agentes políticos, os quais, como regra, estão fora do alcance da Súmula Vinculante nº 13, salvo nas exceções acima assinaladas, quais sejam, as hipóteses de nepotismo cruzado ou de fraude à lei".

[11] STF, *DJ* 24 out. 2008, RE 579951, Rel. Min. Ricardo Lewandowski, Tribunal Pleno.

[12] STF, *DJ* 21 nov. 2008, Rcl 6650 MC-AgR, Rel. Min. Ellen Gracie, Tribunal Pleno.

[13] STF, *DJ* 13 nov. 2014, Rcl 7590, Rel. Min. Dias Toffoli, Primeira Turma.

prévio processo de legitimador, capaz de afastar o favorecimento pessoal-familiar, torna necessária a adoção de algum critério apto a afastar designações caracterizáveis como nepotismo. E isso vem sendo definido caso a caso pelo STF. É o que será analisado no tópico seguinte.

3. Identificação casuística do regime para a nomeação de parentes para cargos políticos

O nepotismo político não é expressamente tratado na SV nº 13. Ainda assim, o STF foi provocado diversas vezes a se manifestar sobre o tema. Ao apreciar esses casos, o Pretório Excelso reconheceu a legalidade de algumas indicações de familiares, reputando outras desconformes com a Constituição – na maioria das vezes por decisões monocráticas. Da análise desses precedentes é possível depreender 3 (três) parâmetros gerais relativamente constantes para o reconhecimento da ilegalidade das nomeações, a saber: (i) a qualificação técnica dos nomeados; (iii) a idoneidade moral; (iv) a razoabilidade.

Antes da análise um a um, importante ter em mente: esses elementos não podem ser entendidos como manifestação de jurisprudência pacífica do Tribunal. Na verdade, representam simples conclusões extraídas das análises casuísticas de manifestações pontuais. Portanto, representam o que entendemos por uma tendência, não uma jurisprudência. Nessa perspectiva, devem ser considerados como elementos norteadores, *guidelines* para fins de detecção de potencial nepotismo em cargos políticos. Até porque, conforme será visto, existe vertente minoritária no STF no sentido de que a SV nº 13 não criou qualquer distinção entre agentes políticos e administrativos, sujeitando-se ambos aos mesmos critérios.

Feitas essas considerações, passemos ao elenco dos requisitos. O primeiro é a qualificação dos nomeados. Segundo o STF, a nomeação de parentes para cargos políticos deve envolver um mínimo conteúdo técnico, isto é, os nomeados devem conter *expertise* correlacionada com as exigências do cargo[14]. Afinal, o gestor, quando escolhe um parente para o desempenho de uma função numa instituição da qual não é proprietário – é o caso da Administração Pública –, toma um posicionamento que, num primeiro momento, sugere violação ao princípio da impessoalidade. Essa afronta só não se configurará se a indicação, pelo menos, recair numa pessoa de reconhecida aptidão para o desempenho da função.

[14] STF, *DJ* 22 jun. 2018, Rcl 28024 AgR, Rel. Min. Roberto Barroso, Primeira Turma;

É necessário ter em mente que a realidade local condiciona o grau de qualificação exigida do nomeado. Não se pode demandar o mesmo apuro técnico para a indicação de pessoa a secretaria do Município de São Paulo/SP (maior centro econômico do país) do que para um município de baixa população em região carente[15]. Importante destacar que o STF se recusa examinar a qualificação na própria Reclamação em que se discutirá a validade da nomeação sob o parâmetro da SV nº 13[16]. Nessa sede estreita não é realizada tal atividade instrutiva; a presença ou ausência do requisito deve ser definida em momento prévio, preferencialmente, no ato judicial que será objeto da reclamação. É a partir deles que o Supremo procederá com o enquadramento jurídico.

Segundo requisito: o STF vem conferindo acentuada relevância à necessidade de que o nomeado possua idoneidade moral para ocupar o cargo[17]. O requisito é justificado, pois se trata de exigência uniforme para todos os demais cargos públicos, seja políticos ou não, eletivos ou comissionados. A legislação utiliza das mais diversas fórmulas para o fim de impor um conteúdo de modalidade em nomeações para cargos públicos. Eis alguns exemplos:

(i) a CF/1988 alude à "idoneidade" dos Ministros do Tribunal de Contas da União (art. 73, § 1º, II) e Ministros do Tribunal Superior Eleitoral (art. 119, II) e Desembargadores do Tribunais Regionais Eleitorais (art. 120, III);

(ii) os indicados para o quinto constitucional (art. 94), Supremo Tribunal Federal (art. 101), Superior Tribunal de Justiça (art. 104), Tribunal Superior do Trabalho (art. 111-A), Superior Tribunal Militar (art. 123, § único, I), Advogado-Geral da União (art. 131, § 1º) devem ter reputação "ilibada";

[15] STF, *DJ* 14 maio 2014, Rcl 17627 MC, Rel. Min. Roberto Barroso: "A realidade dos Municípios é muito variada, sendo certo que, em muitos deles, a escolha de alguém com qualificação técnica formal nem sempre é viável". No mesmo sentido: STF, *DJ* 22 jun. 2018, Rcl 28024 AgR, Rel. Min. Roberto Barroso, Primeira Turma.

[16] STF, *DJ* 20 jun. 2018, Rcl 26461, Rel. Min. Edson Fachin: "A discussão sobre qualificação técnica e relação de parentesco para a nomeação de agentes políticos deve ser realizada em ação própria, que não se confunde com a reclamação por suposta afronta à SV 13. A presente via não serve como atalho processual". No mesmo sentido: STF, *DJ* 06 abr. 2018, Rcl 28449 AgR, Rel. Min. Gilmar Mendes, Segunda Turma.

[17] STF, *DJ* 27 out. 2017, Rcl 28111 MC, Rel. Min. Celso De Mello.

(iii) a "vida pregressa" (art. 14, § 9º) deve ser considerada para aferir a capacidade de acesso aos cargos políticos elegíveis;

Nesse contexto, é justificável que a idoneidade moral seja exigida para a indicação de familiares para cargos políticos de livre nomeação e exoneração, como o é para qualquer outro cargo político.

Por fim, alguns julgados fazem alusão à "razoabilidade" da indicação. O conteúdo jurídico de tal postulado normativo já não é consensual – o que, em termos pragmáticos, dificulta enormemente ao gesto acessar ao seu conteúdo semântico e, a partir daí, aplicá-lo.. Piora a situação a circunstância de que, nos casos identificados, não há uma especificação do que se entende por indicação "razoável"[18]. Por razoabilidade, pode-se entender um plexo semântico: a necessidade de "relação das normas gerais com as individuais no caso concreto"; a existência de "suporte empírico" ou "relação de congruência", uma "relação de equivalência entre duas grandezas" etc.[19]

Partindo dessa premissa, um possível critério de falta de razoabilidade seria a indicação de uma quantidade excessiva de parentes para as funções disponíveis à autoridade. A situação, por não ser usual ou esperada na Administração Pública, careceria de uma relação de congruência. Apesar de ser possível vislumbrar alguns casos de aplicação da "razoabilidade", a fluidez do conceito cria grave insegurança jurídica. Todavia, a leitura das decisões nas quais o requisito é exigido pode permitir o entendimento de que a alusão à razoabilidade se refere à ausência de qualificação técnica ou idoneidade moral do nomeado. Se for esse o caso, a exigência se confundiria com os dois requisitos já explanados. Ou seja, nessa ótica, na verdade os requisitos serão, 2 (dois), e não 3(três).

Importante destacar que há decisões minoritárias no sentido de vedar a prática, sob o fundamento de que a SV nº 13 não distingue as situações de agentes administrativos e agentes políticos. O Min. Marco Aurélio detém diversos alguns precedentes nos quais reavaliou nomeações de parentes,

[18] STF, *DJ* 06 abr. 2018, Rcl 29099, Rel. Min. Roberto Barroso: "Registro que as hipóteses de nepotismo cruzado, fraude à lei ou inequívoca falta de razoabilidade da indicação, por manifesta ausência de qualificação técnica ou idoneidade moral do nomeado, vem sendo ressalvadas da aplicação desse entendimento pela jurisprudência do Supremo Tribunal Federal".

[19] Ávila, Humberto. **Teoria dos princípios**. 4. ed. São Paulo: Malheiros, 2005. p. 103.

pois a "redação do verbete não contém exceção quanto aos chamados cargos de natureza política"[20]. Portanto, para essa corrente, a SV nº 13 se aplicaria em sua inteireza. Nada obstante, em síntese, majoritariamente, o Supremo Tribunal Federal adita o binômio qualificação-idoneidade como critério base para aferir o nepotismo em cargos políticos.

4. Possíveis novos rumos sobre a questão: repercussão geral no RE n. 1.133.118/SP

Em um futuro possivelmente não muito distante, o Supremo decidirá em caráter geral a questão da validade constitucional da indicação de parentes para cargos políticos. Em junho de 2018, o STF reconheceu a repercussão geral de recurso extraordinário que aborda o tema. A deliberação ocorreu no RE n. 1133118, de relatoria do Min. Luiz Fux. Trata-se de recurso extraordinário interposto contra acórdão do Tribunal de Justiça do Estado de São Paulo (TJSP), que declarou a inconstitucionalidade de dispositivo de lei do Município de Tupã/SP. A legislação municipal previa expressamente como exceção à vedação do nepotismo a nomeação para o cargo de Secretário Municipal (Lei Municipal 4.627/2013, que alterou a Lei Municipal 3.809/1999[21]).

O voto do Min. Luiz Fux assim definiu a questão constitucional a ser julgada: *"(...) saber se é inconstitucional a nomeação, para o exercício de cargo político, de familiares da autoridade nomeante – assim compreendidos cônjuge, companheiro ou parente em linha reta, colateral ou por afinidade, até o terceiro grau, inclusive"*. A proposta se afetação se deu tendo em conta que *"a indefinição acerca da constitucionalidade da nomeação de parentes do nomeante para cargos de*

[20] STF, *DJ* 13 jun. 2018, Rcl 30603, Rel. Min. Marco Aurélio. No mesmo sentido: STF, *DJ* 31 jan. 2018, Rcl 27797, Rel. Min. Marco Aurélio.

[21] Lei Municipal 4.627/2013: "Artigo 1º Altera os artigos 1º e 2º da Lei nº 3.809 de 1999, passando a ter as seguintes redações: Artigo 1º É proibida a contratação de parentes até terceiro grau, consanguíneos ou afins, de Prefeito, Vice-prefeito Municipal, Secretários Municipais, Vereadores e dos diretores de autarquias, empresas públicas e fundações públicas, do Município de tupã, para provimento de cargos em comissão ou em caráter temporário, exceto para cargo de agente político de Secretaria Municipal. Artigo 2º Para a nomeação para o cargo de provimento em comissão ou em caráter temporário, deverá o contratado anexar os documentos exigidos declaração de que não detém parentesco, por consanguinidade, afinidade, até o terceiro grau, com os agentes referidos no artigo anterior, exceto para o cargo de agente político de Secretário Municipal. Artigo 2º Esta Lei entra em vigor na data de sua publicação".

natureza política tem provocado grande insegurança jurídica". Portanto, esse será o processo no qual o Pretório Excelso terá a oportunidade de consolidar (esperemos que o faça) o seu entendimento definido nos diversos casos dispersos sobre o tema.

Conclusões

Observa-se que a inaplicabilidade dos preceitos gerais da SV nº 13 torna mais nebuloso o regime de nepotismo incidente sobre as nomeações de agentes políticos. A própria definição de quais autoridades enquadram-se nessa categoria consiste em problemática significativa. A adoção de um critério casuístico em pouco facilita o *mister* daqueles incumbidos de opinar sobre a temática. Na apreciação dessas situações, os gestores e órgãos de controle devem ter atenção redobrada com as tendências jurisprudenciais do STF, a fim de extrair quais os preceitos gerais, a lógica jurídica determinante de cada caso prático apreciado por aquela Corte.

É importante ter em consideração: a não incidência da SV nº 13 aos agentes políticos em determinadas circunstâncias não significa um permissivo para a nomeação desregrada de parentes a essa peculiar espécie de posição estatal. Na verdade, verifica-se uma tendência na jurisprudência para a verificação *casuística* da efetiva configuração do nepotismo. Prepondera aqui o binômico capacidade-idoneidade como vetor de legitimação para a indicação de parentes a cargos políticos: a indicação de pessoas desprovidas de qualidades intelectuais e morais para o exercício de cargos políticos vem se revelando contrária à jurisprudência atual do STF. Todavia, repisemos: a questão não é definitiva, máxime após o reconhecimento da repercussão geral no RE nº 1.133.118/SP-RG.

Interessa relembrar o caráter cambiante de tais entendimentos, não sendo raras as abruptas mudanças jurisprudenciais, muitas vezes com a aplicação em caráter retroativo. Por tal razão, necessária a cautela redobrada na correta averiguação das hipóteses de nepotismo, no desiderato de evitar situações que, apesar de não configuradoras segundo determinado precedente, possam revelar-se suspeitas. Em uma república, ainda que não existam vedações normativas explícitas, o ideal é que autoridades não nomeiem seus parentes para cargos públicos, sem que, ao menos, essas nomeações sejam parametrizadas por prévios critérios seletivos impessoais.

Sem embargo, para os agentes que desejem se aventurar por essas águas, a prudência e aderência estrita à jurisprudência do STF nas nomeações deve ser o maior norte a ser adotado pelo gestor. Só isso poderá permitir, pelo menos potencialmente, a garantia da integridade do ato de nomeação, bem como resguardar os envolvidos de eventuais pretensões punitivas. Afinal, não há garantias de que a definição em sede de repercussão geral pelo STF será, de algum modo, modulada para afastar o caráter ímprobo de nomeações anteriores inconformes ao entendimento a ser definido no paradigma.

Referências

ÁVILA, Humberto. Teoria dos princípios. 4. ed. São Paulo: Malheiros, 2005.

CARVALHO FILHO, José dos Santos. **Manual de direito administrativo**. 21. ed. Rio de Janeiro: Lumen Juris, 2009.

DI PIETRO, Maria Sylvia Zanella. **Direito administrativo**. 24. ed. São Paulo: Atlas, 2011.

JUSTEN FILHO, Marçal. **Curso de direito administrativo**. 10. ed. São Paulo: Editora Revista dos Tribunais.

MEIRELLES, Hely Lopes. **Direito administrativo brasileiro**. 36. ed. São Paulo: Malheiros, 2010.

MELLO, Celso Antônio Bandeira de. **Curso de direito administrativo**. 30. ed. São Paulo: Malheiros, 2013.

3

CONTROLE DA ADMINISTRAÇÃO PÚBLICA, TRANSPARÊNCIA PÚBLICA E ACESSO À INFORMAÇÃO NO BRASIL: EVOLUÇÃO E ESTADO ATUAL (DIAGNÓSTICO DO ENCCLA)

RAFAEL RODRIGUES DE ALCÂNTARA

1. Introdução

O presente artigo se propõe ao estudo da transparência e do acesso à informação pública no Brasil a partir da análise do marco legal que disciplina a matéria e a sua efetividade na atual conjuntura da Administração Pública no país.

A abordagem do microssistema jurídico que rege a transparência e o acesso à informação perpassa as conquistas e os avanços experimentados tanto na comunidade internacional como no ordenamento jurídico pátrio.

A premissa das normas internacionais e nacionais sobre a transparência pública é o direito humano fundamental de acesso à informação de interesse público em domínio do Estado, conquista civilizatória do indivíduo inerente ao Estado Republicano e Democrático e assegurada nos Tratados e Convenções internacionais, bem como na Constituição Federal do Brasil de 1988 e na legislação nacional posterior.

Delineado o marco legal internacional e nacional, passa-se à análise da transparência e do acesso à informação pública no Brasil na atualidade tendo como paradigma as avaliações promovidas pela Estratégia Nacional de Combate à Corrupção e à Lavagem de Dinheiro (ENCCLA)[1] nos anos

[1] "**A Estratégia Nacional de Combate à Corrupção e à Lavagem de Dinheiro**, criada em 2003, é a principal rede de articulação para o arranjo e discussões em conjunto com uma diversidade de órgãos dos Poderes Executivo, Legislativo e Judiciário das esferas federal e estadual e, em alguns casos, municipal, bem como do Ministério Público de diferentes

de 2015 e 2016, que resultaram na elaboração do ranking da transparência público nacional, a partir do qual foi possível constatar grandes deficiências e desafios a serem superados para se conferir plena efetividade às normas de transparência hoje existentes. Por outro lado, foi possível verificar também um significativo avanço da transparência pública no Brasil entre os dois anos avaliados.

Há um consenso de que o progresso e a consolidação da nossa tenra democracia passam necessariamente pela efetiva participação do cidadão na tomada decisões políticas e no controle social das ações dos agentes públicos que exercem o poder estatal em nome do povo. Nessa quadra, a transparência e o acesso à informação pública são instrumentos indispensáveis ao controle da administração pública, ao combate da corrupção e à melhoria da gestão pública, sendo esse direito à informação um dos pilares de qualquer Estado que pretenda ser qualificado como Democrático e Republicano.

2. Direito humano fundamental de acesso à informação

2.1. Acesso à informação e o Estado republicano e democrático

A Carta Cidadã de 1988 inaugura um novo Estado sob a denominação de República Federativa do Brasil constituído em Estado Democrático de Direito e proclama que todo o poder emana do povo (art. 1º, parágrafo único).

esferas, e para a formulação de políticas públicas voltadas ao combate àqueles crimes.
O Departamento de Recuperação de Ativos e Cooperação Jurídica Internacional, por intermédio da Coordenação-Geral de Articulação Institucional, funciona como secretaria executiva da Estratégia.
O trabalho é concretizado nas chamadas Ações, as quais são elaboradas e pactuadas anualmente pelos membros da ENCCLA. Para cada uma delas, cria-se um grupo de trabalho composto por vários órgãos e instituições, o qual tem como mandato o alcance de um ou mais produtos predefinidos, por meio de atividades como realizar estudos e diagnósticos legais-normativos e de composição de bancos de dados, elaborar propostas legislativas, averiguar o estado da arte de sistemas de cadastros, indagar necessidades e promover soluções em TI, buscar eficiência na geração de estatísticas e realizar eventos voltados à evolução dos temas por meio de debates. Os grupos de trabalho costumam reunir-se mensalmente.
No cenário mundial, a ENCCLA tem cumprido papel essencial para atender, ainda, as recomendações internacionais.
Ao longo desses anos, os trabalhos desenvolvidos pela ENCCLA trouxeram diversos resultados positivos no combate ao crime de lavagem de dinheiro e às práticas de corrupção." (http://enccla.camara.leg.br/quem-somos)

A forma republicana de governo tem como viés a derivação popular do poder, o qual surge do povo e deve ser exercido em seu exclusivo proveito. A razão de ser do Estado Republicano é o cidadão, sujeito e destinatário do poder, detentor de direitos e obrigações perante o Estado e a comunidade da qual faz parte.

Impossível conceber um Estado Republicano sem a liberdade de expressão e de informação dos titulares do poder, os cidadãos. A República é inconciliável com o monopólio da informação de interesse coletivo. Como coproprietários do bem comum, os cidadãos devem ter amplo acesso às informações que, direta ou indiretamente, dizem respeito a si ou a sua comunidade. Do contrário, o cidadão exerceria no palco da sociedade não mais o papel de "protagonista", mas sim o de "marionete" dos detentores da informação.

Raciocínio semelhante permeia o Estado Democrático, que não se resume ao simples fato de o cidadão escolher periodicamente os seus representantes políticos. Na democracia efetiva o cidadão participa continuamente dos assuntos públicos, seja expressando e divulgando livremente suas ideais, seja recebendo, acessando e debatendo informações e ideias alheias. O livre fluxo da informação é uma das principais marcas de uma sociedade democrática, posto que "uma sociedade que não é bem informada não é uma sociedade verdadeiramente livre"[2].

Essa relação de interdependência entre a democracia e a liberdade de informação é bem descrita por Toby Medel, que assim aponta:

> A informação é um fundamento essencial da democracia em todos os níveis. Em sentido mais genérico, a democracia gira em torno da capacidade dos indivíduos de participar de modo efetivo da tomada de decisões que os afeta. As sociedades democráticas dispõem de ampla gama de mecanismos participativos, desde eleições regulares até órgãos de vigilância mantidos pelos cidadãos, por exemplo, nas áreas de educação pública e serviços de saúde, e até mecanismos para a apreciação de projetos de políticas, leis ou programas de desenvolvimento.
>
> A participação efetiva em todos esses níveis depende, de maneira razoavelmente óbvia, do acesso à informação, inclusive de informações mantidas por

[2] Compulsory Membership in an Association Prescribed by Law for the Practice of Journalism, nota 55, § 70 *apud* Mendel, Toby. Liberdade de informação: um estudo de direito comparado. 2ª ed. Brasília: UNESCO, 2009. p. 24.

órgãos públicos. Uma eleição não é mero concurso de beleza político. Para que as eleições cumpram sua devida função (descrita na lei internacional como a garantia de que "a vontade do povo seja a base da autoridade do governo"), o eleitorado precisa ter acesso à informação. O mesmo se aplica a outras formas de participação. É difícil, por exemplo, oferecer contribuições úteis ao processo de elaboração de políticas públicas sem ter acesso ao raciocínio dos rumos das políticas no âmbito do governo, por exemplo sob forma de pré-projeto, bem como às informações que deram sustentação a esse raciocínio.[3]

Além de determinar o nível de desenvolvimento de uma civilização, a liberdade de informação pública favorece o fortalecimento do Estado Republicano e Democrático, uma vez que entre os vários efeitos da ampliação da transparência e do acesso à informação pública estão os seguintes: a) prevenção da corrupção; b) respeitos aos direitos fundamentais; c) fortalecimento da democracia; d) melhoria da gestão pública; e) melhoria do processo decisório.[4]

2.2. Acesso à informação pública: direito humano fundamental

Há algumas décadas, existia certa controvérsia sobre ser o direito à informação pública um direito humano fundamental.[5] Porém, com a redemocratização de vários países, o advento da globalização e o avanço tecnológico dos meios de comunicação, a comunidade internacional experimentou um processo de propagação de Tratados e Convenções Internacionais e a adesão de vários países ao movimento de criação de leis internas que assegurassem o acesso do cidadão a informações de interesse público e em poder do Estado. Nesse sentido, a Controladoria-Geral da União indica que "em 1990 **apenas treze países** haviam adotado esse tipo de lei, atualmente **cerca de noventa países** de todas as regiões do mundo já possuem leis nacionais de acesso à informação."[6] (grifamos)

[3] Mendel, Toby. **Liberdade de informação: um estudo de direito comparado.** 2ª ed. Brasília: UNESCO, 2009. p. 04.

[4] Controladoria-Geral da União. **Manual da Lei de Acesso à Informação para Estados e Municípios.** 1ª ed. Brasília, 2013, págs. 06/07.

[5] Mendel, Toby. **Liberdade de informação: um estudo de direito comparado.** 2ª ed. Brasília: UNESCO, 2009. p. 03.

[6] Controladoria-Geral da União. **Manual da Lei de Acesso à Informação para Estados e Municípios.** 1ª ed. Brasília, 2013, págs. 08.

Observa-se, pois, que atualmente há amplo reconhecimento do *status* de direito humano fundamento conferido ao acesso à informação pública – também denominado na comunidade internacional como "direito de saber".

O próprio ordenamento jurídico brasileiro cuidou de conferir expressamente ao acesso à informação pública *status* de direito humano fundamental quando dispôs no art. 3º da Lei de Acesso à Informação (Lei n. 12.527/2011) que "os procedimentos previstos nesta Lei destinam-se a assegurar o **direito fundamental** de acesso à informação e devem ser executados em conformidade com os princípios básicos da administração pública." (grifamos)

Em nível mundial, vários Tratados e Declarações Internacionais já reconheciam a essencialidade do direito à informação como integrante do patrimônio jurídico natural do ser humano.

Foi no âmbito da Organização das Nações Unidas (ONU) que ocorreram os primeiros reconhecimentos internacionais do direito humano fundamental à livre informação, precisamente no ano de 1946, na primeira sessão da Assembleia Geral da ONU foi adotada a Resolução n. 59[7]. Em 1948, a Declaração Universal dos Direitos do Homem previu em seu artigo 19 o direito fundamental à livre informação[8]. Também acolhido pela ONU e em termos semelhantes, sobreveio o Pacto Internacional de Direitos Civis e Políticos de 1966, também dispondo sobre a livre informação no seu artigo 19.[9]

Em 2003, agora tratando sobre os mecanismos de combate à corrupção no mundo, a Convenção das Nações Unidas contra a Corrupção, em seus artigos 10 e 13, dedicou especial atenção à transparência do setor público, ao prescrever que: "Cada Estado-parte deverá (...) tomar as medidas necessárias para aumentar a transparência em sua administração pública (...)

7 "A **liberdade de informação** constitui um direito humano fundamental e (..) a pedra de toque de todas as liberdades a que se dedica a ONU". (grifamos)

8 "Todo ser humano tem direito à liberdade de opinião e de expressão; esse direito inclui a liberdade de ter opiniões sem sofrer interferência e de **procurar, receber e divulgar informações e ideias por quaisquer meios, sem limite de fronteiras**" (grifamos)

9 "Toda e qualquer pessoa tem direito à liberdade de expressão; **esse direito compreende a liberdade de procurar, receber e expandir informações e ideias de toda a espécie**, sem consideração de fronteiras, sob forma oral ou escrita, impressa ou artística, ou por qualquer outro meio à sua escolha". (grifamos)

procedimentos ou regulamentos que permitam aos membros do público em geral obter (...) informações sobre a organização, funcionamento e processos decisórios de sua administração pública (...)".

No âmbito da Organização dos Estados Americanos (OEA), o direito ao acesso à informação também foi expressamente reconhecido em seus documentos. Em 1969, o artigo 13 da Convenção Americana de Direitos Humanos, mais conhecida como Pacto de São José da Costa Rica, garantiu a liberdade de expressão em moldes semelhante ao da Declaração Universal dos Direitos do Homem da ONU.

Em 2000, a OEA aprovou a Declaração Interamericana de Princípios de Liberdade de Expressão e em seu item 4 estabeleceu uma moderna e importante de garantia do direito à informação, *verbis*:

> "**O acesso à informação em poder do Estado é um direito fundamental do indivíduo**. Os Estados estão obrigados a garantir o exercício desse direito. Este princípio só admite limitações excepcionais que devem estar previamente estabelecidas em lei para o caso de existência de perigo real e iminente que ameace a segurança nacional em sociedades democráticas". (grifamos).

Além dos organismos internacionais, a efetivação do direito à informação pública contou com o salutar apoio dos bancos multilaterais de desenvolvimento e uma série de outras instituições financeiras internacionais, que, como anota Toby Mendel, "adotaram políticas de divulgação de informações. Em 1990, havia uma visão predominante do direito à informação como uma medida de governança administrativa, ao passo que hoje este direito é cada vez mais considerado como um direito humano fundamental."[10]

3. Marco legal da transparência e do acesso à informação pública no Brasil

Deveras, a Carta Magna de 1988, em alguns aspectos, parece ter sido concebida para uma sociedade muito à frente de seu tempo, tão sábios são os preceitos e valores democráticos e sociais que tutela. É o que sucede quando o tema é transparência e acesso à informação pública.

[10] Mendel, Toby. **Liberdade de informação: um estudo de direito comparado.** 2ª ed. Brasília: UNESCO, 2009. p. 03.

Em estreita sintonia com as melhores orientações internacionais, a Constituição Federal de 1988 lançou as vigas mestras para a transparência na Administração Pública e o amplo acesso às informações de interesse da coletividade. A um só tempo o Constituinte estabeleceu o princípio da publicidade dos atos da Administração Pública, embrião da **transparência ativa** como dever imposto a todos os órgãos e entidades públicas do Brasil (art. 37, *caput*[11]); enquanto, de outro lado, assegurou ao indivíduo os direitos e garantias fundamentais para acessar dados e informações públicas de seu interesse pessoal ou de interesse público (art. 5º, XIV[12] e XXXIII[13]), abrindo caminho à pavimentação da **transparência passiva**.

A propósito, merece especial destaque o art. 5º, XXXIII, da CF/1988, que, em formulação perfeita, estabeleceu como regra o amplo acesso às informações do Poder Público e dispôs de forma explícita e estrita sobre as hipóteses em que a aposição do sigilo seria lícita, vejamos:

> XXXIII – todos têm direito a receber dos órgãos públicos informações de seu interesse particular, ou de interesse coletivo ou geral, que serão prestadas no prazo da lei, sob pena de responsabilidade, ressalvadas aquelas cujo sigilo seja imprescindível à segurança da sociedade e do Estado;

Em interpretação sistemática com o art. 37, *caput*, e o art. 5º, LX[14], a Constituição Federal previu claramente a regra da ampla publicidade e acesso às informações sob domínio do Estado, estabelecendo apenas quatro hipóteses no próprio texto constitucional em que a publicidade cede espaço ao sigilo, são elas: a) informação imprescindível à segurança da sociedade; b) informação imprescindível à segurança do Estado; c) defesa da intimidade da pessoa; d) exigência do interesse social.

[11] "Art. 37. A administração pública direta e indireta de qualquer dos Poderes da União, dos Estados, do Distrito Federal e dos Municípios obedecerá aos princípios de legalidade, impessoalidade, moralidade, **publicidade** e eficiência e, também, ao seguinte:" (grifamos)

[12] "XIV – **é assegurado a todos o acesso à informação** e resguardado o sigilo da fonte, quando necessário ao exercício profissional;" (grifamos)

[13] "XXXIII – todos têm direito a receber dos órgãos públicos informações de seu interesse particular, ou de interesse coletivo ou geral, que serão prestadas no prazo da lei, sob pena de responsabilidade, ressalvadas aquelas cujo sigilo seja imprescindível à segurança da sociedade e do Estado;"

[14] " LX – a lei só poderá restringir a publicidade dos atos processuais quando a defesa da intimidade ou o interesse social o exigirem;"

Com a reforma administrativa promovida pela Emenda Constitucional n. 19, de 1998, foi acrescido ao art. 37 o §3º, II, prevendo que lei disciplinaria as formas de participação dos usuários na administração pública direta e indireta, regulando especificamente o acesso dos usuários a registros administrativos e a informações sobre atos de governo, observado o disposto no art. 5º, X e XXXIII. A lei em referência viria a ser editada 13 anos depois da Emenda, com o advento da Lei de Acesso à Informação (Lei n. 12.527/2011).

No plano infraconstitucional, o primeiro avanço significativo em prol da transparência da administração pública veio em 2000 com a Lei de Responsabilidade Fiscal (Lei Complementar n. 101/2000), quase 12 anos após a promulgação da Carta Magna de 1988. Ao estabelecer normas de finanças públicas voltada para responsabilidade na gestão fiscal, a Lei Complementar n. 101/2000 foi categórica ao elevar a transparência ao patamar de princípio nortear da gestão fiscal responsável.

No entanto, foram as inovações trazidas pela Lei Complementar n. 131/2009, apelidada de "Lei Capiberibe", que trouxeram densidade e aplicabilidade ao princípio da transparência enaltecido na redação original da Lei de Responsabilidade Fiscal. Recentemente também foram promovidas na LRF algumas outras alterações pontuais pela Lei Complementar n. 156/2016, porém, sem a magnitude alcançada pela "Lei Capiberibe".

Em seu texto atual, a Lei de Responsabilidade Fiscal enuncia em seu artigo 48 que são instrumentos de transparência da gestão fiscal, aos quais será dada ampla divulgação, inclusive em meios eletrônicos de acesso público: os planos, orçamentos e leis de diretrizes orçamentárias; as prestações de contas e o respectivo parecer prévio; o Relatório Resumido da Execução Orçamentária e o Relatório de Gestão Fiscal; e as versões simplificadas desses documentos.

Observa-se que a norma acima diz respeito mais à publicidade do que à transparência e acesso à informação pelo cidadão, pois estabelece a disponibilização pública dos planos e leis orçamentárias, relatórios contábeis e prestações de contas.

No entanto, o grande avanço conferido pela Lei de Responsabilidade Fiscal foi disciplinar a implantação dos portais de transparência em todos os entes públicos da federação, quando exigiu que a transparência pública deveria ser assegurada mediante a liberação ao pleno conhecimento e acompanhamento da sociedade, **em tempo real**, de **informações por-**

menorizadas sobre a execução orçamentária e financeira, **em meios eletrônicos de acesso público** (art. 48, §1º, II).

Mais adiante, o novo artigo 48-A descreve as informações públicas mínimas que devem ser disponibilizadas a qualquer pessoa física ou jurídica, explicitando que em relação à despesa devem ser informados todos os atos praticados pelas unidades gestoras no decorrer da execução da despesa, no momento de sua realização, com a disponibilização mínima dos dados referentes ao número do correspondente processo, ao bem fornecido ou ao serviço prestado, à pessoa física ou jurídica beneficiária do pagamento e, quando for o caso, ao procedimento licitatório realizado. Já em relação às informações sobre as receitas públicas, estabelece que devem ser disponibilizadas informações quanto ao recebimento de toda a receita das unidades gestoras, inclusive referente a recursos extraordinários.

A "Lei Capiberibe" previu um cronograma para que todos os entes da federação se adequassem a ela, tendo em conta o nível do ente (União, Estado e Município) e o tamanho da população municipal, de modo que, **até maio de 2013**, todos entes federados deveriam estar com seus portais da transparência pública implementados e em bom funcionamento, sob pena de, em caso de descumprimento, serem impedidos de receber transferências voluntárias de recursos.

Enquanto transcorria o prazo da LRF para implantação dos portais de transparências para os municípios de médio e pequeno porte, sobreveio em novembro de 2011 mais uma proeminente lei brasileira disciplinando com abrilhantada técnica a divulgação e o acesso a informações junto ao Poder Público, a chamada Lei de Acesso à Informação (Lei n. 12.527/2011).

Com escopo alargado, a Lei de Acesso à Informação (LAI) alcançou todos os órgãos e entidades da administração pública direita e indireta brasileiro, indo além para submeter a suas regras também as **entidades privadas sem fins lucrativos** que recebam recursos públicos diretamente do orçamento ou mediante subvenções sociais, contrato de gestão, termo de parceria, convênios, acordo, ajustes ou outros instrumentos congêneres.

A LAI estabeleceu as seguintes **diretrizes** para garantia do direito fundamental do cidadão: observância da publicidade como preceito geral e do sigilo como exceção; divulgação de informações de interesse público, independentemente de solicitações; utilização de meios de comunicação viabilizados pela tecnologia da informação; fomento ao desenvolvimento da cultura de transparência na administração pública; e desenvolvimento do controle social da administração pública.

De forma enfática a nova lei impôs ser "dever do Estado garantir o direito de acesso à informação, que será franqueada, mediante procedimentos objetivos e ágeis, de forma transparente, clara e em linguagem de fácil compreensão" (art. 5º). A publicidade por si só já não é mais suficiente. O acesso à informação pressupõe com forma e linguagem inteligível ao cidadão.

Com a mesma força cogente, a transparência ativa foi disciplinada no art. 8º, segundo o qual "é dever dos órgãos e entidades públicas promover, independentemente de requerimentos, a divulgação em local de fácil acesso, no âmbito de suas competências, de informações de interesse coletivo ou geral por eles produzidas ou custodiadas."

De outro lado, a transparência passiva foi disciplinada no art. 10 e assegurou a qualquer interessado apresentar pedido de acesso a informações aos órgãos e entidades públicas, por qualquer meio legítimo, **independentemente de motivação** ou justificativa do solicitante.

Com *vacatio legis* de 180 dias, a Lei de Acesso à Informação entregou passou a vigorar em **meados de 2012**, a partir de quando o Brasil passou a contar com um microssistema completo e robusto de garantias de transparência e acesso à informação pública, com normas legais de todas as estaturas (constitucional, complementar e ordinária), atendendo, em grande parte, às mais modernas orientações internacionais sobre o assunto.

Cumprida essa etapa preliminar e imprescindível, resta saber se atualmente esse arcabouço jurídico vem tendo efetividade, ou seja, se está sendo satisfatoriamente pelos órgãos, entidades e gestores públicos brasileiros, depois de transcorridos aproximadamente 29 anos da Constituição Federal, 17 anos da Lei de Responsabilidade Fiscal, 8 anos da "Lei Capiberibe" e 5 anos da Lei de Acesso à Informação.

4. O diagnóstico da transparência pública no Brasil

Na XII Reunião Plenária da Estratégia Nacional de Combate à Corrupção e à Lavagem de Dinheiro (ENCCLA), realizada na cidade de Teresina em novembro de 2014, foram definidas as ações da entidade para o ano de 2015, entre as quais se encontrava a Ação 4 com o seguinte objeto: "Estabelecer estratégia articulada de fomento, monitoramento e cobrança do cumprimento da Lei nº 12.527/2011, em relação à transparência ativa e passiva."

A Ação 4 da ENCCLA foi coordenada e executada pelo Ministério Público Federal em duas avaliações. A primeira avaliação ocorreu entre os dias 08 de setembro e 09 de outubro de 2015 e deu origem ao 1º ranking estadual e nacional de transparência pública, divulgado em dezembro de 2015. A segunda avaliação ocorreu no período de 11 de abril a 27 de maio de 2016 e resultou no 2º ranking estadual e nacional de transparência pública.

As avaliações da transparência pública consistiram em 16 questões assim distribuídas[15]:

GERAL

1 – O ente possui informações sobre Transparência na internet?

2 – O Site contém ferramenta de pesquisa de conteúdo que permita o acesso à informação?

RECEITA

3 – Há informações sobre a receita nos últimos 6 meses, incluindo natureza, valor de previsão e valor arrecadado?

DESPESA

4 – As despesas apresentam dados dos últimos 6 meses contendo:

- Valor do empenho
- Valor da liquidação
- Valor do Pagamento
- Favorecido

LICITAÇÕES E CONTRATOS

5 – O site apresenta dados nos últimos 6 meses contendo:

- Íntegra dos editais de licitação
- Resultado dos editais de licitação (vencedor é suficiente)
- Contratos na íntegra

6 – O ente divulga as seguintes informações concernentes a procedimentos licitatórios com dados dos últimos 6 meses?

- Modalidade
- Data
- Valor
- Número/ano do edital
- Objeto

[15] Todas as informações das avaliações realizadas pelo Ministério Público Federal estão disponíveis no site: http://combateacorrupcao.mpf.mp.br/ranking.

RELATÓRIOS

7 – O site apresenta:

- As prestações de contas (relatório de gestão) do ano anterior
- Relatório Resumido da Execução Orçamentária (RREO) dos últimos 6 meses
- Relatório de Gestão Fiscal (RGF) dos últimos 6 meses
- Relatório estatístico contendo a quantidade de pedidos de informação recebidos, atendidos e indeferidos, bem como informações genéricas sobre os solicitantes

8 – O Site possibilita a gravação de relatórios em diversos formatos eletrônicos, abertos e não proprietários, tais como planilhas e texto (CSV), de modo a facilitar a análise das informações?

TRANSPARÊNCIA PASSIVA SERVIÇO DE INFORMAÇÕES AO CIDADÃO – SIC

9 – Possibilidade de entrega de um pedido de acesso de forma presencial

- Existe indicação precisa no site de funcionamento de um Serviço de Informações ao Cidadão (SIC) físico?
- Há indicação do órgão?
- Há indicação de endereço?
- Há indicação de telefone?
- Há indicação dos horários de funcionamento?

SERVIÇO ELETRÔNICO DE INFORMAÇÕES AO CIDADÃO e-SIC

10 – Há possibilidade de envio de pedidos de informação de forma eletrônica (e-SIC)?

11 – Apresenta possibilidade de acompanhamento posterior da solicitação?

12 – A solicitação por meio do e-SIC é simples, ou seja, sem a exigência de itens de identificação do requerente que dificultem ou impossibilitem o acesso à informação, tais como: envio de documentos, assinatura reconhecida, declaração de responsabilidade, maioridade?

DIVULGAÇÃO DA ESTRUTURA E FORMA DE CONTATO

13 – No site está disponibilizado o registro das competências e estrutura organizacional do ente?

14 – O Portal disponibiliza endereços e telefones das respectivas unidades e horários de atendimento ao público?

BOAS PRÁTICAS DE TRANSPARÊNCIA

15 – Há divulgação de remuneração individualizada por nome do agente público?

16 – Há divulgação de Diárias e passagens por nome de favorecido e constando, data, destino, cargo e motivo da viagem?

Na primeira avaliação – quando a Lei de Acesso à Informação já contava com pouco mais de três anos de vigência, o resultado nacional médio de **3,92 pontos**, numa escala total de 10 pontos, ou seja, em média, considerando todos os Estados e Municípios brasileiros, a administração pública dos entes subnacionais cumpria pouco mais de 39% das regras de transparência, um péssimo resultado que acaba por refletir na maior incidência da corrupção no país.

Com base na referida avaliação, o Ministério Público Federal expediu recomendações aos Estados e Municípios que estavam descumprindo os critérios mínimos de transparência e acesso à informação pública.

A segunda avaliação foi realizada após o decurso do prazo de 120 dias para cumprimento das recomendações do MPF, entre abril e maio de 2016, isto é, quase 04 anos após o início da vigência da Lei de Acesso à Informação.

O resultado verificado na segunda avaliação evidenciou uma significativa evolução no nível de transparência pública dos Estados e Municípios brasileiros. O resultado nacional médio apurado foi de **5,21 pontos**, numa escala total de 10 pontos.

Em relação ao resultado da primeira avaliação, o índice de transparência pública dos entes subnacionais teve uma significativa melhoria de quase 33% – precisamente, 32,91%.

A comparação entre o resultado das duas avaliações demonstra que a transparência dos governos municipais melhorou em todos os Estados brasileiros, com destaque para os governos municipais do Estado do Piauí, que teve a maior evolução percentual (418,39%).

Em relação à transparência das capitais dos Estados brasileiros, houve também uma considerável melhora. Das 26 capitais estaduais, 21 municípios tiveram melhora na nota de transparência, enquanto outras 05 capitais estaduais (Aracaju, Campo Grande, Rio Branco, Rio de Janeiro e Teresina) regrediram seus níveis de transparência pública.

Em semelhante comparação, observou-se que 20 governos estaduais melhoram seu nível de transparência pública, enquanto o Distrito Federal e outros 06 Estados (Acre, Rio Grande do Sul, Paraíba, Santa Catarina, Bahia e Roraima) tiveram piora de nota em relação à primeira avaliação.

Embora a evolução tenha sido relevante e considerável, o nível geral médio de transparência pública dos Estados e dos Municípios brasileiros ainda está muito aquém do satisfatório, uma vez que a nota de cumprimento dos quesitos mínimos de transparência e acesso à informação pública apurada na última avaliação foi de apenas **5,21 pontos**, de um total de 10,00 pontos, ou seja, um **índice de 52,1%** de adesão às normas legais de transparência pública, o que demonstra o quão grande ainda é o desafio brasileiro em busca da efetividade do direito humano fundamental de acesso à informação pública.

Conclusões

A transparência da gestão pública e o acesso à informação de interesse coletivo são inerentes e indissociáveis do Estado Republicano e Democrático. Além disso, a magnitude desse direito humano fundamental do cidadão é hoje amplamente reconhecida na comunidade internacional, seja nos tratados e convenções internacionais ou pelos bancos multilaterais, o que vem refletido na adesão mundial crescente de países à legislação que asseguram o acesso à informação pública.

No Brasil, vimos que as bases da transparência pública ativa e passiva foram lançadas pela Constituição Federal de 1988, que foi, em seguida, instrumentalizada por uma legislação ampla e moderna, como a Lei de Responsabilidade Fiscal, a "Lei Capiberibe" e a Lei de Acesso à Informação, conjunto de normas este que engendrou um completo e robusto microssistema de defesa e garantia da transparência e do acesso à informação pública.

Se por um lado o plano normativo brasileiro andou bem, o mesmo não se pode dizer sobre a sua efetividade frente à realidade da transparência dos Estados e Municípios brasileiros. As duas avaliações coordenadas e executadas pelo Ministério Público Federal no âmbito da ENCCLA demonstraram que, na média geral, pouco mais da metade da administração pública estadual e municipal brasileira atende aos critérios mínimos legais de transparência. Por outro lado, verificou um significativo avanço num curto espaço de tempo entre as duas avaliações, tendo sido apurado uma melhoria de, aproximadamente, 33% no nível de transparência desses entes públicos.

Entretanto, mostra-se contraditório um Estado que se autoproclama Republicano e Democrático de Direito manter na opacidade quase metade dos seus atos públicos estaduais e municipais, realidade que conserva o segredo, que é o habitat natural para manutenção e proliferação do desgoverno, da má gestão pública e da corrupção.

A saga brasileira em busca da completa transparência pública trilha o caminho da evolução. É preciso reconhecer e festejar a conquista de um arcabouço jurídico tão sofisticado de promoção da transparência pública quanto à atual legislação brasileira, ao mesmo tempo também em que é fundamental que a classe político, as instituições do Estado, especialmente os órgãos de controle, e a sociedade civil reúnam esforços para que o comando abstrato do Direito irradie-se na concretude do dia a dia da administração pública e resulte em melhoria da qualidade de vida e promoção do bem-estar do cidadão.

Nesse sentido, oportuno o desfecho com a mensagem deixada por Toby Mendel ao concluir um amplo e profundo estudo internacional sobre tema, vejamos:

> "Já foi observado em inúmeras ocasiões que a adoção de uma lei de direito à informação progressista é apenas o primeiro passo e, de certa forma o mais fácil, da concretização do direito à informação na prática. O autor está plenamente de acordo com esta visão, que também é, claramente, verificada na prática. A implementação irrestrita requer vontade política, uma sociedade civil ativa e, no mínimo, alguns outros elementos-chave, como o respeito ao estado de direito. Embora uma boa lei não baste para a oferta do direito a informação, ela é, ao mesmo tempo, pré-condição. Esta é a plataforma sobre a qual se apoiam os outros elementos necessários."[16]

Referências

Constituição da República Federativa do Brasil de 1988.

Controladoria-Geral da União. **Manual da Lei de Acesso à Informação para Estados e Municípios.** 1ª ed. Brasília, 2013

Lei n. 12.527, de 18 de novembro de 2011 (Lei de Acesso à Informação).

Lei Complementar n. 101, de 04 de maio de 2000 (Lei de Responsabilidade Fiscal).

MENDEL, Toby. **Liberdade de informação: um estudo de direito comparado.** 2ª ed. Brasília: UNESCO, 2009.

Sites Pesquisados

www.enccla.camara.leg.br

www.combateacorrupcao.mpf.mp.br

16 Mendel, Toby. **Liberdade de informação: um estudo de direito comparado.** 2ª ed. Brasilia : UNESCO, 2009. p. 162.

4

ALCANCE DA TESE FIXADA PELO STF NO RE 848.826/DF: IMPLICAÇÕES DA FISCALIZAÇÃO E DO JULGAMENTO DOS ATOS DE GESTÃO DE PREFEITO PELOS TRIBUNAIS DE CONTAS

Ronaldo Ribeiro de Oliveira

1. Introdução

A Constituição Federal de 1988, quanto à extensão, é classificada doutrinariamente como analítica, vez que, por vezes, é generosa quanto a detalhes que poderiam ser dispostos em normas infraconstitucionais.

Entretanto esse preciosismo do legislador constituinte originário quase sempre tem uma razão de ser. É o caso quando se está a tratar do Tribunal de Contas da União: o constituinte não poupou caneta para dispor, no texto constitucional, de forma detalhada, as competências fundamentais das Cortes de Contas – e aqui cabe um parêntese: por força do art. 75 da CF e do Princípio da Simetria, o modelo federal é de observância compulsória pelos Tribunais Estaduais e Municipais.

Essa preocupação com os Tribunais de Contas – TCs tem uma razão bastante sólida, considerando o contexto histórico da época: o fortalecimento das Instituições de Controle como um dos pilares da Democracia.

Ocorre que mesmo com todo detalhamento das competências básicas dos TCs, ainda há margem para interpretações dúbias, como ocorre com os incisos I e II do art. 71 da Carta Magna.

Como demonstrado no decorrer deste estudo, a interpretação dada pelo Tribunal Superior Eleitoral, até o julgamento do Recurso Extraordinário nº 848.826/DF pelo Supremo Tribunal Federal, era a de que o mencionado inciso I estabelecia a competência dos Poderes Legislativos para o julgamento das chamadas Contas Anuais ou Contas de Governo dos Chefes dos

Poderes Executivos, agindo os TCs, nestes casos, como coadjuvantes com a emissão de pareceres prévios; em relação ao inciso II, entendia-se que as Cortes de Contas possuíam competência própria para julgar as denominadas Contas de Gestão dos Chefes dos Executivos que agiam na qualidade de ordenadores de despesa, para todos os efeitos: inelegibilidade, aplicação de multa e imputação de débito, dentre outros.

Com a tese fixada pelo STF no RE 848.826/DF, a jurisprudência até então dominante foi superada para dar lugar à seguinte interpretação dos incisos I e II do art. 71 da CF: para os fins do art. 1º, inciso I, alínea *g*, da Lei Complementar nº 64/1990, a apreciação das contas de Prefeitos, tanto as de governo quanto as de gestão, será exercida pelas Câmaras Municipais, com o auxílio dos Tribunais de Contas competentes, cujo parecer prévio somente deixará de prevalecer por decisão de dois terços dos vereadores.

Nota-se que a tese é bem clara ao estabelecer que somente para os fins de inelegibilidade o julgamento das Contas de Prefeitos, tanto as de Gestão como as de Governo, será realizado pelas Câmaras Municipais com o auxílio dos TCs.

Então, significa dizer que, para os demais fins, a exemplo da expedição de medidas cautelares, aplicação de multas e imputação de débito, as Cortes de Contas continuam com a competência de julgar os Prefeitos ordenadores de despesa? E nos casos de contas de convênio – competência disposta no inciso VI do art. 71 da CF, a qual não foi objeto de análise pelo STF – os Tribunais de Contas podem julgar o Prefeito, inclusive com efeitos eleitorais?

Para esclarecer tais dúvidas, pretende-se com o presente trabalho analisar detidamente as razões de decidir do Supremo Tribunal Federal no RE 848.826/DF e a jurisprudência atual do Tribunal Superior Eleitoral.

2. Contas anuais ou de governo x contas de gestão

Antes de abordar a questão de fundo deste artigo, faz-se necessário reconhecer e diferenciar as duas espécies de contas previstas nos incisos I e II do art. 71 da Constituição Federal, que assim estabelecem:

> Art. 71. O controle externo, a cargo do Congresso Nacional, será exercido com o auxílio do Tribunal de Contas da União, ao qual compete:
>
> I – apreciar as contas prestadas anualmente pelo Presidente da República, mediante parecer prévio que deverá ser elaborado em sessenta dias a contar de seu recebimento;

> II – julgar as contas dos administradores e demais responsáveis por dinheiros, bens e valores públicos da administração direta e indireta, incluídas as fundações e sociedades instituídas e mantidas pelo Poder Público federal, e as contas daqueles que derem causa a perda, extravio ou outra irregularidade de que resulte prejuízo ao erário público.[1]
>
> ...

Nota-se que não é possível, pela simples interpretação gramatical, subtrair dos referidos incisos que um trata das Contas de Governo (inciso I) e o outro das Contas de Gestão (inciso II).

Essa dualidade de Contas foi construída e reconhecida pela doutrina e jurisprudência ao longo dos anos e hoje está pacificada, conforme se extrai do julgamento do Recurso Ordinário em Mandado de Segurança nº 11.060 pelo Superior Tribunal de Justiça:

> [...] Os arts. 70 a 75 da Lex Legum deixam ver que o controle externo – contábil, financeiro, orçamentário, operacional e patrimonial – da administração pública é tarefa atribuída ao Poder Legislativo e ao Tribunal de Contas. O primeiro, quando atua nesta seara, o faz com o auxílio do segundo que, por sua vez, detém competências que lhe são próprias e exclusivas e que para serem exercitadas independem da interveniência do Legislativo. O conteúdo das contas globais prestadas pelo Chefe do Executivo é diverso do conteúdo das contas dos administradores e gestores de recurso público. As primeiras demonstram o retrato da situação das finanças da unidade federativa (União, Estados, DF e Municípios). Revelam o cumprir do orçamento, dos planos de governo, dos programas governamentais, demonstram os níveis de endividamento, o atender aos limites de gasto mínimo e máximo previstos no ordenamento para saúde, educação, gastos com pessoal. Consubstanciam-se, enfim, nos Balanços Gerais prescritos pela Lei 4.320/64. Por isso, é que se submetem ao parecer prévio do Tribunal de Contas e ao julgamento pelo Parlamento (art. 71, I c./c. 49, IX da CF/88). As segundas – contas de administradores e gestores públicos, dizem respeito ao dever de prestar (contas) de todos aqueles que lidam com recursos públicos, captam receitas, ordenam despesas (art. 70, parágrafo único da CF/88). Submetem-se a julgamento direto pelos Tri-

[1] BRASIL. Constituição (1988). Constituição da República Federativa do Brasil. Disponível em: http://www.planalto.gov.br/ccivil_03/Constituicao/Constituicao.htm. Acesso em: 16 jul. 2018.

bunais de Contas, podendo gerar imputação de débito e multa (art. 71, II e § 3º da CF/88). [2] (destaquei)

No mesmo sentido, a Suprema Corte já reconheceu a existência das duas espécies de contas:

> Tribunal de Contas dos Estados: competência: observância compulsória do modelo federal: inconstitucionalidade de subtração ao Tribunal de Contas da competência do julgamento das contas da Mesa da Assembléia Legislativa – compreendidas na previsão do art. 71, II, da Constituição Federal, para submetê-las ao regime do art. 71, c/c. art. 49, IX, que é exclusivo da prestação de contas do Chefe do Poder Executivo.
>
> I. O art. 75, da Constituição Federal, ao incluir as normas federais relativas à "fiscalização" nas que se aplicariam aos Tribunais de Contas dos Estados, entre essas compreendeu as atinentes às competências institucionais do TCU, nas quais é clara a distinção entre a do art. 71, I – de apreciar e emitir parecer prévio sobre as contas do Chefe do Poder Executivo, a serem julgadas pelo Legislativo – e a do art. 71, II – de julgar as contas dos demais administradores e responsáveis, entre eles, os dos órgãos do Poder Legislativo e do Poder Judiciário.
>
> II. A diversidade entre as duas competências, além de manifesta, é tradicional, sempre restrita a competência do Poder Legislativo para o julgamento às contas gerais da responsabilidade do Chefe do Poder Executivo, precedidas de parecer prévio do Tribunal de Contas: cuida-se de sistema especial adstrito às contas do Chefe do Governo, que não as presta unicamente como chefe de um dos Poderes, mas como responsável geral pela execução orçamentária: tanto assim que a aprovação política das contas presidenciais não libera do julgamento de suas contas específicas os responsáveis diretos pela gestão financeira das inúmeras unidades orçamentárias do próprio Poder Executivo, entregue a decisão definitiva ao Tribunal de Contas.[3] (destaquei)

[2] BRASIL. Superior Tribunal de Justiça. Recurso Ordinário em Mandado de Segurança nº 11.060-GO. Recorrente: João Batista Peres. Recorrido: Tribunal de Contas dos Municípios do Estado de Goiás. Relator revisor: Min. Paulo Medina. Brasília, 25/6/2002. Data de Publicação: 16/9/2002. Disponível em: <www.stj.jus.br>. Acesso em: 16 jul. 2018.

[3] BRASIL. Supremo Tribunal Federal. Ação Direta de Inconstitucionalidade nº 849. Requerente: Procurador-geral da República. Requerido: Assembleia Legislativa do Estado de Mato Grosso. Relator: Min. Sepúlveda Pertence. Brasília, 11/2/1999. Data de Publicação: 23/4/1999. Disponível em: <www.stf.jus.br>. Acesso em: 16 julho 2018.

Acerca do conteúdo de cada conta, colaciono normativo esclarecedor do Tribunal de Contas do Estado de Mato Grosso, que assim definiu por meio da Resolução Normativa 10/2008:

> Art. 5º. As deliberações do Tribunal de Contas do Estado de Mato Grosso sobre as contas anuais de governo e sobre as contas anuais de gestão são independentes entre si, cada uma delas referindo-se à sua matéria específica.
>
> § 1º. O parecer prévio sobre as contas anuais de governo será conclusivo no sentido de manifestar-se sobre: a) se as contas anuais representam adequadamente a posição financeira, orçamentária e patrimonial em 31.12, bem como o resultado das operações de acordo com os princípios fundamentais da contabilidade aplicada à administração pública; b) a observância aos limites constitucionais e legais na execução dos orçamentos públicos; c) o cumprimento dos programas previstos na LOA quanto à legalidade, legitimidade, economicidade e atingimento das metas, assim como a consonância dos mesmos com o plano plurianual e a lei de diretrizes orçamentárias; d) o resultado das políticas públicas, evidenciando o reflexo da administração financeira e orçamentária no desenvolvimento econômico e social do município; e) a observância ao princípio da transparência.
>
> § 2º. As deliberações do Tribunal de Contas do Estado de Mato Grosso sobre as contas anuais de gestão serão conclusivas no sentido de manifestar-se sobre a legalidade dos atos de que resultem receitas e despesas, realização de licitações, contratações, empenhos, liquidações e pagamentos de despesas, controle e guarda do patrimônio, aperfeiçoamento dos resultados de políticas públicas, dentre outros.[4] (destaquei)

Diante do exposto, conclui-se, de forma resumida, que: i) as contas de governo ou anuais são prestadas exclusivamente pelo Chefe do Poder Executivo, representam a posição financeira, orçamentária e patrimonial anual do Ente como um todo e são julgadas pelo Poder Legislativo com

[4] MATO GROSSO (Estado). Resolução Normativa nº 10, de 25 de novembro de 2008, do Tribunal de Contas do Estado de Mato Grosso. Estabelece regras para apreciação e julgamento de contas anuais de governo prestadas pelo Prefeito Municipal e de contas anuais de gestão dos administradores e demais responsáveis por dinheiros, bens e valores públicos dos órgãos e entidades municipais; aprova padrões de relatórios de auditoria (Estado e Municípios) e adota outras providências. Disponível em: < http://www.tce.mt.gov.br/arquivos/downloads/00005483/Resolu%C3%A7%C3%A3o_Normativa_n%C2%BA_010_2008.pdf>. Acesso em 16 julho 2018.

base em parecer prévio emitido pelo Tribunal de Contas; ii) as contas de gestão são prestadas por qualquer pessoa que administre ou seja responsável por dinheiros, bens e valores públicos, agregam os atos de que resultem receitas e despesas e são julgadas definitivamente pelo Tribunal de Contas.

3. Contextualização histórica sobre as mudanças de interpretação acerca do órgão competente para o julgamento dos atos de gestão de prefeito

Como visto, no que concerne ao julgamento das chamadas Contas Anuais ou Contas de Governo do Chefe do Poder Executivo, previstas no art. 71, I, da CF, não há qualquer dúvida: é realizado pelo Poder Legislativo, após parecer prévio do Tribunal de Contas, que só pode ser derrubado por decisão de dois terços dos membros da Câmara Municipal, no caso dos Prefeitos, nos termos do art. 31, § 2º, CF.

O imbróglio está no julgamento das Contas de Gestão, ou seja, em saber se o Chefe do Executivo Municipal, ao assumir a ordenação de despesa e, portanto, a condição de administrador de dinheiros, bens e valores públicos, se enquadraria na regra do inciso II do art. 71 da Constituição Federal e estaria, dessa forma, submisso ao julgamento técnico das Cortes de Contas para todos os efeitos.

Historicamente a causa da polêmica jurídica tem origem na interpretação da redação original da alínea *g* do inciso I do art. 1º da Lei Complementar nº 64/1990, que assim dispunha:

> Art. 1º São inelegíveis:
>
> I – para qualquer cargo:
>
> ...
>
> g) os que tiverem suas contas relativas ao exercício de cargos ou funções públicas rejeitadas por irregularidade insanável que configure ato doloso de improbidade administrativa, e por decisão irrecorrível do órgão competente, salvo se a questão houver sido ou estiver sendo submetida à apreciação do Poder Judiciário, para as eleições que se realizarem nos 5 (cinco) anos seguintes, contados a partir da data da decisão;[5]

[5] BRASIL. Lei Complementar nº 64, de 18 de maio de 1990. Estabelece, de acordo com o art. 14, § 9º da Constituição Federal, casos de inelegibilidade, prazos de cessação, e determina outras providências. Disponível em: < http://www.planalto.gov.br/ccivil_03/leis/lcp/lcp64.htm>. Acesso em 17 julho 2018.

Considerando o enorme efeito eleitoral que o citado dispositivo trouxe, candidatos barrados em virtude da rejeição de contas pelo TC começaram a questionar na Justiça Eleitoral qual seria o órgão competente para o julgamento em questão.

Em 1990, no Recurso Especial Eleitoral nº 8.974/SE, o Tribunal Superior Eleitoral assentou entendimento de que as contas de gestão do Prefeito ordenador de despesa deveriam ser julgadas em definitivo pelo Tribunal de Contas, *verbis:*

> IMPROBIDADE ADMINISTRATIVA. DEMONSTRACAO. ACAO JUDICIAL. ALCANCE. CONSTITUICAO, ART. 71, PARAGRAFOS 1, 2, E 3, E ART. 75.
>
> I – DEMONSTRADA CABALMENTE A IMPROBIDADE ADMINISTRATIVA DO ORDENADOR DE DESPESAS PELO TRIBUNAL DE CONTAS, APLICAVEL O PARG. 5 DO ART. 14 DA CONSTITUICAO, RECONHECENDO-SE A INELEGIBILIDADE DO CANDIDATO, APESAR DA EXISTENCIA DE ACAO NA ESFERA JUDICIAL, QUE NAO CONTESTA TODOS OS PROCESSOS.
>
> II – INTELIGENCIA DO ART. 71, PARAGRAFOS 1, 2 E 3, E ART. 75, DA CONSTITUICAO, QUE CONFEREM AS DECISOES DOS TRIBUNAIS DE CONTAS, EFEITOS MAIS DO QUE OPINATIVOS.
>
> III – E PROCEDENTE A IMPUGNACAO DE REGISTRO DE CANDIDATURA SE O IMPUGNADO TEVE AS SUAS CONTAS REJEITADAS PELA PRATICA DE ATOS DE IMPROBIDADE DEVIDAMENTE COMPROVADOS, ATENTATORIOS A PROBIDADE ADMINISTRATIVA E A MORAL, CARACTERIZANDO-SE, ASSIM, O ABUSO NO EXERCICIO DA FUNCAO.
>
> IV – RECURSOS IMPROVIDOS.[6] (destaquei)

Pouco tempo depois, ao ser provocado, o STF posicionou-se contrário à decisão do TSE, conforme ementa abaixo:

> INELEGIBILIDADE – PREFEITO – REJEIÇÃO DE CONTAS – COMPETÊNCIA. Ao Poder Legislativo compete o julgamento das contas do Chefe

[6] BRASIL. Tribunal Superior Eleitoral. Recurso Especial Eleitoral nº 8.974/SE. Recorrentes: Coligação união Contra o Acordão e outros. Recorrida: Procuradoria Regional Eleitoral. Relator: Min. Pedro da Rocha Acioli. Brasília, 1/9/1990. Data de Publicação: 1/9/1990. Disponível em: <http://www.tse.jus.br/jurisprudencia/decisoes/jurisprudencia>. Acesso em: 18 jul. 2018.

do Executivo, considerados os três níveis – federal, estadual e municipal. O Tribunal de Contas exsurge como simples órgão auxiliar, atuando na esfera opinativa – inteligência dos artigos 11 do Ato das Disposições Constitucionais Transitórias, 25, 31, 49, inciso IX, 71 e 75, todos do corpo permanente da Carta de 1988. Autos conclusos para confecção do acórdão em 9 de novembro de 1995.[7] (destaquei)

Diante de tal precedente, a jurisprudência da Corte Superior Eleitoral foi alterada, passando então a firmar entendimento de que ao Poder Legislativo compete o julgamento das contas do Chefe do Executivo.

Ocorre que no ano de 2010 foi aprovada a Lei Complementar nº 135/2010, conhecida como Lei da Ficha Limpa. Ela alterou a redação da alínea *g* do inciso I do art. 1º da Lei Complementar nº 64/1990, passando a fazer referência expressa ao art. 71, II, da CF e determinando que a causa de inelegibilidade ali contida deveria ser aplicada a todos os ordenadores de despesa, sem exclusão de mandatários que agissem nessa condição. Vejamos:

> Art. 1º São inelegíveis:
>
> I – para qualquer cargo:
>
> ...
>
> g) os que tiverem suas contas relativas ao exercício de cargos ou funções públicas rejeitadas por irregularidade insanável que configure ato doloso de improbidade administrativa, e por decisão irrecorrível do órgão competente, salvo se esta houver sido suspensa ou anulada pelo Poder Judiciário, para as eleições que se realizarem nos 8 (oito) anos seguintes, contados a partir da data da decisão, aplicando-se o disposto no inciso II do art. 71 da Constituição Federal, a todos os ordenadores de despesa, sem exclusão de mandatários que houverem agido nessa condição;[8] (grifei)

[7] BRASIL. Supremo Tribunal Federal. Recurso Extraordinário nº 132.747. Recorrente: Jackson Barreto de Lima. Recorrido: Procuradoria Regional Eleitoral. Relator: Min. Marco Aurélio. Brasília, 17/6/1992. Data de Publicação: 7/12/1995. Disponível em: <www.stf.jus.br>. Acesso em: 18 jul. 2018.

[8] BRASIL. Lei Complementar nº 135, de 4 de junho de 2010. Altera a Lei Complementar nº 64, de 18 de maio de 1990, que estabelece, de acordo com o § 9º do art. 14 da Constituição Federal, casos de inelegibilidade, prazos de cessação e determina outras providências, para incluir hipóteses de inelegibilidade que visam a proteger a probidade administrativa e a moralidade no exercício do mandato. Disponível em: <http://www.planalto.gov.br/ccivil_03/leis/lcp/Lcp135.htm#art2>. Acesso em 19 julho 2018.

A nova redação da tão aclamada Lei da Ficha Limpa não podia ser mais clara ao cravar o art. 71, II, da CF em seu texto, o qual dispõe sobre a competência das Cortes de Contas para julgamento, e determinar que todos os ordenadores de despesa, sem exclusão de mandatários, estavam sujeitos aos seus comandos.

Parecia ser o fim da celeuma: o órgão competente para o julgamento das Contas de Gestão dos Prefeitos, pela escolha do Legislador, há de ser o Tribunal de Contas.

Com base nessa nova redação, o TSE, em 2014, novamente alterou seu entendimento, se rendendo aos comandos da Lei da Ficha Limpa, conforme Recurso Ordinário nº 40.137/CE:

> ELEIÇÕES 2014. REGISTRO DE CANDIDATURA. RECURSO ORDINÁRIO. INELEGIBILIDADE. ALÍNEA G. REJEIÇÃO DE CONTAS. TRIBUNAL DE CONTAS. PREFEITO. ORDENADOR DE DESPESAS. CARACTERIZAÇÃO.
>
> 1. As alterações das hipóteses de inelegibilidades introduzidas pela Lei Complementar nº 135, de 2010, foram consideradas constitucionais pelo Supremo Tribunal Federal no julgamento da ADI 4.578 e das ADCs 29 e 30, em decisões definitivas de mérito que produzem eficácia contra todos e efeito vinculante, nos termos do art. 102, § 2º, da Constituição da República.
>
> 2. Nos feitos de registro de candidatura para o pleito de 2014, a inelegibilidade prevista na alínea g do inciso I do art. 1º da LC nº 64, de 1990, pode ser examinada a partir de decisão irrecorrível dos tribunais de contas que rejeitam as contas do prefeito que age como ordenador de despesas.
>
> 3. Entendimento, adotado por maioria, em razão do efeito vinculante das decisões do Supremo Tribunal Federal e da ressalva final da alínea g do art. 1º, I, da LC nº 64/90, que reconhece a aplicação do "disposto no inciso II do art. 71 da Constituição Federal, a todos os ordenadores de despesa, sem exclusão de mandatários que houverem agido nessa condição".
>
> 4. Vencida neste ponto, a corrente minoritária, que entendia que a competência para julgamento das contas do prefeito é sempre da Câmara de Vereadores.
>
> 5. As falhas apontadas pelo Tribunal de Contas, no caso, não são suficientes para caracterização da inelegibilidade, pois não podem ser enquadradas como ato doloso de improbidade. No caso, não houve sequer condenação à devolução de recursos ao erário ou menção a efetivo prejuízo financeiro da Administração. Recurso provido, neste ponto, por unanimidade.

Recurso ordinário provido para deferir o registro da candidatura.[9] (destaquei)

De forma bastante didática, o Ministro do STF Roberto Barroso resume toda essa oscilação jurisprudencial:

> Em 1990, no Recurso Especial Eleitoral nº 8.974/SE, o Tribunal Superior Eleitoral entendeu que as contas do prefeito ordenador de despesas, as contas de gestão, deveriam ser julgadas em definitivo pelo Tribunal de Contas. Portanto, essa foi a primeira linha de jurisprudência do TSE. Alguns anos depois, em 1998, em outro Recurso Especial Eleitoral, o TSE mudou de entendimento e passou a achar que a competência para as contas de gestão, e não apenas as de governo, também era da Câmara Municipal, em se tratando de prefeitos. Mais à frente, num outro julgamento, em 2010, o Tribunal Superior Eleitoral manteve esta orientação. Em 2012, o Tribunal manteve também, num julgamento, esta orientação, ali já se registrando o voto vencido do Ministro José Antônio Dias Toffoli. Em 2014, no Recurso Ordinário 40.137/CE, o Tribunal Superior Eleitoral mudou novamente de orientação e passou a entender que a competência é do Tribunal de Contas para o julgamento das contas de gestão. Esse entendimento foi reiterado nesta decisão que está aqui sendo impugnada. Portanto, desde 2014, o TSE vem decidindo nessa linha.[10]

Em 2016 a questão novamente bateu às portas da Suprema Corte, cuja decisão será analisada a seguir.

[9] BRASIL. Tribunal Superior Eleitoral. Recurso Ordinário nº 40.137/CE. Recorrente: Augusta Brito de Paula. Recorrido: Ministério Público Eleitoral. Relator: Min. Henrique Neves da Silva. Brasília, 27/8/2014. Data de Publicação: 27/8/2014. Disponível em: < http://www.tse.jus.br/jurisprudencia/decisoes/jurisprudencia >. Acesso em: 19 jul. 2018.

[10] BRASIL. Supremo Tribunal Federal. Recurso Extraordinário nº 848.826. Excerto do voto proferido pelo Ministro Relator (vencido). Recorrente: José Rocha Neto. Recorrido: Ministério Público Eleitoral. Redator do acórdão: Min. Ricardo Lewandowski. Brasília, 10/8/2016. Data de Publicação: 24/8/2017. Disponível em: <http://stf.jus.br/portal/jurisprudencia/listarJurisprudencia.asp?s1=%28RE%24%2ESCLA%2E+E+848826%2ENUME%2E%29+OU+%28RE%2EACMS%2E+ADJ2+848826%2EACMS%2E%29&base=baseAcordaos&url=http://tinyurl.com/my9pjhh>. Acesso em: 19 jul. 2018.

4. Alcance da tese fixada pelo STF no Recurso Extraordinário nº 848.826/DF: análise acerca das possibilidades e implicações da fiscalização e do julgamento dos atos de gestão de Prefeito pelos Tribunais de Contas

Antes de adentrar na análise da decisão tomada pelo STF no RE nº 848.826/DF, é preciso distinguir, de forma breve, duas competências constitucionais fundamentais das Cortes de Contas: a de fiscalizar e a de julgar.

A competência judicante está prevista no inciso II do art. 71 da CF, enquanto a fiscalizatória, além de ser implícita, considerando que estamos a tratar de um órgão de controle, também está expressa nos incisos V e VI do mesmo dispositivo, para casos específicos:

> Art. 71. O controle externo, a cargo do Congresso Nacional, será exercido com o auxílio do Tribunal de Contas da União, ao qual compete:
>
> ...
>
> II – julgar as contas dos administradores e demais responsáveis por dinheiros, bens e valores públicos da administração direta e indireta, incluídas as fundações e sociedades instituídas e mantidas pelo Poder Público federal, e as contas daqueles que derem causa a perda, extravio ou outra irregularidade de que resulte prejuízo ao erário público;
>
> ...
>
> V – fiscalizar as contas nacionais das empresas supranacionais de cujo capital social a União participe, de forma direta ou indireta, nos termos do tratado constitutivo;
>
> VI – fiscalizar a aplicação de quaisquer recursos repassados pela União mediante convênio, acordo, ajuste ou outros instrumentos congêneres, a Estado, ao Distrito Federal ou a Município;[11] (destaquei)

A diferença entre ambas, de maneira sintética, é que a fiscalização é realizada por auditores concursados e objetiva, em regra, instruir os processos de controle externo; já a atividade de julgamento é realizada pelos Conselheiros e Conselheiros Substitutos, no caso das Cortes Estaduais, de forma colegiada ou singular, ouvido o Ministério Público Especial, e pode culminar na aplicação de multa, imposição de glosa e demais medidas previstas nas Constituições Federal e Estaduais e nas Leis Orgânicas de cada Instituição.

[11] BRASIL. Constituição (1988), *op. cit.*

Pois bem. Quanto ao tema de fundo do presente artigo, tem-se que a Suprema Corte fixou a seguinte tese ao julgar o RE nº 848.826:

> Para os fins do art. 1º, inciso I, alínea g, da Lei Complementar nº 64/1990, a apreciação das contas de Prefeitos, tanto as de governo quanto as de gestão, será exercida pelas Câmaras Municipais, com o auxílio dos Tribunais de Contas competentes, cujo parecer prévio somente deixará de prevalecer por decisão de dois terços dos vereadores.

Uma leitura gramatical da supracitada decisão leva à conclusão de que a Câmara Municipal só é competente para julgar as Contas de Gestão de Prefeito para os fins de inelegibilidade, de modo que caberia ao Tribunal de Contas o julgamento para os demais fins previstos nas Constituições e em leis, a exemplo da aplicação de multa.

Entretanto a interpretação da decisão em comento não deve levar em consideração apenas o texto da tese fixada; é preciso ir além e buscar a *ratio decidendi,* ou seja, a razão de decidir da Suprema Corte.

O placar do julgamento foi apertado: foram 6 votos contra 5. O Relator do caso, Ministro Roberto Barroso, apresentou voto seguindo a linha da jurisprudência até então majoritária do TSE, no sentido de que compete aos TCs o julgamento das Contas de Gestão do Prefeito ordenador de despesa para todos os fins. Votaram com ele os Ministros Teori Zavascki, Rosa Weber, Luiz Fux e Dias Toffoli.

A divergência foi aberta pelo Ministro Ricardo Lewandowski, que proferiu o voto vencedor e, portanto, redigiu a tese de repercussão geral. Votaram com ele os Ministros Celso de Mello, Marco Aurélio, Gilmar Mendes, Cármen Lúcia e Edson Fachin.

Para entendemos as razões de decidir do STF, transcreve-se abaixo trechos do voto do Eminente Ministro Lewandowski:

> Portanto, são os edis que têm, por força da própria Constituição, o direito de julgar todas as contas do prefeito, sem nenhuma distinção.
>
> ...
>
> Ademais, observo que não há propriamente um julgamento de contas pelo órgão técnico. O relevante papel dos tribunais de contas restringe-se apenas a produzir parecer prévio à decisão do órgão legislativo.
>
> ...

> Compete, pois, às Câmaras Municipais o direito de julgar todas as contas do prefeito, sem nenhuma distinção. A competência do órgão legislativo para o julgamento não é determinada pela natureza das contas, se de gestão ou de governo, mas pelo cargo de quem as presta, no caso, o de Prefeito Municipal.
>
> ...
>
> Como se vê, a opção do constituinte foi a de destinar o julgamento de todas as contas à Câmara, em clara demonstração de respeito à relação de equilíbrio que deve necessariamente existir entre os Poderes da República, na sistemática de "checks and balances". Não caberia, portanto, tal encargo aos técnicos dos Tribunais de Contas, que não são detentores de poder.[12]

Nota-se que, diferentemente do que se extrai da leitura simplista do texto da tese de repercussão geral, as razões de decidir do STF nos leva a outra conclusão: a de que o Tribunal de Contas não é competente para julgar qualquer espécie de conta de Prefeito, seja ele ordenador de despesa ou não, para todos os fins, não somente para aqueles previstos no art. 1º, I, *g*, da LC nº 64/1990.

Os principais fundamentos do veredicto acima são: 1º) o órgão competente para o julgamento não é definido pela natureza da conta, e sim pelo cargo de quem a presta; 2º) a interpretação que deve ser feita é da Lei da Ficha Limpa com base na CF, e não o contrário.

Assim, se a Corte de Contas não possui competência para julgar o Prefeito em nenhuma hipótese, já que a fixação é definida pelo cargo, e não pela natureza da conta, por consequência não teria poder para impor as sanções previstas nas Constituições e nas Leis Orgânicas, como medidas cautelas e imposição de glosa.

Reforçam essa conclusão trechos dos votos proferidos pelos Ministros Celso de Mello e Marco Aurélio[13]:

> Min. Celso de Mello:
>
> (...) A regra de competência inscrita no art. 71, inciso II, da Carta Política – que submete ao julgamento desse importante órgão auxiliar do Poder Legislativo as contas dos administradores e demais responsáveis por dinheiros, bens

[12] BRASIL. Supremo Tribunal Federal. Recurso Extraordinário nº 848.826. Excerto do voto proferido pelo Ministro Redator (vencedor). *op. cit.*

[13] BRASIL. Supremo Tribunal Federal. Recurso Extraordinário nº 848.826. Excertos dos votos proferidos pelos Ministros Celso de Mello e Marco Aurélio. *op. cit.*

e valores públicos da administração direta e indireta – não legitima a atuação exclusiva do Tribunal de Contas, quando se tratar de apreciação das contas do Chefe do Executivo, pois, *em tal hipótese*, terá plena incidência a norma especial consubstanciada no inciso I desse mesmo preceito constitucional.

Há, *pois*, uma dualidade de regimes jurídicos a que os agentes públicos *estão sujeitos* no procedimento de prestação e julgamento de suas contas. Essa diversidade de tratamento jurídico, estipulada "*ratione personae*" pelo ordenamento constitucional, põe em relevo a condição político-administrativa do Chefe do Poder Executivo.

Min. Marco Aurélio:

No inciso II, tendo-se a dualidade, tem-se referência às contas dos administradores – gênero. É possível incluir o Presidente da República na referência a administradores? A resposta, numa interpretação sistemática, conjugando-se os dois incisos, mostra-se negativa. Está o Presidente da República – como também estão, porque há a simetria, o Governador do Estado, o Prefeito – excluído, considerada a referência a administradores e alusão a demais responsáveis por dinheiros, bens e valores públicos da Administração direta e indireta.

...

Há mais, Presidente. Precisamos ter presente que o controle externo pelo Congresso implica mesclagem do Poder Legislativo, falaremos no gênero –, com a governança própria ao Poder Executivo. Houve mitigação, pelo legislador constituinte, do Poder Executivo, admitindo-se glosa não de um outro órgão administrativo, o Tribunal de Contas da União, composto de nove ministros, ou o Tribunal de Contas estadual, e, em alguns Municípios, o municipal, compostos de sete conselheiros, mas de outro Poder – o Legislativo.

Não há como distinguir onde o texto legal ou constitucional não o faz. Não há como assentar que cumpre à Casa Legislativa apreciar as contas do Chefe do Executivo, mas que, no tocante a outros atos envolvendo recursos públicos, pode haver a atuação de um Tribunal que, como ressaltado pela ministra Cármen Lúcia, não atua no campo jurisdicional. Se entender-se que, no caso, cumpre ao Tribunal de Contas atuar, considerado ato do Chefe do Executivo municipal, glosando-o, terse- á que fazê-lo também quanto ao Executivo federal e ao Executivo estadual. Continuo entendendo que o sistema precisa fechar, não se podendo estabelecer distinção onde a ordem jurídica não estabelece.

Pelo exposto, questiona-se: os Prefeitos estariam 100% imunes à atuação técnica dos Tribunais de Contas e sujeitos somente ao controle externo político das Câmaras Municipais? A resposta é negativa.

A atual jurisprudência do TSE entende que os TCs, ao rejeitarem as contas de convênios ou transferência de fundo a fundo de Prefeitos, têm o poder de enquadrá-los nas disposições da alínea *g* do inciso I do art. 1º da LC nº 64/1990, conforme decisões abaixo:

> ELEIÇÕES 2016. RECURSO ESPECIAL ELEITORAL. REGISTRO DE CANDIDATURA. PREFEITO ELEITO (COLIGAÇÃO A VOLTA DO PROGRESSO – PDT/PSC/PMN/PSD). INDEFERIDO. INELEGIBILIDADE. ART. 1º, 1, G, DA LEI COMPLEMENTAR Nº 64/1990. CONTAS DE CONVÊNIO. VERBAS REPASSADAS PELA UNIÃO. COMPETÊNCIA. JULGAMENTO. TRIBUNAL DE CONTAS. ART. 71, VI, DA CF. NÃO PROVIMENTO.
>
> ...
>
> 8. Em se tratando de contas de convênio nas quais reconhecida irregularidade na aplicação de recursos repassados pela União, a competência para o julgamento é do respectivo Tribunal de Contas, inaplicável à hipótese entendimento firmado pela Suprema Corte no julgamento dos REs nos 848.826 e 729.744, cujo exame não ingressou no preciso aspecto das verbas oriundas de convênio.[14]
>
> ELEIÇÕES 2016. AGRAVO REGIMENTAL. RECURSO ESPECIAL ELEITORAL. REGISTRO DE CANDIDATURA. PREFEITO ELEITO (COLIGAÇÃO SALES MAIS PROGRESSO – DEM/PMDB). DEFERIDO. INELEGIBILIDADE. ART. 1º, 1, G, DA LEI COMPLEMENTAR Nº 64/1990. CONTAS RELATIVAS A RECURSOS REPASSADOS PELA UNIÃO OU PELO ESTADO. TRIBUNAL DE CONTAS. ÓRGÃO COMPETENTE PARA O JULGAMENTO. DECISÃO DO SUPREMO TRIBUNAL FEDERAL NOS REs Nos 848.826 E 729.744. INAPLICABILIDADE. RECURSO ESPECIAL PARCIALMENTE PROVIDO. RETORNO DOS AUTOS À ORIGEM PARA ANÁLISE DO PRONUNCIAMENTO DO TCE. DESPROVIMENTO.

[14] BRASIL. Tribunal Superior Eleitoral. Recurso Especial Eleitoral nº 240-20/2016. Recorrente: Paulo Roberto Ribeiro. Recorrida: Coligação Unidos por Taguatinga. Relatora: Min. Rosa Weber. Brasília, 14/3/2017. Data de Publicação: 17/4/2017. Disponível em: <http://www.tse.jus.br/jurisprudencia/decisoes/jurisprudencia>. Acesso em: 20 jul. 2018.

Em se tratando de contas nas quais reconhecida irregularidade na aplicação de recursos repassados pela União ou pelo Estado (FUNDEB), a competência para o julgamento não é da Câmara de Vereadores, e sim do Tribunal de Contas respectivo, inaplicável o entendimento firmado pela Suprema Corte no julgamento dos REs nos 848.826 e 729.744. Precedentes.

Determinado o retorno dos autos à origem para o exame do pronunciamento exarado pelo TCE/MG, com vista à aferição quanto à presença, ou não, dos requisitos necessários à incidência da inelegibilidade prevista no art. *l*, inciso 1, alínea g, da Lei Complementar *nº64/1990.*

Agravo regimental conhecido e não provido.[15]

Ao fundamentar tal entendimento, o TSE considerou que a competência dos Tribunais de Contas para fiscalizar convênio, acordo, ajuste ou outros instrumentos congêneres está prevista no inciso VI do art. 71 da CF, o qual não foi objeto da deliberação tomada pelo STF no RE 848.826/DF, e que seria inconcebível que as Câmaras Municipais ficassem investidas de poder para fiscalizar recursos de outros Entes Federados.

Nessa linha, a Associação dos Membros dos Tribunais de Contas do Brasil – Atricon, entidade bastante atuante e respeitada, editou a Resolução nº 04/2016:

1º Os Tribunais de Contas remetam às Câmaras de Vereadores os acórdãos proferidos acerca das CONTAS DE GESTÃO de recursos municipais de prefeito que tenha agido na qualidade de ordenador de despesas, a fim de que tais Casas Legislativas as apreciem exclusivamente em razão do disposto no artigo 1º, inciso I, alínea g, da Lei Complementar nº 64/1990, ou seja, apenas para fins de legitimar a possível inelegibilidade do chefe do Poder Executivo , permanecendo intactas as competências dos Tribunais de Contas para a) imputar dano e aplicar sanções com força de título executivo aos mencionados gestores, b) conceder medidas cautelares e também c) fiscalizar os recursos de origem federal ou estadual que foram ou estejam sendo aplicados mediante convênio, acordo, ajuste ou outros instrumentos congêneres celebrados com os entes federados municipais, podendo a rejeição das contas pelos Tribunais

[15] BRASIL. Tribunal Superior Eleitoral. Agravo Regimental no Recurso Especial Eleitoral nº 89.93/2016. Agravante: Genivaldo de Brito Chaves. Agravado: Ministério Público Eleitoral. Relatora: Min. Rosa Weber. Brasília, 16/12/2016. Data de Publicação: 16/12/2016. Disponível em: <http://www.tse.jus.br/jurisprudencia/decisoes/jurisprudencia>. Acesso em: 20 jul. 2018.

de Contas, nesta última hipótese, que não foi objeto do referido julgamento, gerar a inelegibilidade prevista no artigo 1º, inciso I, alínea g, da Lei Complementar nº 64/1990;[16]

Aqui é preciso abrir um parêntese para deixar registrada uma crítica à interpretação do TSE, adotada também pela Atricon em relação aos convênios. Como fiz questão de ressaltar no início deste capítulo, há uma grande diferença entre fiscalizar e julgar. Logo, entende-se como bastante vulnerável a tese de carimbar um Prefeito gestor como inelegível apenas por uma fiscalização, bem como lhe aplicar sanções, imputar débito e impor medidas cautelares.

A corroborar, destaco trecho do voto do Min. Roberto Barroso no julgamento do RE 848.826/DF:

> Mas há os que consideram que os Tribunais de Contas Estaduais só têm competência para julgar as contas de Prefeitos que agem na qualidade de ordenadores de despesas, quando se trata de fiscalizar a aplicação de recursos repassados pela União mediante convênio, acordo, ajuste ou outros instrumentos congêneres, atribuição essa prevista no art. 71, VI, da Constituição Federal. O argumento não procede por várias razões. Primeiramente, não se deve confundir fiscalização, que é atribuição referida no art. 71, VI, com julgamento, competência prevista no art. 71, II. Fiscalizar não significa julgar. A Constituição Federal confere a vários órgãos função fiscalizadora. É o que ocorre com a Controladoria-Geral da União, o Ministério Público e as próprias Casas Legislativas (via Comissões Parlamentares de Inquérito). À exceção destas últimas, que detêm competência para julgar as contas de governo do Chefe do Executivo por expressa previsão constitucional (art. 71, I, CF), os demais órgãos aos quais a Constituição confere poder fiscalizatório não possuem, apenas por essa razão, o poder de julgar.[17]

[16] ASSOCIAÇÃO DOS MEMBROS DOS TRIBUNAIS DE CONTAS DO BRASIL. Resolução nº 4, de 25 de agosto de 2016. Aprova recomendações para fins de aplicação no âmbito dos Tribunais de Contas da tese jurídica de repercussão geral editada pelo STF, em sede do RE 848.826/DF. Disponível em: < http://www.atricon.org.br/wp-content/uploads/2016/09/Resolu%C3%A7%C3%A3o-Atricon-04-2016.doc.pdf.pdf>. Acesso em 20 de julho de 2018.

[17] BRASIL. Supremo Tribunal Federal. Recurso Extraordinário nº 848.826. Excerto do voto proferido pelo Ministro Redator (vencedor). *op. cit.*

Conclusões

No decorrer do presente trabalho restou demonstrado o reconhecimento e a diferença entre Contas Anuais ou de Governo e Contas de Gestão. As primeiras são prestadas pelos Chefes dos Executivos e julgadas politicamente pelos respectivos Poderes Legislativos. Já estas são prestadas por todos os responsáveis por dinheiros, bens e valores públicos e são julgadas tecnicamente pelos Tribunais de Contas.

A dúvida, surgida principalmente com o advento da Lei Complementar nº 64/1990, era saber se os Prefeitos que optassem por assumir a função de ordenar despesa teriam suas Contas de Gestão julgadas pelas Cortes de Contas ou Casas Legislativas.

Demonstrou-se que a jurisprudência do TSE oscilou bastante durante os anos, ora reconhecendo a competência em comento como sendo dos TCs e ora das Câmaras Municipais, mesmo diante de precedente do STF do ano 1992 fixando o Legislativo como único órgão julgador do Chefe do Executivo.

Em 2016 o STF se viu obrigado a enfrentar novamente a questão e, por um placar apertado de 6x5, manteve o posicionamento de 1992, fixando tese de repercussão geral cuja redação leva à interpretação de que as Câmaras Municipais só seriam competentes para julgar as Contas de Gestão de Prefeitos para a específica finalidade prevista na alínea *g* do inciso I do art. 1º da LC nº 64/1990, ou seja, para fins de inelegibilidade.

Todavia ao se analisar as razões de decidir do STF, restou claro que os Tribunais de Contas, na visão do Supremo, são incompetentes para o julgamento de quaisquer espécies de Contas de Prefeito, pois a definição do órgão competente, segundo interpretação da Constituição Federal, se dá em razão da pessoa, e não da matéria.

Isso não significa dizer que os Prefeitos ordenadores de despesa estão imunes às decisões das Cortes de Contas, haja vista que a jurisprudência atual do TSE assegura que os que tiverem suas contas de convênio rejeitadas, serão carimbados como inelegíveis caso se enquadrem nas disposições da alínea *g* do inciso I do art. 1º da LC nº 64/1990.

Nessa mesma linha, a Atricon defende que, em suas fiscalizações, os TCs continuam com o poder de aplicar sanções, imputar débito e impor medidas cautelares aos Prefeitos ordenadores de despesa.

Diante de todo exposto, com todo respeito, considera-se a decisão do STF tomada no RE 848.826 verdadeiro retrocesso para o Sistema Nacional de Controle Externo e para a sociedade, legítima beneficiária da atuação técnica dos Tribunais de Contas.

A meu sentir, a Carta Maior não poderia ser mais clara ao dispor que todos que são responsáveis por dinheiros, bens e valores públicos, sem qualquer distinção, devem prestar contas ao Tribunal Especializado e estão sujeitos ao seu julgamento técnico.

Mais do que de uma norma constitucional, essa diretriz advém do próprio Princípio Republicano. É inconcebível que determinado administrador público esteja blindado em razão do cargo que ocupe, pelo fato de ser mandatário. Se assim quisesse o legislador constituinte originário, as contas dos Presidentes das Assembleias e das Câmaras também não poderiam ser julgadas tecnicamente pelos TCs, mas sim politicamente por outro Poder.

É fato – e não há nenhum problema em dizer isso – que as Câmaras Municipais não estão – e nem devem, pois não é seu papel primordial – dotadas de corpo técnico qualificado para exercer tão relevante função pública. O seu papel político, frisa-se, de enorme relevância, como bem delineado na CF, deve ser restrito ao julgamento das Contas Anuais ou de Governo, onde são analisados os indicadores de políticas públicas, cumprimento das peças orçamentárias, limites constitucionais e legais, dentre outras questões macro.

Referências

ASSOCIAÇÃO DOS MEMBROS DOS TRIBUNAIS DE CONTAS DO BRASIL. Resolução nº 4, de 25 de agosto de 2016. Aprova recomendações para fins de aplicação no âmbito dos Tribunais de Contas da tese jurídica de repercussão geral editada pelo STF, em sede do RE 848.826/DF. Disponível em: < http://www.atricon.org.br/wp-content/uploads/2016/09/Resolu%C3%A7%C3%A3o-Atricon-04-2016.doc.pdf.pdf>. Acesso em 20 de julho de 2018.

BRASIL. Constituição (1988). Constituição da República Federativa do Brasil. Disponível em: http://www.planalto.gov.br/ccivil_03/Constituicao/Constituicao.htm. Acesso em: 16 jul. 2018.

–. Lei Complementar nº 64, de 18 de maio de 1990. Estabelece, de acordo com o art. 14, § 9º da Constituição Federal, casos de inelegibilidade, prazos de cessação, e determina outras providências. Disponível em: < http://www.planalto.gov.br/ccivil_03/leis/lcp/lcp64.htm>. Acesso em 17 julho 2018.

–. Lei Complementar nº 135, de 4 de junho de 2010. Altera a Lei Complementar nº 64, de 18 de maio de 1990, que estabelece, de acordo com o § 9º do art. 14 da Constituição Federal, casos de inelegibilidade, prazos de cessação e determina outras providências, para incluir hipóteses de inelegibilidade que visam a proteger a probidade administrativa e a moralidade no exercício do mandato. Disponível em: <http://www.planalto.gov.br/ccivil_03/leis/lcp/Lcp135.htm#art2>. Acesso em 19 julho 2018.

–. Supremo Tribunal Federal. Ação Direta de Inconstitucionalidade nº 849. Requerente: Procurador-geral da República. Requerido: Assembleia Legislativa do Estado de Mato Grosso. Relator: Min. Sepúlveda Pertence. Brasília, 11/2/1999. Data de Publicação: 23/4/1999. Disponível em: <www.stf.jus.br>. Acesso em: 16 julho 2018.

–. Supremo Tribunal Federal. Recurso Extraordinário nº 132.747. Recorrente: Jackson Barreto de Lima. Recorrido: Procuradoria Regional Eleitoral. Relator: Min. Marco Aurélio. Brasília, 17/6/1992. Data de Publicação: 7/12/1995. Disponível em: <www.stf.jus.br>. Acesso em: 18 jul. 2018.

–. Supremo Tribunal Federal. Recurso Extraordinário nº 848.826. Excerto do voto proferido pelo Ministro Relator (vencido). Recorrente: José Rocha Neto. Recorrido: Ministério Público Eleitoral. Redator do acórdão: Min. Ricardo Lewandowski. Brasília, 10/8/2016. Data de Publicação: 24/8/2017. Disponível em: <http://stf.jus.br/portal/jurisprudencia/listarJurisprudencia.asp?s1=%28RE%24%2ESCLA%2E+E+848826%2ENUME%2E%29+OU+%28RE%2EACMS%2E+ADJ2+848826%2EACMS%2E%29&base=baseAcordaos&url=http://tinyurl.com/my9pjhh>. Acesso em: 19 jul. 2018.

–. Superior Tribunal de Justiça. Recurso Ordinário em Mandado de Segurança nº 11.060-GO. Recorrente: João Batista Peres. Recorrido: Tribunal de Contas dos Municípios do Estado de Goiás. Relator revisor: Min. Paulo Medina. Brasília, 25/6/2002. Data de Publicação: 16/9/2002. Disponível em: <www.stj.jus.br>. Acesso em: 17 fev. 2016

–. Tribunal Superior Eleitoral. Agravo Regimental no Recurso Especial Eleitoral nº 89.93/2016. Agravante: Genivaldo de Brito Chaves. Agravado: Ministério Público Eleitoral. Relatora: Min. Rosa Weber. Brasília, 16/12/2016. Data de Publicação: 16/12/2016. Disponível em: <http://www.tse.jus.br/jurisprudencia/decisoes/jurisprudencia>. Acesso em: 20 jul. 2018.

–. Tribunal Superior Eleitoral. Recurso Especial Eleitoral nº 240-20/2016. Recorrente: Paulo Roberto Ribeiro. Recorrida: Coligação Unidos por Taguatinga. Relatora: Min. Rosa Weber. Brasília, 14/3/2017. Data de Publicação: 17/4/2017. Disponível em: <http://www.tse.jus.br/jurisprudencia/decisoes/jurisprudencia>. Acesso em: 20 jul. 2018.

–. Tribunal Superior Eleitoral. Recurso Especial Eleitoral nº 8.974/SE. Recorrentes: Coligação união Contra o Acordão e outros. Recorrida: Procuradoria Regional Eleitoral. Relator: Min. Pedro da Rocha Acioli. Brasília, 1/9/1990. Data de Publicação: 1/9/1990. Disponível em: <http://www.tse.jus.br/jurisprudencia/decisoes/jurisprudencia>. Acesso em: 18 jul. 2018.

–. Tribunal Superior Eleitoral. Recurso Ordinário nº 40.137/CE. Recorrente: Augusta Brito de Paula. Recorrido: Ministério Público Eleitoral. Relator: Min. Henrique Neves da Silva. Brasília, 27/8/2014. Data de Publicação: 27/8/2014. Disponível em: < http://www.tse.jus.br/jurisprudencia/decisoes/jurisprudencia >. Acesso em: 19 jul. 2018.

MATO GROSSO (Estado). Resolução Normativa nº 10, de 25 de novembro de 2008, do Tribunal de Contas do Estado de Mato Grosso. Estabelece regras para apreciação e julgamento de contas anuais de governo prestadas pelo Prefeito Municipal e de contas anuais de gestão dos administradores e demais responsáveis por dinheiros, bens e valores públicos dos órgãos e entidades municipais; aprova padrões de relatórios de auditoria (Estado e Municípios) e adota outras providências. Disponível em: < http://www.tce.mt.gov.br/arquivos/downloads/00005483/Resolu%C3%A7%C3%A3o_Normativa_n%C2%BA_010_2008.pdf>. Acesso em 16 julho 2018.

5
A LEI ANTICORRUPÇÃO EMPRESARIAL (LACE) E AS PRINCIPAIS ALTERAÇÕES PROPOSTAS PELO PODER LEGISLATIVO

André Luís de Freitas

1. Introdução

Os meios de comunicação, não raras vezes, apresentam desdobramentos de operações ou novos escândalos de corrupção, em suas mais variadas espécies de uso indevido do Poder Público – praticados por políticos, policiais, juízes e outros.

Provavelmente, esta é uma das razões para a última versão (2017) do *Corruption Perceptions Index* (CPI), elaborado pelo movimento *Transparency International*, exibir o Brasil, com 37 pontos, apenas na 96ª posição do ranking mundial – formado por 180 países e territórios.

O referido ranking considera uma pontuação de 0 a 100, onde 100 indica a maior pontuação possível em temos de combate à corrupção. A obtenção de pontos no CPI, essencialmente, está relacionada aos esforços dispensados por cada País em medidas que garantam a liberdade de expressão jornalística e a transparência na prestação de contas nos setores públicos e privados (TRANSPARENCY INTERNATIONAL, 2017).

Ainda que a posição não seja satisfatória, inclusive inferior à de países vizinhos, como Uruguai, Chile e Argentina (nesta ordem), o Brasil tem envidado esforços no sentido de implementar algumas medidas que possam reduzir os índices de corrupção.

Para tanto, o País está submerso em um arcabouço legal relativamente robusto, se comparado a outras nações, no que tange aos mecanismos de combate à corrupção. A título exemplificativo, tem-se – em ordem cronológica crescente (ARAS, 2018):

- Decreto-lei nº 2.848, de 1940 – Código Penal;
- Lei nº 1.079, de 1950 – Crimes de Responsabilidade;
- Lei nº 4.717, de 1965 – Ação Popular;
- Constituição da República Federativa do Brasil, de 1988 – Artigo 37 e parágrafos – Princípios que regem a Administração Pública;
- Lei nº 8.429, de 1992 – Improbidade Administrativa;
- Lei nº 8.666, de 1993 – Licitações e Contratos;
- Lei nº 9.613, de 1998 – Lavagem de Dinheiro;
- Lei Complementar nº 101, de 2000 – Lei de Responsabilidade Fiscal;
- Lei nº 10.683, de 2003 – Instituiu a Controladoria-Geral da União (CGU);
- Lei Complementar nº 131, de 2009 – Lei da Transparência;
- Lei Complementar nº 135, de 2010 – Lei da Ficha Limpa;
- Lei nº 12.527, de 2011 – Lei de Acesso à Informação;
- Lei nº 12.683, de 2012 – Aprimoramento da Legislação sobre Lavagem de Dinheiro;
- Lei nº 12.813, de 2013 – Prevenção de Conflitos de Interesse;
- Lei nº 12.846, de 2013 – Lei Anticorrupção;
- Lei nº 12.850, de 2013 – Lei das Organizações Criminosas;
- Lei nº 13.303, de 2016 – Le das Estatais; e
- Decretos regulamentadores e leis estaduais.

Confere destaque ao período compreendido entre 2011 e 2013, dada a concentração de leis com vieses relacionados ao combate à corrupção no País. Coincidentemente ou não, tendo em vista que o CPI (TRANSPARENCY INTERNATIONAL, 2017) baseia a pontuação em dados publicados nos dois anos anteriores a cada edição, os períodos de melhor desempenho do Brasil foram 2014 e 2012, ambos com 43 pontos, conforme verifica-se na tabela abaixo:

CORRUPTION PERCEPTIONS INDEX 2017

2017 Rank	Country	2017 Score	2016 Score	2015 Score	2014 Score	2013 Score	2012 Score	Region
96	Brazil	37	40	38	43	42	43	Americas

Fonte: TRANSPARENCY INTERNATIONAL (2017)

Todavia, naturalmente, todo esse painel normativo tem sido objeto de inúmeras discussões no âmbito do Poder Legislativo Federal (Câmara dos Deputados e Senado Federal), para que as atualizações sejam promovidas com fundamento na globalização, no advento de novas tecnologias e nos atuais aspectos políticos, sociais e econômicos do País. Desprende dessa relação a Lei nº, 12.846, de 1º de agosto de 2013, conhecida como "Lei Anticorrupção Empresarial (LACE)", "Lei da Empresa Limpa" ou simplesmente "Lei Anticorrupção" (ARAS, 2018), pois trouxe em seu bojo uma inovação à legislação nacional de combate à corrupção: a responsabilização objetiva administrativa e civil da pessoa jurídica e seus agentes, inclusive com aplicação de sanções, pela prática de atos contra a administração pública, nacional e estrangeira (BRASIL, 2013).

Assim, ao considerar a situação nacional frente ao enfrentamento da corrupção e a inovação trazida pela LACE, formulou-se a seguinte pergunta: Quais foram as alterações propostas pelo Senado Federal e pela Câmara dos Deputados à Lei 12.846, desde a sua publicação em 2013?

Para tal problema, o objetivo da pesquisa consistiu em analisar sinteticamente o objeto da LACE e os principais aspectos que estão sujeitos à alteração, através da apresentação de proposições no Senado Federal e na Câmara dos Deputados.

2. Objeto da Lei Anticorrupção Empresarial (LACE)

Muitos acreditam que a LACE foi produto das manifestações de 2013, por se tratar do mesmo ano de publicação. Todavia, conforme explica o ex-Ministro-Chefe da Controladoria-Geral da União (CGU) – e um dos principais responsáveis pela elaboração da LACE –, Jorge Hage Sobrinho (2014), o projeto de lei (PL 6.826/2010) que originou a referida Lei foi enviado ao Congresso Nacional pelo Poder Executivo em 2010. Embora as manifestações de rua tenham incentivado a aprovação da matéria em 2013, o PL já tramitava há três anos no Congresso Nacional (HAGE SOBRINHO, 2014).

E o advento da LACE, segundo Hage Sobrinho (2014), foi fundamental no preenchimento de diversos vazios legais presentes no ordenamento brasileiro, especialmente no que tange às Convenções Anticorrupção – compromissos internacionais que o Brasil é signatário –, a saber:

- Sanções que alcancem diretamente o agente corruptor pessoa-jurídica;
- Sanções que atinjam o patrimônio da empresa corruptora, possibilitando, inclusive, o ressarcimento dos cofres públicos;
- Sanções aplicáveis também pela via administrativa, além daquelas acionáveis pela via judicial cível;
- Responsabilização objetiva, independentemente de culpa ou dolo;
- Sanções realmente eficazes (isto é, com real poder inibitório, preventivo, dissuasório);
- Normativo não apenas repressivo, mas que atue, sobretudo, como poderoso instrumento de prevenção da corrupção, incentivando a integridade corporativa nas empresas (pelo sistema de atenuantes, que valoriza sobretudo os bons programas de *compliance*);
- Normas voltadas à facilitação e agilização da investigação, com a colaboração da empresa, via Acordo de Leniência; e
- Regras aplicáveis também à corrupção transnacional. (Hage Sobrinho, 2014)

Consonante com os argumentos supracitados, resta clara a robustez trazida pela LACE à legislação brasileira. Todavia, o ceticismo relacionado à LACE pôde ser observado nas reflexões de alguns autores, notadamente por não ser considerada um instrumento capaz de viabilizar significativas mudanças no que se refere ao combate à corrupção no Brasil (Cuéllar e Pinho, 2014).

E as divergências merecem ser respeitadas, pois serão os propulsores necessários ao aprimoramento da legislação nacional, em qualquer esfera da administração pública, e não somente no âmbito do combate à corrupção.

Deste modo, esta pesquisa propõe analisar os principais aspectos da LACE que foram objeto de alteração nas duas Casas do Congresso Nacional.

3. Proposituras legislativas

A LACE não demorou muito para ser perseguida por congressistas, através de proposições legislativas, que visavam alterar algumas de suas vertentes. Logo em 2014, pouco mais de um ano após a publicação da Lei 12.846, teve-se o primeiro registro na Câmara dos Deputados.

Não obstante, para a identificação das proposições com o escopo de alterar a LACE, cumpre apontar os principais critérios adotados:

- Consideradas as proposições apresentadas no período compreendido entre 1º de agosto de 2013 e 1º de junho de 2019.
- Consideradas apenas as proposições que efetivamente visam alterar a Lei 12.846, de 2013. Em outras palavras, foram descartadas as proposições que apresentaram apenas remissões à LACE.
- Considerados os seguintes termos para efeito de busca: "12.846", "anticorrupção", "programa de integridade" e "*compliance*", assim como as suas variações – por exemplo: "12846" e "anti-corrupção".
- Consideradas as proposições apresentadas na Câmara dos Deputados e no Senado Federal.
- Consideradas, inicialmente, as redações das ementas e, posteriormente, a íntegra da proposição, caso a ementa não permitisse a fácil interpretação do escopo.

Dadas essas premissas, foram identificadas 46 proposições, sendo 35 na Câmara dos Deputados, 10 no Senado Federal e uma no Congresso Nacional – a Medida Provisória (MPV) 703/15, arquivada em função do encerramento do prazo de vigência.

Além da MPV 703/15, outras seis proposições foram arquivadas, restando, consequentemente, 39 em tramitação: 31 na Câmara dos Deputados e oito no Senado Federal.

Independentemente de estarem arquivadas ou em tramitação, todas as proposições identificadas serão contempladas nesta pesquisa, pois posto está a identificação dos principais aspectos da LACE que foram objetos de alterações apresentadas pelos congressistas. Ademais, até o presente momento, as únicas alterações que foram promovidas na Lei 12.846, de 2013, aconteceram por intermédio da MPV 703/15 – durante o período de vigência –, mas não foram efetivadas, em razão da caducidade da matéria.

Deste modo, seis temas foram percebidos com maior frequência: (i) Acordo de Leniência; Sanções; (iii) *Compliance*; (iv) Destinação de Recursos; (v) *Clawback*; e (vi) Fundo de Combate à Corrupção – conforme verifica-se no gráfico a seguir:

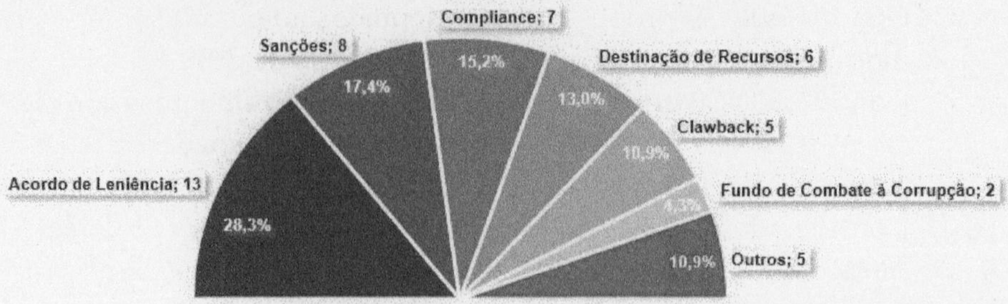

Fonte: Do autor (2019)

Ao destrinchar o campo "Outros", revelam-se cinco proposições com uma ocorrência para cada tema – a saber:

- **Empresas inidôneas**: Consiste em alterar os artigos 22 e 23 da LACE, respectivamente, sobre o Cadastro Nacional de Empresas Punidas – CNEP e o Cadastro Nacional de Empresas Inidôneas e Suspensas – CEIS, com o propósito de publicitar as sanções e as sentenças aplicadas em todas as esferas de governo, assim como de ampliar o rol de leis que a publicidade estará vinculada – não somente a LACE (PL 5.216/2016);
- **Prescrição**: Consiste em alterar o art. 25 da LACE, para que a contagem da prescrição seja considerada a partir da data de ocorrência da infração, e não da data de ciência (PL 8.685/2017);
- **Programa de Proteção**: Consiste na possibilidade de "qualquer pessoa representar à autoridade policial ou ao Ministério Público para que seja investigada a prática dos atos lesivos previstos na LACE", possibilitada ainda as garantias do Programa Nacional de Proteção e Incentivo a Relatos de Informações de Interesse Público (PL 8.727/2017);
- **Revisão Geral**: Consiste na alteração de mais de dez dispositivos da LACE (PL 5.208/2016); e
- **Telefone para Denúncias**: Consiste no acréscimo de um artigo à LACE, para garantir a disponibilização de um serviço telefônico gratuito para o recebimento de denúncias sobre corrupção, com a efetiva garantia de sigilo ao denunciante (PL 481/2019).

4. Principais aspectos sujeitos à alteração

No âmbito dos temas com maior número de ocorrências, sujeitos às alterações, cumpre adicionalmente entender quais foram os principais argumentos dispostos nas justificações dos congressistas-autores.

4.1. Acordo de leniência

Segundo Pereira (2016), a definição para o acordo de leniência previsto na LACE consiste no:

> [...] ajuste firmado entre pessoa(s) jurídica(s) e o Estado, pelo qual aquela(s) assume(m) ter praticado, em conjunto com outra(s) ou individualmente, qualquer dos atos do art. 5º da mencionada lei, descritos como lesivos à Administração, em conluio com um ou mais agentes públicos, a fim de receber alívio nas penalidades administrativas instituídas na mesma norma (art. 6).

Embora a definição supracitada esteja calcada na amplitude, se considerados os principais argumentos extraídos das justificações anexadas às proposições da temática "acordo de leniência", algumas especificidades serão acrescidas ao conceito – a saber: (i) exigir que os acordos de leniência sejam celebrados com participação efetiva e coordenada de todos os órgãos/entidades públicas competentes, notadamente o Ministério Público Federal, e não apenas com o Poder Executivo Federal; (ii) garantir que o acordo de leniência possa ser firmado com todas as empresas interessadas em celebrá-lo, e não somente com a primeira; (iii) proibir a celebração de novos contratos de aquisição de bens, de execução de obras e de prestação de serviços com pessoas jurídicas que tenham firmado acordo de leniência (adotar "quarentena"); (iv) adotar mecanismos que possam garantir a punição dos culpados e, ao mesmo tempo, a manutenção do quadro de empregos, quando determinada pessoa jurídica firmar um acordo de leniência; (v) garantir o pronunciamento do Congresso Nacional nas hipóteses de celebração de acordo de leniência que envolvam quantias vultosas de recursos públicos; e (vi) aplicar, anualmente, 70% do produto da arrecadação dos acordos de leniência no Fundo Nacional de Saúde.

4.2. Sanções

Em linhas gerais, as sanções estão previstas no art. 6º da Lei 12.846, de 2013, onde exprimem, na esfera administrativa: (i) multa de 0,1% a 20% do faturamento bruto apurado no último exercício; (ii) publicação extraordinária da decisão condenatória; (iii) aplicações isoladas ou cumulativas; (iv) precedência de manifestação jurídica; e (v) obrigação de reparação integral do dano causado (BRASIL, 2013).

Para Souza (2017), se comparado ao vasto rol de sanções previstas no ordenamento jurídico brasileiro, o legislador foi relativamente cauteloso na seleção das "consequências jurídico- administrativas da prática de atos de corrupção" ao propor a LACE.

Ato contínuo, as proposições apresentadas para alterar o dispositivo da LACE sobre as sanções, sinteticamente, apresentam justificativas direcionadas ao enrijecimento das penalidades: (i) efetivar a aplicação de sanções pelo Poder Público, sem a dependência de decisões judiciais; (ii) suspender o direito de contratação com a Administração Pública; e (iii) aumentar o piso para os valores das multas.

Em oposição, apenas uma proposição (PL 3.500/2015) considerou a hipótese de avaliar a repercussão das sanções, para que os postos de trabalho da empresa punida possam ser devidamente preservados.

4.3. *Compliance*

O *compliance* são os "mecanismos e procedimentos internos de integridade, auditoria e incentivo à denúncia de irregularidades e a aplicação efetiva de códigos de ética e de conduta no âmbito da pessoa jurídica" (BRASIL, 2013).

A adoção de um programa de integridade (*compliance*) caracteriza-se por seu efeito preventivo, uma vez que pode ser utilizado como instrumento capaz de atenuar as sanções a que estão sujeitas as pessoas jurídicas que praticarem atos lesivos contra a administração pública, assim como instrumento inibidor de tais atos.

E a relevância do *compliance* é revelada pelas propostas legislativas, quando: (i) condicionam a eventual avaliação do programa de *compliance* à existência de um gestor independente/certificação; (ii) obrigam a adoção de programas de integridade pelas empresas que contratam com a administração pública; e (iii) incentivam, através de benefícios, a implantação de sistemas de *compliance*.

4.4. Destinação de recursos

Embora o art. 24 da LACE direcione o montante arrecadado pelas multas, o perdimento de bens, os direitos e os valores aplicados, preferencialmente, aos órgãos e às entidades lesadas, algumas propostas legislativas visaram aplicar os valores arrecadados em outras esferas: (i) programas ou campanhas educativas de combate à corrupção; (ii) programas e ações nas áreas de saúde e de educação; (iii) obras de infraestrutura ou para aquisição de veículos para transporte escolar nas escolas públicas de educação infantil e ensinos fundamental e médio; e (iv) no caso de imóveis rurais, à reforma agrária.

4.5. *Clawback*

O *Clawback* consiste na possibilidade de devolução à empresa dos valores recebidos por seus executivos, a título de remuneração adicional baseada nos resultados financeiros alcançados em determinado período ou por alguma ocasião (bônus), quando restar comprovada a participação desses executivos em atos ilícitos para alcançar aqueles resultados (Mohallem et al, 2018).

Em linhas gerais, as proposições apresentadas estão fundamentadas na revisão sistêmica elaborada por um grupo de especialistas comprometidos com a agenda de combate à corrupção, intitulada "Novas Medidas Contra a Corrupção" (Mohallem et al, 2018), e sugerem a restituição das pessoas jurídicas por parte de seus executivos, que, em função do uso de atos fraudulentos, foram beneficiados com incentivos financeiros.

4.6. Fundo de combate à corrupção

O fundo de combate à corrupção é objeto de duas proposições, que, além de instituí-lo, sugerem que os recursos sejam aplicados em ações de combate à corrupção e que o gerenciamento seja feito pela Controladoria-Geral da União (CGU).

Conclusões

Em geral, foram apresentadas, anualmente, nos últimos seis anos, aproximadamente oito proposições com o escopo de alterar a LACE. Isso pode, em um primeiro momento, não parecer significativo, dado o cenário político ao qual o País esteve submerso nos últimos anos e a dedicação especialmente dos Poderes Executivo e Legislativo em deliberar temas estruturantes, como as reformas da previdência, das leis trabalhistas e do sistema tributário nacional.

Ademais, resta claro que, após a publicação da Lei 12.846, de 2013, as temáticas inseridas na LACE foram afastadas das agendas prioritárias dos congressistas, pois, mesmo com 46 proposições, nenhuma foi convertida em lei, da mesma forma que a Medida Provisória que propôs a revisão da LACE, especialmente no que tange aos acordos de leniência, sequer foi apreciada no período constitucional.

Muito embora as variáveis indiquem os baixos índices de interesse da classe política na reformulação da LACE, o mesmo não é replicado à temática – em sentido amplo – do "combate à corrupção", tendo em vista a aprovação recente pelo Senado Federal do Projeto de Lei da Câmara (PLC 27/2017), conhecido como "Dez Medidas Contra a Corrupção" (AGÊNCIA SENADO, 2019).

Isso mostra que, em termos de combate à corrupção, muito ainda precisa ser feito, mesmo que não seja através de alterações na Lei 12.846, de 2013. A título exemplificativo, Hage Sobrinho (2014) explica que o enfrentamento da corrupção perpassa por alterações no sistema judicial punitivo e nas normas constitucionais e infraconstitucionais relativas ao sistema político-eleitoral.

Referências

AGÊNCIA SENADO. **Plenário aprova medidas contra corrupção com punição para abuso**. 2019. Disponível em: < https://www12.senado.leg.br/noticias/materias/2019/06/26/plenario-aprova- medidas-contra-corrupcao-com-punicao-para-abuso>. Acesso em: 13 jul. 2019.

ARAS, V. **Acordos de Leniência na Lei Anticorrupção Empresarial**. In: BRASIL. Ministério Público Federal. Câmara de Coordenação e Revisão, 5. Coletânea de artigos: avanços e desafios no combate à corrupção após 25 anos de vigência da Lei de Improbidade Administrativa / 5ª Câmara de Coordenação e Revisão, Criminal. Brasília: MPF, 2018. p. 194-230. Disponível em: <http://www.mpf.mp.br/atuacao-tematica/ccr5/publicacoes/05_18_coletanea_de_artigos.pdf>. Acesso em: 13 mai. 2019.

BRASIL. Lei nº 12.846, de 1º de agosto de 2013. Dispõe sobre a responsabilização administrativa e civil de pessoas jurídicas pela prática de atos contra a administração pública, nacional ou estrangeira, e dá outras providências. **Diário Oficial da União**. Brasília, DF, 2013. Disponível em: <http://www.in.gov.br/web/dou/-/lei-n-12-846-de-1-de-agosto-de-2013-30042696>. Acesso em: 7 jul. 19.

–. Projeto de Lei nº 6.826, de 18 de fevereiro de 2010. **Poder Legislativo**, Câmara dos Deputados. Brasília, DF. Disponível em: <https://www.camara.leg.br/proposicoesWeb/prop_mostrarintegra?codteor=734764&filename=PL+6826/2010>. Acesso em: 13 jul. 19.

–. Medida Provisória nº 703, de 18 de dezembro de 2015. **Diário Oficial da União**. Brasília, DF. Disponível em: <http://www.planalto.gov.br/ccivil_03/_Ato2015- 2018/2015/Mpv/mpv703.htm>. Acesso em: 13 jul. 19.

–. Projeto de Lei nº 3.500, de 3 de novembro de 2015. **Poder Legislativo**, Câmara dos Deputados. Brasília, DF. Disponível em: <https://www.camara.leg.br/proposicoesWeb/prop_mostrarintegra?codteor=1407444&filename=PL+3500/2015>. Acesso em: 13 jul. 19.

–. Projeto de Lei nº 5.208, de 10 de maio de 2016. **Poder Legislativo**, Câmara dos Deputados. Brasília, DF. Disponível em: <https://www.camara.leg.br/proposicoesWeb/prop_mostrarintegra?codteor=1456182&filename=PL+5208/2016>. Acesso em: 11 jul. 19.

–. Projeto de Lei nº 5.216, de 10 de maio de 2016. **Poder Legislativo**, Câmara dos Deputados. Brasília, DF. Disponível em: <https://www.camara.leg.br/proposicoesWeb/prop_mostrarintegra?codteor=1456268&filename=PL+5216/2016>. Acesso em: 11 jul. 19.

–. Projeto de Lei nº 8.685, de 26 de setembro de 2017. **Poder Legislativo**, Câmara dos Deputados. Brasília, DF. Disponível em: <https://www.camara.leg.br/proposicoesWeb/prop_mostrarintegra?codteor=1601721&filename=PL+8685/2017>. Acesso em: 11 jul. 19.

–. Projeto de Lei nº 8.727, de 28 de setembro de 2017. **Poder Legislativo**, Câmara dos Deputados. Brasília, DF. Disponível em: <https://www.camara.leg.br/proposicoesWeb/prop_mostrarintegra?codteor=1602844&filename=PL +8727/2017>. Acesso em: 11 jul. 19.

–. Projeto de Lei nº 481, de 5 de fevereiro de 2019. **Poder Legislativo**, Câmara dos Deputados. Brasília, DF. Disponível em: <https://www.camara.leg.br/proposicoesWeb/prop_mostrarintegra?codteor=1707901&filename=PL +481/2019>. Acesso em: 11 jul. 19.

CUÉLLAR, L.; PINHO, C. A. B. **Reflexões sobre a Lei Federal nº 12.846/2013 (Lei Anticorrupção)**. Revista de Direito Público da Economia – RDPE. ano.12. n.46. p. 131-170. Belo Horizonte, 2014. Disponível em: <https://s3.amazonaws.com/academia.edu.documents/37734154/CUELLAR Leila_-

_PINHO Clovis_Alberto_Bertolini_de._Reflexoes_sobre_a_Lei_12.846_Lei_Anticorrupcao.pdf?r esponse-content- disposition=inline%3B%20filename%3DReflexoes_sobre_a_Lei_Federal_n._12.846.pdf&X-Amz- Algorithm=AWS4--HMAC-SHA256&X-Amz-Credential=AKIAIWOWYYGZ2Y53UL3A%2F20190709%2Fus-east-1%2Fs3%2Faws4_request&X-Amz-Date=20190709T001311Z&X-Amz--Expires=3600&X-Amz- SignedHeaders=host&X-Amz- Signature=dfe5c3943e6875720f4dcf39d25f7ff486e6730d3f5e594e09a0030855c4474a>. Acesso em: 8 jul. 2019.

HAGE SOBRINHO, J. **Lei 12.846/2013**: Lei da Empresa Limpa. Revista dos Tribunais. v.947. ano.103. p. 37-57. São Paulo, 2014. Disponível em: <http://alunoonline.idp.edu.br/pluginfile.php/28953/mod_folder/content/0/Aula%205%20-%20Revista%20RT%20-%20Lei%2012846-Lei%20da%20Empresa%20Limpa%20-%20Jorge%20Hage.pdf?forcedownload=1>. Acesso em: 8 jul. 2019.

MOHALLEM, M. et al. Novas medidas contra a corrupção. Rio de Janeiro: Escola de Direito do Rio de Janeiro da Fundação Getúlio Vargas, 2018. Disponível em: <https://bibliotecadigital.fgv.br/dspace/bitstream/handle/10438/23949/Novas%20Medidas%20Cont ra%20a%20Corrupc%cc%a7a%cc%83o%20Completo.pdf?sequence=12&isAllowed=y>. Acesso em: 13 jul. 2019.

PEREIRA, V. A. **Acordo de leniência na Lei Anticorrupção (Lei nº 12.846/2013)**. Revista Brasileira de Infraestrutura – RBINF. ano.5. n.9. p. 79-113. Belo Horizonte, 2016. Disponível em: <https://www.editoraforum.com.br/wp-content/uploads/2017/03/acordo--leniencia-lei- anticorrupcao.pdf>. Acesso em: 11 jul. 2019.

SOUZA, J. M. **Lei Anticorrupção e Temas de Compliance**. In: SOUZA, J. M.; QUEIROZ, R. P. (Orgs.). Lei Anticorrupção (2017). Salvador: Juspodivm, 2017. pág.181-241. Disponível em: <file:///C:/Users/Usu%C3%A1rio/Downloads/Aula%205%20-%20SOUZA,%20Jorge%20Munh%C3%B3s%20de%20-%20Cap.%207%20do%20livro%20Lei%20Anticorrup%C3%A7%C3%A3o.pdf>. Acesso em: 12 jul. 2019.

TRANSPARENCY INTERNATIONAL: The Global Coalition Against Corruption. **Corruption Perception Index 2017**. Disponível em: <https://www.transparency.org/news/feature/corruption_perceptions_index_2017>. Acesso em: 20 jun. 2019.

PARTE 2
DIREITO ADMINISTRATIVO SANCIONADOR

6
DE GARANTISTA CONTRAMAJORITÁRIO A INSPIRADOR DA REFORMA LEGISLATIVA: A CONTRIBUIÇÃO DE NAPOLEÃO NUNES MAIA FILHO EM MATÉRIA DE IMPROBIDADE ADMINISTRATIVA

RAFAEL DE ALENCAR ARARIPE CARNEIRO

1. Introdução

O *poder de decidir* tenda a maximizar a presunção de *coerência resolutiva* e *alteridade analítica* de quem o exerce. Ainda assim, é inconteste que – na via judicial – essa ideação em torno do *iuris dictum* é afetada, ou relativizada, por influxos conjunturais de difícil contenção. Isso porque, pela ótica cognitiva, a magnitude dos casos – e acasos – do universo judicante incrementa o risco de que o julgador relativize algumas das *premissas ideológicas* que, em tese, lapidaram o seu perfil intelectivo: situação que, *de um lado*, minimiza a previsibilidade da *ratio* que baliza o seu constructo decisório, e, *de outro*, maximiza a probabilidade de *incoerência* por parte de quem está a julgar.

Não em vão, GRIMM[1] já alertava, desde antanho, que a *independência judicial* – enquanto garantia – pode até proteger os magistrados da «*política*»[2]. *O seu teor normativo, porém, não protege o sistema constitucional – e a sociedade – do atuar de magistrados que, em conjunturas de pressão política,* estão dispostos a desobedecer – ou mesmo distorcer – o rigor da lei[3].

[1] GRIMM, Dieter. *Constitutions, constitutional courts and constitutional interpretation at the interface of law and politics.* In: IANCU, Bogdan (ed.). **The Law/Politics Distinction in Contemporary Public Law Adjudication.** Utrecht: Eleven International Publishing, 2009, pp. 26 e ss.

[2] Nessa assertiva, o uso da palavra *«política»* está associado ao sentido semântico adotado por Sartori, abrangendo, assim, as dinâmicas do fazer humano que, no âmbito da *polis*, afetam e envolvem a todos. Vide: SARTORI, Giovani. **La política: logica y método en las ciências sociales.** 3ª ed. Ciudad de México: Fondo de Cultura Económica, 2002, p. 15 e ss.

[3] *Ibidem* (tradução livre).

Apesar de real, esse percalço (dis)funcional não logrou incidir no atuar judicante de Napoleão Nunes Maia Filho, quem – ao longo de 49 anos de atividade jurídica[4] – decidiu em integral perfilhamento com a premissa ideológica de *contenção do abuso de poder*, em especial, no campo da *improbidade administrativa*: matéria que – sob o seu olhar – sempre foi tratada a partir da compreensão de que a maximização da sanha punitiva não pode, jamais, minimizar a garantia de defesa plena dos jurisdicionados.

De fato, a referida percepção analítica foi basilar ao aperfeiçoamento das discussões em torno da prestação jurisdicional nessa área. Isso porque, ao longo de anos, o ato ímprobo foi instrumentalizado – enquanto *«problema público»*[5] – como o *input* de maior influência em duas narrativas que, apesar de distintas, se complementam. Refiro-me concretamente (i) ao núcleo da agenda formal de enfrentamento da corrupção e (ii) aos movimentos de *accountability* de agentes públicos: frentes de ação que, via de regra, foram executadas a partir da (equivocada) premissa de que *fins justificam meios*[6].

Nesse cenário nebuloso, o *protagonismo contramajoritário* de Napoleão foi marcante. Nos debates – e embates – inerentes ao seu âmbito de atuação institucional, suas divergências – e resiliências – decisórias sempre estiveram alicerçadas numa convicção unívoca: o Estado não pode – *sob nenhuma ótica* – defraudar as expectativas (normativas) que gravitam em torno de garantias (materiais e processuais) consagradas na Constituição. Afinal, se elas são os vetores que condicionam a legalidade (e legitimidade) do exercício do poder sancionador estatal, o seu teor normativo é limite não só à persecução instrutória, mas, também, ao próprio juízo de valoração que fundamenta a apreciação judicial de atos supostamente ímprobos.

Apesar de laudável, essa concepção não encontrou ampla acolhida nos *outputs* do Superior Tribunal de Justiça (STJ), no qual Napoleão, enquanto

[4] Desse total, 29 anos foram exercidos na magistratura e 13 como Ministro do Superior Tribunal de Justiça, no qual atou até 18 de dezembro de 2020.

[5] No presente estudo, a expressão *«problema público»* é utilizada para designer a discrepância entre as esferas do *ser* e do *dever ser*. Nesse sentido, vide: SECCHI, Leonardo. **Políticas Públicas: conceitos, esquemas de análise, casos práticos**. 2ª ed. São Paulo: Cengage Learning, 2013, pp. 44 e ss.

[6] Sobre o cenário fenomênico – e institucional – que está traduz essa conjuntura, vide: POWER, Timothy J (ed.). **Corruption and Democracy in Brazil: The Struggle for Accountability**. Indiana: University of Notre Dame Press, 2011; KINGSTONE, Peter; TIMOTHY, J. Power. **Democratic Brazil Divided**. Pittsburgh: University of Pittsburgh Press, 2017.

ministro, atuou por treze anos. Em realidade, foram múltiplas as celeumas nas quais a solidez argumentativa que é própria do seu *garantismo decisório* restou "vencida", nessa egrégia corte, por (in)compreensões colegiadas que, ao fim, evidenciavam uma triste nódoa: a relativização da normatividade da própria Constituição.

Agora, porém, o panorama é distinto. Isso porque, no *novel arranjo legal de tutela da probidade administrativa*, os posicionamentos externados por Napoleão foram convertidos, pelo Congresso Nacional, em *paradigmas de contenção* (legislativa) dos *excessos* (judiciais) que estavam a ceifar direitos e garantias de agentes públicos. Aludo, especificamente, ao panorama de reformulação consolidado na Lei nº 14.230, de 2021: iniciativa parlamentar que promoveu substancial alteração do regime sancionador da improbidade[7].

Desde então, o pensamento de Napoleão está a predeterminar – *de fato e de direito* – o sentido e o alcance das interpretações normativas sobre as garantias que *devem* balizar o processamento e o julgamento desse tipo de ato. Precisamente por isso, construir-se-á, doravante, escorço analítico atrelado ao fito de viabilizar a compreensão dessa "virada" teleológica. Isso se dará mediante constructo que ensejará – ao leitor – percepção concatenada do (i) *"por que"*, (ii) *"para que"* e (iii) *"que diferença fez"* trasladar o *garantismo paradigmático* de Napoleão Nunes Maia Filho ao peculiar marco legal de repressão da improbidade administrativa.

2. Os pilares do *garantismo paradigmático* de Napoleão Nunes Maia Filho

A ascensão de Napoleão ao prestigioso espectro funcional do STJ resulta de sua sólida formação e senso crítico, atributos que refletem – em muito – a essência dos seus anos formativos na tradicional *Faculdade de Direito da Universidade Federal do Ceará* (UFC). Foi nessa prestigiosa ambiência acadêmica que grandes referentes jurídicos[8] compartilharam *lições*, *reflexões* e *provocações* que lapidaram – e quiçá sigam a lapidar – o notório saber que

[7] Vide: MENDES, Gilmar Ferreira; CARNEIRO, Rafael Araripe. **Nova lei de improbidade administrativa: inspirações e desafios – Coleção IDP.** São Paulo: Almedina, 2022.

[8] Exerceram grande influência em sua formação os professores *Paulo Bonavides, Roberto Martins Rodrigues, Hugo de Brito Machado, Miramar da Ponte, José Amorim Sobreira, Antônio Carlos Costa e Silva, Willis Santiago Guerra* e *Nelson Saldanha*: personalidades que deixaram grande legado em favor do Direito nacional.

o converteu em *Jurista* (por competência intelectiva) e *Livre-Docente* (por excelência formativa)[9].

Dito isso, é basilar ressaltar, de imediato, que o seu tom crítico em torno do *garantismo judicial* resulta da (substancial) influência de *Paulo Bonavides*[10], de quem recebeu – para além da amizade sincera – o alerta de que, nas sociedades democráticas, o atuar funcional de quem julga *deve* estar atrelado ao mote de garantir às pessoas: (i) a efetividade dos seus direitos fundamentais e (ii) a proteção contra as arbitrariedades de toda ordem[11].

Essa foi a *espinha dorsal* do raciocínio que, ao fim e ao cabo, levou Napoleão a conformar a sua própria concepção crítica acerca do papel normativo (e deontológico) do Poder Judiciário, sendo, ademais, a essência de sua *Ideologia Garantista*[12]: obra que reforça a concatenação lógica de *«oito pilares»* que, em conjunto, estruturam o seu paradigmático pensamento sobre a relação umbilical entre a *garantia da plena defesa do jurisdicionado* e o *dever de (auto)contenção jurisdicional do (ab)uso de poder* no (i) processamento e (ii) no julgamento de ações de improbidade administrativa. Vejamos.

[9] O título foi outorgado pela Universidade do Vale do Acaraú (UVA), instituição pública de ensino do Ceará.

[10] Um dos maiores referentes do Direito Constitucional brasileiro, Paulo Bonavides aglutinou os perfis de (i) jurista, (ii) jornalista e (iii) cientista político. Foi professor emérito da Faculdade de Direito da Universidade Federal do Ceará, ocupando, ainda, a cadeira nº 17 da Academia Cearense de Letras. A partir do magistério, publicou diversas obras, com especial destaque para o seu *Curso de Direito Constitucional*. No âmbito internacional, recebeu o título de *Doutor Honoris Causa* da Universidade de Lisboa, Portugal (1998) e da Universidad Garcilaso de la Vega, Peru (2009), tendo atuado, ainda, nas universidades de Coimbra, Colônia, Heidelberg e Tennessee.

[11] Acerca disso, o escólio de Bonavides concebe a existência de duas frentes de garantias. A *primeira*, de caráter constitucional, está teologicamente dirigida a evitar que os cidadãos sofram abuso de poder estatal, assegurando-se, assim, a tutela e gozo de direitos. A *segunda*, por sua vez, é de caráter institucional, e visam garantir a tutela de instituições (e não pessoas). Em seu entendimento, "sem as garantias constitucionais os direitos contidos e declarações formais cairiam no vazio das esferas abstratas, ou perderiam o fio institucional de contato com a realidade concreta, aquela que deverá propiciar em termos de eficácia a fruição completa das liberdades humanas". Vide: BONAVIDES, Paulo. **Curso de Direito Constitucional**. 9ª ed. São Paulo: Malheiros, 2000, p. 488 e ss.

[12] MAIA FILHO, Napoleão Nunes. **Ideologia garantista: crítica ao punitivismo em reforço da plena defesa na ação de improbidade**. Curumim: Fortaleza, 2018.

2.1. *Primeiro pilar*: o sentido obstrutivo da *justa causa* na Ação de Improbidade

No campo da filosofia moral, as noções conceituais de *«justo»* e *«injusto»* não são uniformes[13]. Em decorrência disso, um dos esforços teóricos – e judicantes – de Napoleão foi realçar que, *ainda que nem toda causa seja «justa»*, não se pode ignorar a realidade fática de que – dentro e fora do campo processual – todo evento depende, sempre, de uma *«causa»*.

Precisamente por isso, a exegese judicial do conceito de *«justa causa»* merece atenção e cautela[14], já que o seu arranjo semântico advém da aglutinação de unidades linguísticas que exercem *funções distintas*. De um lado, o rótulo *«causa»* expressa o fato ou o acontecimento empírico que é verificável de forma objetiva e concreta. De outro, o termo *«justa»* designa uma consideração de ordem imaterial, algo que agrega àquele acontecimento ou fato a conotação de *escusa*, *dispensa* ou *relevamento da ação*.

Destarte, a expressão *«justa causa»* – enquanto *dever ser* – designa exigência de *lastro probatório mínimo*, sendo o fundamento (e o limite) que evita a instrumentalização, pelo Estado, do *poder de acusar* para vulnerar o *status dignitatis* da pessoa imputada[15]. Por isso, a sua verificação judicial é, sempre, *conditio sine que non* para a legitimidade (e legalidade) dos juízos de valoração – positiva e negativa – que conformam o uso do direito e do poder sancionador.

Esse é o cerne do esforço intelectivo – e crítico – de Napoleão quanto à necessidade de que o Poder Judiciário refute, com veemência, a percepção confusa de que a persecução do ato ímprobo, *per se*, converte o direito de ação em *prerrogativa subjetiva tendente ao infinito*: equívoco interpretativo que contraria a própria Lei de Improbidade Administrativa (LIA), cujo teor exige – expressamente[16] – a demonstração do paradigma da *«justa causa»*.

13 SANDEL, Michael. **Justice: what's the right thing to do?** New York: Farrar, Straus and Giroux, 2009, pp. 53 e ss.

14 Sobre as debilidades – e críticas – em torno do conceito de *justa causa*, vide: HAMILTON, Sergio Demoro. *Justa Causa, um Conceito Polêmico*. In: **Revista de Direito da Procuradoria-Geral de Justiça**, Rio de Janeiro, nº 05, jan./jun. 1977, pp. 91-98.

15 Nesse sentido, Afrânio da Silva Jardim assevera que a "justa causa" traduz a exigência do *lastro mínimo de prova*. Sem isso, não há "arrimo" à acusação, já que – pela ótica fática e processual – a simples instauração do processo já atinge, por si só, o *status dignitatis* do imputado. JARDIM, Afrânio da Silva. **Direito Processual Penal**. 7ª ed. Belo Horizonte: Forense, 1999, p. 323 e ss.

16 Tal situação estava regulada, em concreto, no art. 17, § 6º, da Lei 8.429/92.

Nesse ponto, é relevante ressalvar que a LIA já exigia – desde os anos 2000 – a instrução da ação de improbidade administrativa com *documentos* ou *justificação* que contivessem (i) *indícios suficientes* da existência do ato ímprobo ou (ii) *razões fundamentadas* da impossibilidade de apresentação de quaisquer dessas provas.

Essa exigência, porém, acabava por vulnerar a lógica normativa da *«justa causa»*, já que – pela literalidade da lei – a referida "justificação" viabilizava o processamento da demanda sem a observância acumulativa da *individualização da conduta ilícita* e do apontamento de *elementos probatórios* que evidenciassem, ainda que perfunctoriamente, a sua ocorrência. Daí a sua inaptidão normativa para o fim de efetiva contenção de abusos judiciais.

2.2. *Segundo pilar*: o cabimento do mandado de segurança como via de trancamento da ação de improbidade

Como consequência lógica da supramencionada debilidade, Napoleão posicionou-se pela (re)visão de um longevo *mito processual*, qual seja: o não cabimento do mandado de segurança como via de trancamento da ação de improbidade carente de *«justa causa»*[17].

Em tese, essa concepção foi impulsionada pelo entendimento de que, no Brasil, o uso do *writ* estaria limitado – desde a sua origem regulatória[18] – ao *controle de legalidade de atos do poder executivo*: prospecto obstrutivo que, em sua essência, refletia lógica restritiva derivada da Constituição de 1934[19] e da Lei nº 191, de 1936[20] .

[17] *Ob. cit.*, po. 59 e ss.

[18] A referência, em concreto, está atrelada ao arranjo dado pelo art. 113, nº33, da Constituição de 1934, e, outrossim, pela Lei nº 191, de 1936. Porém, após a edição da Lei nº 1.533, de 1951, houve (re)discussão que se estendeu até 1973, quando o Supremo Tribunal Federal passou a admitir o uso excepcional do mandado de segurança contra atos judiciais. O referente, no caso, foi o Recurso Extraordinário nº 76.909/RS, que esteve sob a relatoria do Min. Xavier de Albuquerque, julgado em 05/12/1973. Na atual redação da Lei nº 12.016/2009, afastou-se tal possibilidade quando cabível recurso com efeito suspensivo (art. 5º, II).

[19] Vide: art. 113, nº 33: "Dar-se-á mandado de segurança para defesa do direito, certo e incontestável, ameaçado ou violado por ato manifestamente inconstitucional ou ilegal de qualquer autoridade. O processo será o mesmo do habeas corpus, devendo ser sempre ouvida a pessoa de direito público interessada. O mandado não prejudica as ações petitórias competentes".

[20] Isso se deu, especificamente, no arranjo dado pelo art. 5º, I, "c", da Lei nº 191, de 1936, que previu a impetração do mandado de segurança contra ato de juiz ou Tribunal mesmo quando praticadas no exercício da função judicial.

Esse panorama, contudo, foi alterado a partir da edição da Lei nº 1.533, de 1951, cujo teor fomentou rediscussão que se estendeu até 1973, quando o Supremo Tribunal Federal (STF), passou, então, a admitir o *uso excepcional* do mandado de segurança contra atos judiciais[21].

Apesar dessa "viragem", é relevante ponderar que – ainda que a Constituição de 1988 não trate desse assunto com especificidade – há, na atual redação da Lei nº 12.016, de 2009, legitimação para o uso do *writ* em face de atos judiciais, exceto quando: (i) configurado o trânsito em julgado ou (ii) cabível recurso com *efeito suspensivo*[22].

É sobre esse último ponto, em concreto, que Napoleão externou relevantes *prospecções garantistas* em prol da (re)visão da premissa interpretativa que moldou a jurisprudência de não aplicabilidade desse instituto. Isso porque, sob o seu olhar, a impetração do *writ* contra atos judiciais não se destina, apenas, ao fito de *suspensão dos efeitos de uma decisão*. Pelo contrário: o seu uso alcança, inclusive, a *matéria meritória* do ato judicial visado na impetração[23].

Para dar maior concretude ao núcleo desse *enfoque extensivo*, ele resgata o conceito de *«teratologia»*[24]: unidade linguística de uso corrente nas *Ciências Médicas*, cujo sentido semântico designa o *estudo (clínico e sistemático) de informações embrionárias ou fetais*. É com base nesse pilar interdisciplinar que ele propõe a sistematização "clínica" de uma *«teratologia do ato judicial»*, ou seja: uma aproximação analítica de alta precisão acerca de anomalias que recaiam não só sobre as partes *mais externas* do "corpo decisório" (*e.g.* decisão sem relatório ou dispositivo), mas, outrossim, *internas* ou *inerentes ao próprio conteúdo do ato* (*e.g.* ausência, inadequação ou manifesta irrazoabilidade jurídica do *decisum*).

A razão dessa proposição é que, no seu entender, os *«atos judiciais»*, ainda que similares, não são uniformes, sendo possível subdividi-los em, ao menos, três espécies: (i) os *absurdamente ilegais* (*e.g.*, quando externam violação à reiterada jurisprudência ou decisões de efeito vinculante); (ii) os *evidentemente constitucionais* (quando dotados de inconteste conformi-

[21] Recurso Extraordinário nº 76.909/RS, que esteve sob a relatoria do Min. Xavier de Albuquerque.

[22] Vide: Lei nº 12.016/2009, art. 5º.

[23] MAIA FILHO, Napoleão Nunes. **Ideologia garantista: crítica ao punitivismo em reforço da plena defesa na ação de improbidade**. Curumim: Fortaleza, 2018, pp. 68 e ss.

[24] *Ibidem.*

dade com a *lex legum*), ou, contrariamente, (iii) os *insolentemente afrontosos* aos direitos e garantias fundamentais[25].

Embora distintos, esses *atos* possuem – em abstrato – o atributo comum da "recorribilidade", e podem obter – por meio de tutela cautelar – o *efeito suspensivo.* Assim, pois, a elevação ao limite da supramencionada objeção *(uso restritivo do mandado de segurança)* implicaria a conclusão de que, *contra atos judiciais,* o *writ* seria cabível, apenas, nos casos em que a decisão que figurar como objeto da impetração seja *irrecorrível*: fator que, por certo, não encontra resguardo normativo.

Nesse sentido, o escólio de Napoleão é categórico: a própria LIA – já no seu anterior arranjo legislativo – foi *pródiga* ao prever distintas (e sucessivas) oportunidades de *controle* da persecução dos atos ímprobos. Basta reavivarmos, por exemplo: (i) a exigência de *«justa causa»* documentada; (ii) o crivo da defesa preliminar do acionado; (iii) a rejeição liminar da inicial (até por razões de mérito); e, por fim, as possibilidades de (iv) trancamento via *agravo* e (v) de extinção, em qualquer fase processual, da ação de improbidade.

Em conjunto, esses crivos de controle conformam garantias basilares para obstar o ajuizamento de ações carentes de *«justa causa»*, convergindo, ainda, para a evitação do denominado *«overcharging»*, ou seja, o *excesso acusatório* resultante da agregação, por parte do Ministério Público, de fatos e ilícitos que não possuem vinculação com o objeto do processo[26].

Eis a *causa-raiz* do incansável esforço intelectivo de Napoleão para avivar, nos seus pares, a necessidade de uma "virada" jurisprudencial que possibilite franquear acesso – *em todas as etapas do processo de apuração de atos ímprobos* – aos *meios impugnativos do (ab)uso do poder sancionador*, incluindo o uso excepcional do *mandado de segurança*. Afinal, o *agravo* – apesar de legalmente previsto – não possui o condão de paralisar o trâmite de ações eivadas pelas supramencionadas máculas ou mesmo de extirpar as deletérias consequências do *bloqueio de bens* e do *afastamento das funções administrativas desempenhadas*: restrições que, para além do impacto econômico-patrimonial, geram gravosas repercussões de ordem psicológica, familiar e social.

[25] *Ibidem*, pp. 70 e ss.

[26] Nesse sentido, vide: HC 161.021/RJ (STF) e HC 822.947/GO (STJ).

2.3. *Terceiro pilar*: o refuto do *in dubio pro societate* na definição do ato ímprobo

A invocação do *in dubio pro societate* não é novel nas discussões – e tensões – que permeiam a dinâmica sancionatório-judicial no Brasil. O assunto, porém, tampouco está superado, a exemplo da acentuada discussão aventada na 6ª Turma do STJ, em 25/04/2023, durante o julgamento de AgRg no HC nº 777.702/SP: episódio no qual esse *approach social* foi utilizado, de um lado, para indeferir a ordem pleiteada, e refutado, de outro, mediante o contraponto enfático e óbvio de que "inexiste *in dubio pro societate* no processo"[27].

Essa resistência crítica, porém, não é nova na arena decisória do STJ. Em verdade, o então Ministro Napoleão já fomentava, há muito, a busca pela cautela analítica no assunto, visto que a atribuição do *status* de "princípio" ao (impreciso) enfoque do *in dubio pro societate* emana de ordenamentos jurídicos autoritários[28].

De fato, esse *slogan* persecutório é próprio de arenas institucionais avessas não só aos direitos e garantias fundamentais, mas, também, ao dogma de que, em qualquer juízo de imputação, *o ônus de provar a realidade dos fatos é – em toda a sua complexa (e densa) extensão – da parte acusadora*. Isso porque, pelo arranjo constitucional, a pessoa imputada é presumidamente inocente[29].

Como corolário disso, uma das maiores objeções judicantes de Napoleão versou sobre a aplicação do expediente "abstrato" do *in dubio pro societate* na fase de recebimento da inicial da ação de improbidade administrativa. A razão disso é que, pela ótica fática, essa (cômoda) postura decisória maximiza a (des)confiança pública sobre a pessoa imputada, que, a partir de então, é: (i) privada de sua *presunção de inocência* e (ii) exposta ao movimento de *supressão e redução judicial de direitos*, incluindo a minimização da efetividade do seu *direito de defesa*.

Por esses motivos, o seu posicionamento maximizou – e segue a maximizar – o indicativo crítico de que o respeito (judicial) ao *in dubio pro reo* não é sinônimo de benevolência ou indiferença ao atuar ímprobo. Trata-se de garantia constitucional que, *de um lado*, reveste de legitimidade – e lega-

[27] Vide: AgRg no HC nº 777.702/SP. A adesão ao *in dubio pro societate* foi externada pela então relatora, Min. Laurita Vaz. A contraposição, por sua vez, adveio do Min. Rogério Schietti.

[28] MAIA FILHO, Napoleão Nunes. **Ideologia garantista: crítica ao punitivismo em reforço da plena defesa na ação de improbidade**. Curumim: Fortaleza, 2018, p. 93.

[29] *Ibidem*.

lidade – na persecução da improbidade administrativa, e, *de outro*, evita o precoce aviltamento judicial da dignidade da pessoa imputada, que goza, *ab initio*, da presunção de inocência ou não culpabilidade.

Destarte, o (des)respeito desse pilar por falta de diligência judicial não gera, apenas, prejuízos ao imputado, mas, outrossim, nulidades ao processo de imputação conduzido pelo Estado[30]. Noutras palavras: se acusação de infração formal de regra proibitiva é, apenas, um *indício* do ato ímprobo – mas não a prova de sua real ocorrência – não há que se falar em legitimidade da persecução sem que haja a demonstração, pela acusação, da causação de resultado lesivo ou danoso, pois – à luz do art. 11 da Lei nº 8.429, de 1998 – nem toda infração legal enseja, *per se*, a caracterização da improbidade administrativa.

Logo, resulta inadmissível – sob pena de ofensa ao núcleo normativo da Constituição de 1988 – que a lógica do *damnum in re ipsa*, que é própria da responsabilidade civil, seja – por si só – encampada judicialmente como *fundamento de imputação*, de *processamento* e de *atribuição responsabilidade* no campo do direito sancionador[31].

2.4. *Quarto pilar*: o rechaço ao uso prioritário do bloqueio cautelar de bens

À luz dos pilares anteriores, resulta naturalmente lógico que Napoleão rechaça – *pelo seu perfilhamento garantista* – a reiterada consideração judicial da aceitação da exordial de improbidade – usualmente recebida aos auspícios do *in dubio pro societate* – como *fundamento bastante* para a constrição de bens das pessoas imputadas: medida que, por vezes, se dá ainda

[30] Nesse sentido, é sempre válido o escólio de Aury Lopes Júnior, para quem as regras (formais) são garantias e, por isso, se "há um modelo ou uma forma prevista em lei, e que foi desrespeitado, o lógico é que tal atipicidade gere prejuízo, sob pena de se admitir que o legislador criou uma formalidade por puro amor à forma, despida de maior sentido. Nenhuma dúvida temos de que nas nulidades absolutas o prejuízo é evidente, sendo desnecessária qualquer demonstração de sua existência" LOPES JR., Aury. **Direito processual penal e sua conformidade constitucional**. Rio de Janeiro: Lumen Juris, 2009. v. 2. pp. 389 e ss.

[31] Acerca do *damnum in re ipsa*, registra-se que em 08/06/2021 o STJ afetou os Recursos Especiais nº 1912668/GO e 1914458/PI, passando a considerar ambos como paradigmas da controvérsia repetitiva descrita no Tema 1.096. Por conseguinte, foi submetida a seguinte questão a julgamento: "Definir se a conduta de frustrar a licitude de processo licitatório ou dispensá-lo indevidamente configura ato de improbidade que causa dano presumido ao erário (in re ipsa)".

que ausente a demonstração da prática de atos que traduzam *«risco»*, ou seja, a probabilidade de dano derivada de alienação, oneração ou dilapidação patrimonial.

Essa objeção, porém, não advém de uma *subjetividade solepsista*[32]. Em verdade, ela decorre de filtragem crítica dos balizamentos do Código de Processo Civil (CPC), em particular, no que atine ao instituto da *«tutela de evidência»*[33]: espécie do gênero *tutela provisória* que busca assegurar – *com independência da demonstração do perigo de dano ou de risco ao resultado útil do processo*[34] – a situação jurídica que permite a inferência (judicial) de alto grau de probabilidade de ocorrência do que foi afirmado no pleito acusatório[35].

Nesse ponto, vale destacar que Napoleão sempre se posicionou pela aplicação restritiva do bloqueio cautelar de bens na dinâmica processante de ações de improbidade. Isso porque a concessão *in limine* da tutela de evidência pode ser dada, apenas, quando (i) as alegações de fato puderem ser comprovadas documentalmente e (ii) houver tese firmada em julgamento de casos repetitivos ou em súmula vinculante.

Sendo assim, a demonstração do *periculum in mora* – enquanto exigência de natureza factual – não pode, jamais, configurar-se *em abstrato*, com a mera aceitação exordial acusatória, pois o suporte empírico da tutela de evidência deve estar assentado na presença de elementos probatórios pro-

[32] Sobre o solepsismo decisório, vide: STRECK, Lenio Luiz. **O que é isto – decido conforme minha consciência?** Porto Alegre: Livraria do Advogado, 2010, pp. 26 e ss.

[33] Por todos, cfr. MARINONI, Luiz Guilherme. **Tutela de urgência e tutela de evidência: soluções processuais diante do tempo da justiça**. 4ª. ed., rev. e atual. São Paulo: Revista dos Tribunais, 2021.

[34] Nos termos do artigo 311 do Código de Processo Civil, a referida desnecessidade de demonstração está atrelada ao seguinte conjunto de hipóteses: (i) abuso do direito de defesa ou o manifesto propósito protelatório da parte; (ii) quando as alegações de fato puderem ser comprovadas apenas documentalmente e houver tese firmada em julgamento de casos repetitivos ou em súmula vinculante; (iii) quando se tratar de pedido reipersecutório fundado em prova documental adequada do contrato de depósito, caso em que será decretada a ordem de entrega do objeto custodiado, sob cominação de multa; (iv) quando a petição inicial for instruída com prova documental suficiente dos fatos constitutivos do direito do autor, a que o réu não oponha prova capaz de gerar dúvida razoável.

[35] Sobre isso, a doutrina ressalva que "a concessão de qualquer tutela provisória leva em conta o binômio 'probabilidade' e 'perigo de dano' ao direito substancial", sendo que "o risco ao resultado útil do processo, em última análise, constitui risco de dano ao direito substancial". DONIZETTI, Elpídio. **Curso de Direito Processual Civil**. 22ª ed. São Paulo: Atlas, 2019, pp. 496 e ss.

vidos de concreta *força de convencimento*[36]. Por isso, é imprescindível que, nessas circunstâncias, o atuar judicial se dê mediante a observância de *dois eixos de garantia*.

O primeiro eixo, de *caráter cognitivo*, refere à demonstração do fundado temor de desvio, danificação ou ocultação patrimonial gerado pela pessoa imputada, avivando-se, com isso, o dever de averiguação da tríade de *necessidade, adequação* e *utilidade* da medida constritiva[37]. O segundo eixo, por sua vez, é de *caráter cautelar*, e versa sobre a autorização "moderada" da constrição patrimonial de bens, porquanto se trata de medida que, ademais de altamente vexatória, enseja o risco de afetação prejudicial ao exercício de direitos por parte de seu titular.

Ainda que distintos, ambos eixos convergem na maximização do papel proativo do julgador na construção de interações dialógicas com o *universo fático da causa*, sendo essencial, para tanto, (i) a assimilação das razões das partes, (ii) o confronto de alternativas de solução e, por certo, (iii) a efetiva análise dos elementos probatórios aportados. Do contrário, o constructo decisório contemplará, apenas, a pretensão sancionadora delineada pelo autor da ação[38].

Portanto, resulta evidente – à luz da exegese dada por Napoleão ao art. 302 do CPC[39] – que há, na lei, inconteste *garantismo procedimental* em prol da contenção do abuso judicial em constrições cautelares, cabendo ao próprio judiciário – a *depender desfecho da relação jurídico-processual* – a concreção prática do dever (legal) de indenizar eventual prejuízo ocasionado pela efetivação indevida de tutela de urgência, incluindo a reparação de prejuízos materiais ou morais (*e.g.*, a honra objetiva em torno do nome pessoal e a reputação funcional do agente público)[40].

[36] MAIA FILHO, Napoleão Nunes. **Ideologia garantista: crítica ao punitivismo em reforço da plena defesa na ação de improbidade**. Curumim: Fortaleza, 2018, p. 139.

[37] *Ibidem*, pp. 131 e ss.

[38] *Ibidem*, pp. 147 e ss.

[39] Nos termos do art. 302 do CPC, a parte – que pretende fazer o poder sancionador estatal – resposte, com independência da reparação por *dano processual*, pelo prejuízo que a efetivação da tutela de urgência causar à parte adversa. Isso se dá, concretamente, quando: (i) a sentença lhe for desfavorável; (ii) obtida liminarmente a tutela em caráter antecedente, não haja fornecimento dos meios necessários para a citação do requerido no prazo de 5 dias; (iii) ocorrer a cessação da eficácia da medida em qualquer hipótese legal; (iv) o juízo acolher a alegação de decadência ou prescrição da pretensão do autor.

[40] Sobre as peculiaridades reparatórias, vide: DIDIER JUNIOR, Fredie. *Notas sobre o artigo 302, parágrafo único, do CPC*. **Revista Magister de Direito Civil e Processual Civil**, Porto Alegre,

2.5. *Quinto pilar*: a exigência de liquidez e o dever de dosimetria da sanção do ato ímprobo

O *«veredicto judicial», enquanto declaração da caracterização da improbidade administrativa*, é objeto de profunda reflexão crítica no pensamento de Napoleão Nunes Maia Filho[41]. Em sua concepção, a validade desse juízo de desvalor requer, *obrigatoriamente*, a delimitação expressa – após o *iter* instrutório – da *natureza* e do *quantum* da sanção aplicada ao ato ímprobo, já que, em conjunto, tais atributos conformam uma garantia subjetiva que é própria do *processo sancionador*.

Essa indicação deve-se ao fato de que, para ser válido como *«verdade»*, o enunciado final do *decisum* deve ser *absolutamente certo* (quanto ao seu conteúdo) e *completamente definido* (quanto aos seus limites). Por essa perspectiva, então, a construção (qualitativa e quantitativa) da sanção do ato ímprobo não deve refletir, apenas, a pretensão delineada na peça acusatória. Para além disso, os juízos (subjetivos) de quem julga devem estar expressamente fundamentados e evidenciados nas peculiaridades (objetivas) do caso concreto.

Dito de outro modo, a conclusão judicial acerca natureza e da gravidade do ilícito exige que a imputação formulada pela acusação seja: (i) cotejada com o *teor das alegações defensivas*, (ii) contrastada com as *provas colhidas no campo instrutório* e, finalmente, (iii) sopesada com os elementos que recaem sobre o *contexto dos fatos*, a *subjetividade do agente* e as *consequências do seu atuar.*

Além disso, se, *de um lado*, cada processo sancionador é composto por especificidades materiais e operacionais que o singularizam, *de outro*, as condições subjetivas do agente acusado pertencem apenas a ele, sendo ilegítima a aplicação extensiva dessa construção ao núcleo fático de práticas e agentes diversos: *cada processo sancionador encerra, em si mesmo, toda a sua rigorosa e singular realidade*[42]. Logo, não há que se falar na *igualdade da gravidade das infrações* e, por conseguinte, na *replicação analógica de sanções* em matéria de improbidade administrativa.

v. 6, n. 36, p. 12-14, maio/jun. 2010. Em sentido amplo e cotejo com a regulação anterior: Ribeiro, Leonardo Ferres da Silva. **Tutela Provisória: Tutela de Urgência e Tutela de Evidência do CPC/1973 ao CPC/2015**. São Paulo: Editora Revista dos Tribunais, 2015.

[41] Maia Filho, Napoleão Nunes. **Ideologia garantista: crítica ao punitivismo em reforço da plena defesa na ação de improbidade**. Curumim: Fortaleza, 2018, pp. 167 e ss.

[42] *Ibidem*, pp. 167 e ss.

Esse óbice se dá pelo fato de que, para além da falta de respaldo empírico, há, desde a redação original da LIA (então art. 12, parágrafo único), previsão de que o julgador – na fixação das penas –*«considerará»* (i) *a extensão do dano causado* e (ii) o *proveito patrimonial obtido pelo agente*. Por conseguinte, o teor dessa *«norma de conduta»* denota que a concreção da dosimetria da pena pressupõe, sempre, a integral observância dos deveres judiciais de individualização do atuar funcional e, outrossim, a vinculação relacional do juízo de desvalor sancionatório ao dano que foi efetivamente apurado nos autos.

Se isso é assim, as decisões sancionatórias do ato ímprobo não podem encampar, como bem conclui Napoleão[43], a lógica da processualística civil que permite a liquidação *a posteriori*. Pelo contrário: tais atos são *«penaliformes»*, de modo que, se o dano não é efetivamente (i) delimitado na petição inicial, (ii) corroborado na instrução processual e (iii) mensurado na sentença, não há, *pela perspectiva de legalidade*, caracterização do ato ímprobo em desfavor da parte acusada, visto que incide, em seu favor, a normatividade principiológica da *presunção de inocência*[44].

O que se nota, portanto, é que, no direito sancionador, a concreção (póstuma) do poder punitivo depende da dosimetria (prévia) do seu *quantum*, e essa, por sua vez, exige a mensuração – *ex ante* – do dano causado. Sem a concatenação desses pilares, defenestra-se do campo das possibilidades judicantes: (i) a decretação judicial da medida cautelar de bloqueio ou de indisponibilidade de bens do réu (já que o dano apurado é o fundamento e o limite dessa via excepcional); (ii) a condenação de quem figure no polo passivo pela prática do ato ímprobo (pela ausência de evidência que permita a delimitação de prejuízo aos cofres públicos exigida na tipicidade do art. 10 da LIA); e, por fim, (iii) a fixação da sanção, afinal, o (des)conhecimento da extensão e da natureza do dano prejudica a compreensão de sua existência e magnitude, gerando a consequente distorção dos parâmetros de individualização proporcional do castigo.

Em vista disso, a *iliquidez da sentença* não forma parte do processo sancionador, já que a concreção do *«dano»* antecede o próprio juízo decisó-

[43] *Ibidem*, pp. 171-172.

[44] OSÓRIO, Fábio Medina. **Direito Administrativo Sancionador**. 9a. Ed. São Paulo: Thomson Reuters/Revista dos Tribunais, 2023, pp. 23 e ss. Sobre a normatividade da *presunção*, vide: MATIDA, Janaina. **Em defesa de um conceito jurídico de presunção**. São Paulo: Marcial Pons, 2023.

rio. Daí o acerto de Napoleão ao asseverar que, sem a quantificação desse binômio, a aplicação das sanções por improbidade previstas no art. 10 da LIA aproxima-se ao *simples decisionismo em prol da implantação de pautas de moralismo,* em evidente aversão ao princípio do justo processo constitucional (que exige a precisa subsunção típica em matéria de penalidades)[45].

Por conseguinte, o seu entendimento é de que a invocação decisória de *precedentes* – ainda que legitimada pela legislação pátria[46] – deve ser concretada com parcimônia, pois a elaboração da decisão judicial, enquanto *«solução veredictiva»*, está pré-determinada e referida ao caso concreto, sendo *absolutamente raro e excepcional* que o seu teor possa ser aplicado a outro caso[47]. Essa dinâmica (quase) "algorítmica" é, portanto, o fator que garante a mensuração (i) *individualizada*, (ii) *adequada* e (iii) *justa* do *quantum* punitivo, de modo a evitar – com base na gravidade da infração – que a sua aplicação judicial vá *além do necessário* ou, contrariamente, fique *aquém do devido.*

2.6. *Sexto pilar*: a exigência de reprovação de contas como filtro de persecução do gestor público

Sendo a *«justa causa»* uma *conditio sine qua non* para a persecução de atos ímprobos, para Napoleão resulta contraditório que o art. 21, inciso II, da LIA[48] sinalize que, em matéria de improbidade, a aplicação judicial de sanções em desfavor do gestor público independe da aprovação ou da rejeição de suas contas pelo Tribunal ou Conselho de Contas competente.

Segundo ele, contudo, esse dispositivo legal designa, apenas, um (discutível) *ponto de partida,* o seu uso deve se dar mediante *ponderação de ordem sistêmica.* Logo, resta desarrazoado o entendimento judicial de que as situações de aprovação ou rejeição de contas, *apesar de radicalmente opostas,* geram efeitos idênticos ao gestor. Daí o seu entendimento categórico no sentido de que, para a evitação dessa (in)justiça legal, o único caminho possível

[45] MAIA FILHO, Napoleão Nunes. **Ideologia garantista: crítica ao punitivismo em reforço da plena defesa na ação de improbidade**. Curumim: Fortaleza, 2018, pp. 168 e ss.

[46] Em sentido crítico, vide: STRECK, Lenio Luiz. **Precedentes judiciais e hermenêutica: o sentido da vinculação no CPC/2015**. 3ª ed. Salvador: JusPODIVM, 2021, pp. 5 e ss.

[47] MAIA FILHO, Napoleão Nunes. **Ideologia garantista: crítica ao punitivismo em reforço da plena defesa na ação de improbidade**. Curumim: Fortaleza, 2018, pp. 168-169.

[48] Nos termos do art. 21, II, da LIA, a aplicação das sanções previstas na LIA "independe" da aprovação ou rejeição das constas pelo órgão de controle interno ou pelo Tribunal ou Conselho de Contas.

reside na (re)leitura – principiológica e judicial – do supramencionado dispositivo da LIA.

Vale ressaltar que essa proposta de contenção (ou racionalização) exegética do sentido e alcance normativo do art. 21, inciso II, da LIA se dá como corolário da busca pela *valorização adequada* das decisões das *Cortes de Contas*, já que, ao fim e ao cabo, elas constituem uma *garantia subjetiva* que permite a invocação defensiva, por parte do gestor processado, dos crivos de legalidade e de conformidade que guiaram a filtragem técnico-orçamentária dos atos de sua gestão[49]. Por esse motivo, Napoleão compreende que não se mostra juridicamente aceitável que esse tipo de *decisum* seja simplesmente (des)considerado ou tratado como "mera" peça ornamental.

Para embasar tal concepção, basta o resgate da literatura jurídica nacional[50] que dá ênfase – de longa data – ao dado de que, mesmo não integrando o Poder Judiciário, o Tribunal de Contas possui a inconteste competência para o *julgamento da regularidade das contas dos administradores*. Essa visão, contudo, não deve ser associada ao sentido estrito que se dá, no âmbito do Direito Processual, para a expressão *«julgamento»*.

Em realidade, o seu alcance semântico, aqui, deve ser determinado pelo *caráter definitivo da manifestação da Corte*. Isso porque, pela ótica normativa, se a regularidade das contas pudesse dar lugar a uma nova apreciação judicial, esse anterior pronunciamento decisório resultaria inútil. Destarte, Napoleão entende que quando há prévio *decisum* do Tribunal de Contas, o efetivo processamento e julgamento da ação de improbidade administrativa depende da anterior demonstração de um *plus*, qual seja: a existência de *«indícios suficientes»* da prática do ato ímprobo.

Pela tônica do art. 17, § 6º, da LIA, a consolidação desse tipo de demanda exige algo mais, já que, em tal caso, além de individualizar a conduta do imputado a exordial acusatória deve ser instruída com documentos ou justificação que qualifiquem os indícios pela sua *suficiência probatória*[51].

[49] Acerca do papel (e da relevância técnica) dos Tribunais de Contas, vide: PARREIRA DE CASTRO, José Ricardo. **Ativismo de Contas – Controle das Políticas Públicas pelos Tribunais de Contas**. Lauro de Freitas/BA: JAM Jurídica Editora, 2015.

[50] CABRAL, Flávio Garcia. *O Tribunal de Contas da União é um órgão político?* **Revista de Investigações Constitucionais**, 2020, 7(1), pp. 237-284.

[51] Por todos, cf. AZEVEDO BRANCO, André Soares de. **Standards de prova nas ações de improbidade administrativa: quanto de prova é necessário para condenar por ato de improbidade administrativa**. Londrina: Toth, 2023.

Noutras palavras, o legislador não está a franquear a judicialização mediante a oferta de *meros indícios*. Pelo contrário: o que Napoleão entende é que os indícios, aqui, hão de ser *bastante em si* para a revelação da probabilidade do pedido, de modo que a projeção de ilicitude seja tão forte e veemente que gere, no espírito do julgador, uma convicção próxima da certeza[52].

Por esses fatores, o que se pressupõe nesse pilar é que, sem apresentação de elementos documentais que sejam materialmente distintos daqueles produzidos ordinariamente (em instâncias administrativas comuns ou não especializadas), não há que se falar em *«justa causa»* para a consolidação da relação jurídico-processual, sob pena de relativização (desarrazoada) da decisão do Tribunal de Contas, com a consequente defenestração da presunção de legalidade do atuar funcional do agente público.

Nesse sentido, é substancial relembrar – *com enfoque analógico* – que, *para a impetração de mandado de segurança,* o respeito ao exaurimento prévio da via administrativa é medida que se destina a favorecer a defesa dos direitos subjetivos dos indivíduos, sem qualquer intuito de fragilizá-los. Na mesma linha, já há – nas iniciativas sancionatórias de crimes contra a ordem tributária[53] – o entendimento de que é indispensável a conclusão do procedimento administrativo, pela autoridade fiscal competente, para – somente após – ocorrer a propositura da ação, conforme já assentado no STF. Portanto, à luz da LIA o exercício do direito de ação no âmbito sancionador é mais rigoroso quanto aos requisitos da petição inicial, pois no campo das ações cíveis ordinárias não se requer da parte demandante a prévia demonstração de indícios suficientes da existência do direito material pleiteado, mas, tão somente, a dedução de pretensão legítima, calcada na ausência de interdição legal a esse fito.

Sendo assim, apesar de a discussão dessa garantia ser, *per se,* sensível, o seu enfrentamento e desfecho dependem (pouco) do arranjo legal do LIA. Em verdade, a sua efetivação está muito mais atrelada à *sensibilidade*

[52] MAIA FILHO, Napoleão Nunes. **Ideologia garantista: crítica ao punitivismo em reforço da plena defesa na ação de improbidade**. Curumim: Fortaleza, 2018, pp. 215-216.

[53] Merece destaque a leitura crítica à Súmula Vinculante 24, cujo teor maximiza a relevância da via administrativa ao especificar que "não se tipifica crime material contra a ordem tributária, previsto no art. 1º, incisos I a IV, da Lei 8.137/1990, antes do lançamento definitivo do tributo". Além disso, a Ação Direta de Inconstitucionalidade nº 4273 manteve a validade de normas que extinguem ou suspendem (no âmbito administrativo) a punibilidade nos casos de pagamento integral ou parcelamento de dívidas tributárias.

do julgador do que às previsões postas pelo *legislador*. Com isso, a efetivação da ideia de justiça exige – conforme defende Napoleão – a atuação de um julgador vocacionado para a *proteção da inocência presumida do gestor público imputado*, recaindo sobre quem *está a julgar* a responsabilidade (legal e moral) pela instauração de um processo punitivo carente de palpáveis elementos reveladores de sua consistência.

2.7. *Sétimo pilar*: a adequação (e a dosagem proporcional) das sanções judiciais

Um dos (longevos) *mitos* sancionatórios é a vedação de *«controle judicial do mérito de atos administrativos punitivos»*. Via de regra, essa diretriz se dá a partir da interpretação (cômoda) da sobreposição entre (i) a *separação de poderes*, (ii) a invocação da *primazia do interesse público* e (iii) a *limitação da cognição judicial quanto ao conteúdo do ato controlado*[54].

Essa conformação, contudo, ocasiona *dois problemas distintos*. De um lado, a sua consecução enseja *postura judicial omissiva*, favorecendo a permanência de (in)justiças perpetradas em julgamentos administrativos. De outro, ela evidencia que – para além da disparidade de forças – *há, no processo administrativo sancionador, insuficiência de garantias em prol das pessoas que estão sujeitas ao poderio punitivo do Estado*: nódoa que se agrava, ainda mais, com a difusão midiática e social da narrativa dicotômica de que esse tipo de persecução contrapõe *«nós»* (atores do poder público que atuam na promoção do bem comum) e *«eles»* (gestores imputados que tendem a ser tratados como inimigos do interesse público e do bem comum)[55].

Nesse urdir, a busca pela adequação (e dosagem proporcional) das sanções judiciais constitui pilar procedimental de fundamental observância, pois – em cenários de pressão social – a individualização da pena converte-se em – brutal – desafio para evitar excessos ocasionados pelo *«retributivismo»* simbólico: vetor que tende a encampar – numa lógica que se aproxima da vingança punitiva – a orientação autoritária de que *os fins (pedagógicos) justificam os meios (abusivos)*[56].

[54] *Ibidem*, pp. 237.

[55] MAIA FILHO, Napoleão Nunes. **Ideologia garantista: crítica ao punitivismo em reforço da plena defesa na ação de improbidade.** Curumim: Fortaleza, 2018, pp. 238.

[56] Sobre o assunto, é didático o Boletim do Instituto Brasileiro de Ciências Criminais (IBCCrim): **(In)Justiceiros: estamos ao lado da vingança ou da responsabilização?** Ano 22, nº 256, mar. 2014, pp. 1-20. Por outro lado, fundamental a leitura de: SHECAIRA,

Em virtude disso, Napoleão reforça que, pela ótica garantista, não há que se falar em legitimidade sancionatória sem arranjo institucional compromissado com: (i) *a busca pela neutralidade do aplicador de sanções,* (ii) o *equilíbrio das reações contra as infrações normativas* e (iii) a *evitação da "diabolização" dos infratores.* Por isso, essas metas, em conjunto, devem ser as mais caras do Direito Administrativo Sancionador[57].

No seu sentir, é preciso, então, que haja a percepção – *pelo próprio judiciário* – de que a dosimetria da pena não é uma faculdade, mas sim, um dever funcional[58] que, *a priori,* requer a ponderação dos marcos legais – mínimo e máximo – das penas abstratas. São eles que viabilizam a realização, nos casos concretos, do *«juízo multivalorativo da conduta do agente»*[59]: paradigma que funciona como vetor imprescindível à individualização, adequação e dosagem da resposta punitiva dada pelo Poder Judiciário.

Isso significa que quem está a decidir não deve assimilar, apenas, o *resultado lesivo* que se imputa ao acusado. Para além desse enfoque (imediatista), é preciso apreciar os (vários) elementos que gravitam em torno de sua conduta infratora[60], sob pena de prejudicar-se a incidência cumulativa de *proporcionalidade, razoabilidade* e *ofensividade*: estandartes cuja densidade normativa é inerente ao raciocínio lógico-estruturante que baliza a dinâmica operativa do Direito Administrativo Sancionador.

O desenho dessa cautela analítica proposta por Napoleão é, portanto, o ponto nevrálgico da legitimidade responsiva em matéria de improbidade administrativa, já que, sem ela, a concreção da dosimetria se dá com (des)vinculação do postulado normativo que garante a individualização da sanção a partir da premissa que *limita* e *fundamenta* a aplicação da pena[61] a partir da regra estrita de que *cada qual deve responder na medida de sua «culpabilidade»*[62].

Sérgio Salomão; CORREIA JÚNIOR, Alceu. **Teoria da pena: finalidades, direito positivo, jurisprudência e outros estudos de ciência criminal.** São Paulo: Revista dos Tribunais, 2002.

57 MAIA FILHO, Napoleão Nunes. **Ideologia garantista: crítica ao punitivismo em reforço da plena defesa na ação de improbidade**. Curumim: Fortaleza, 2018, p. 240.

58 MAIA FILHO, Napoleão Nunes. **Ideologia garantista: crítica ao punitivismo em reforço da plena defesa na ação de improbidade**. Curumim: Fortaleza, 2018, p. 242.

59 *Ibidem.*

60 *Ibidem.*

61 JESCHECK, Hans Heinrich. **Tratado de Derecho Penal.** Barcelona: Bosh, 1981, pp. 581 e ss.

62 Pela ótica normativa, a culpabilidade – enquanto princípio – está atrelada aos postulados de que não há pena sem culpa *(nulla poena sine culpa)* e de que a pena não pode ultrapassar a

Por esse motivo, a *escolha da sanção* é, também, tarefa de árdua realização, pois a sua eleição pressupõe que ela, previamente, foi valorada como a resposta adequada (dentre as possíveis) e proporcional (dentro do possível) à natureza e à gravidade da infração. Ainda assim, vale ressalvar que essa lógica de quantificação não se subsome plenamente aos casos nos quais a resposta punitiva seja a *demissão* do servidor, pois, nessa hipótese, o *decisum administrativo* expressa, por si só, juízo de desvalor baseado na regra do *tudo ou nada*, afastando qualquer possibilidade de dosimetria.

Noutras palavras: para determinadas infrações administrativas, a lei sancionadora retira – *do julgador* – a liberdade de ponderar (e julgar) as singularidades da casuística em apreciação. O que há, em verdade, é a (pre) determinação – ou tarifação – legal da sanção, opção que, para Napoleão, neutraliza a dosimetria da pena em razão de uma escolha legislativa que – *ex ante* – converte o juiz em "mero" *agente burocrático*[63].

Em contraponto ao núcleo desse panorama interpretativo, o seu entendimento é de que o julgador deve atribuir maior valor (i) às *circunstâncias materiais do ilícito* e (ii) *às condições subjetivas do seu agente*, pois será a (hiper) valoração desses elementos analíticos que propiciará a realização da chamada "justiça do caso concreto": medida basilar ao processo sancionador, já que – do ponto de vista procedimental – os *juízes administrativos não têm as prerrogativas dos magistrados judiciais*, e isso, por certo, não pode ser ignorado no momento da revisão decisória[64].

A penalidade demissória *deve ser selecionada pelo juiz*, e, para isso, ele deve observar – com rigor e concatenação – os princípios da proporcionalidade e da individualização da pena, sendo rechaçável, então, qualquer tipo de *«juízo condenatório de evidência»*, visto que a rapidez inerente a esse modo de apreciação judicial neutraliza o contraditório e, ainda, converte a conjectura em torno de uma mera possibilidade (abstrata) em plausibilidade fática (concreta). Desse modo, mesmo com a predeterminação legal da *«sanção»*, o *Estado-Juiz* deve sopesar – no caso concreto – se há, ou não, margem

medida da culpabilidade, sendo, de acordo com Luiz Régis Prado, lídima expressão de justiça material peculiar ao Estado democrático de Direito que versa sobre o caráter inviolável do respeito à dignidade do ser humano. Vide: PRADO, Luiz Régis. **Curso de Direito Penal Brasileiro.** 8ª ed. São Paulo: Revista dos Tribunais, p. 135.

[63] MAIA FILHO, Napoleão Nunes. **Ideologia garantista: crítica ao punitivismo em reforço da plena defesa na ação de improbidade**. Curumim: Fortaleza, 2018, pp. 254 e ss.

[64] *Ibidem.*

para a imposição de punição distinta da demissão, incidindo, inclusive, a diretriz do *in dubio pro reo*.

Isso não significa, contudo, que – no juízo administrativo prévio – não haja incidência dos deveres principiológicos de *individualização* e *proporcionalidade* da sanção. Pelo contrário: resulta evidente que, para punir, o juízo decisório – *administrativo e judicial* – deve considerar as circunstâncias casuísticas mediante estrita observância dos parâmetros fixados no art. 128 da Lei 8.112, de 1990, quais sejam: (i) a natureza e a gravidade da infração, (ii) os danos dela decorrentes e suportados pelo serviço público, (iii) as circunstâncias agravantes e atenuantes e (iv) os antecedentes funcionais das pessoas imputadas. Do contrário, estar-se-á a uniformizar lógica punitiva que se mostra arbitrária e abusiva por desconsiderar a individualidade dos infratores e as peculiaridades dos resultados lesivos ocasionados por eles.

Essa é a razão pela qual Napoleão defende *duas premissas garantias* de extrema relevância para a contenção (judicial) do punitivismo administrativo[65]. A *primeira* é que, no âmbito disciplinar, quem está a julgar deve deixar de aplicar a pena de demissão, optando – *sempre que possível* – por extrair do *art. 128 da Lei 8.112,* de 1990, o embasamento para aplicar sanção menos severa dentre as legalmente previstas, considerando, *via de regra,* que a presunção de inocência e o *in dubio pro reo* seguem a reger essa dinâmica sancionadora. A *segunda*, por sua vez, consiste no refuto da longeva "tática judicial" de inserir a relação de razoabilidade e proporcionalidade da sanção no âmbito ou na estrutura do chamado *mérito do ato administrativo,* para invocar, a partir disso, a impossibilidade de revisão judicial crítica de eventuais excessos da reprimenda administrativa.

2.8. *Oitavo pilar*: a indispensável demonstração do dolo

Por fim, um dos maiores contributos dogmáticos de Napoleão Nunes Maia Filho reside no trato do *elemento subjetivo* do ato ímprobo, e está atrelado a um árduo *desafio probatório*: a necessidade de refutação do entendimento de que, para o fim de imputação típica, o *dolo* pode ser *presumido*[66].

Apesar de frágil, essa (perigosa) interpretação encontrou expansiva acolhida na jurisprudência dos tribunais, que, numa espécie de

[65] MAIA FILHO, Napoleão Nunes. **Ideologia garantista: crítica ao punitivismo em reforço da plena defesa na ação de improbidade**. Curumim: Fortaleza, 2018, pp. 255-267.
[66] *Ibidem*, pp. 271-314.

accountability, acabaram por encampá-la com o fito de evitar a defraudação das expectativas punitivas que gravitam em torno de casos cuja persecução instrutória promovida pela acusação não logrou angariar os elementos probatórios suficientes para fundamentar a atribuição de responsabilidade sancionadora.

Napoleão foi uma das primeiras vozes a enfatizar que o fundamento dessa "aceitação" está na percepção (judicial) de que, *pelo seu atuar objetivo, "a pessoa imputada* não poderia ter deixado de querer o resultado"[67], formando-se, assim, uma convicção sumária (e arbitrária) que, ademais de *puramente intelectual,* estaria (i) baseada no desvalor seletivo de aspectos externos do comportamento subjetivo do agente e (ii) destinada a confirmar a presunção do que foi preestabelecido *ex ante* na mente dos agentes estatais encarregados da punição.

A reverberação desse entrave é (ainda mais) problemática quando o *dolo* é o único elemento constitutivo de tipo, de modo que a norma proibitiva não comporta infração mediante atuar *culposo.* Nessa hipótese, o jurisdicionado se vê em situação de extrema vulnerabilidade, dado que a lógica de presunção, *per se,* é aspecto de difícil contraposição defensiva, visto que resulta de arbitrariedade intelectiva de quem está a acusar. Por conseguinte, há, *de um lado,* facilitação do êxito petitório da acusação, mas, *de outro,* debilita-se o direito da defesa e a *presunção de inocência* de quem está a ser imputado pela incidência (equívoca) de premissas próprias do processo civil, em que a disponibilidade dos direitos discutidos atribui validez ao uso de presunções[68].

Em contraposição a esse cenário, Napoleão sempre foi enfático: no âmbito do Direito Administrativo Sancionador, as figuras típicas que se conformam, apenas, na modalidade dolosa, exigem que o elemento subjetivo seja demonstrado *ab initio,* ou seja, na petição inicial acusatória, sendo necessário, ainda, que haja a explicitação dos outros elementos que integram a realidade da infração. Isso porque, já no momento de decisão acerca do recebimento, ou não, da exordial acusatória, o juiz da causa está vinculado ao dever funcional de averiguação do elemento subjetivo. Sem isso, o processamento subsequente desaguará no insondável terreno da subjetividade de quem acusa.

67 *Ibidem*, pp. 274 e ss.

68 MATIDA, Janaina. **Em defesa de um conceito jurídico de presunção.** São Paulo: Marcial Pons, 2023, pp. 43 e ss.

Sobre isso, Napoleão dá ênfase ao fato de que o uso judicial da tática do *in dubio pro societate* ocasiona apreciação diferida dos elementos da imputação do ato ímprobo, o que prejudica não só a higidez do momento inicial de apreciação da exordial acusatória, mas, também, os ulteriores momentos da instrução processual. Ora, se o *juiz do caso* entende que a prova dolo deve ser objeto de prova futura, como poderá o acusado se defender, *ex antes*, do juízo de imputação que lhe sujeita ao processo sancionador?[69]

Em razão disso, é vital que – quem está a julgar – atue com diligência para eliminar qualquer hesitação sobre a presença, ou não, do dolo. E isso, por certo, deve ocorrer ainda que tal tarefa seja complexa e difícil. Afinal, o constructo jurídico prevalente é, ainda, no sentido de que elemento doloso se acha inserido na intimidade mental do sujeito infrator.

Sob esse olhar, então, passa a ser essencial a compreensão de que o dolo da conduta supostamente ímproba deve ser procurado no conjunto de atos concretos inequivocamente manifestados pelo agente infrator no tempo anterior ao cometimento da infração, pois – na analítica da comportamental – o dolo, em duas dimensões volitiva e cognitiva, é sempre prévio à conduta[70]. Por isso, a sua delimitação não advém do resultado típico – ainda que inegavelmente grave ou desastrado – mas sim, da maquinação de sua produção voluntária e consciente[71]. Esse é o núcleo informacional que, pela ótica probatória, deve ser objeto de apreciação judicial.

A propósito disso, Napoleão coloca em destaque a relevância de se entrelaçar as noções de *dolo* e *perigo*, visto que – à luz do núcleo originário do art. 11 da LIA – as condutas administrativamente relevantes em matéria de improbidade passaram a ser distinguidas em (i) atentatórias aos princípios da administração pública e (ii) violadoras dos deveres de honestidade, imparcialidade, legalidade e lealdade às instituições, em clara assimilação da lógica normativa de princípios e regras.

Ao seu sentir, porém, esses parâmetros devem ser *complementares* ao juízo de imputação típica, pois o que se busca é a aferição da agressão ou

[69] MAIA FILHO, Napoleão Nunes. **Ideologia garantista: crítica ao punitivismo em reforço da plena defesa na ação de improbidade**. Curumim: Fortaleza, 2018, pp. 271 e ss.

[70] Sobre as distintas nuances do dolo, vide: RAGUÉS I VALLÈS, Ramon. **El dolo y su prueba en el proceso penal**. Barcelona: J.M. Bosh Editor, 1999, pp. 24 e ss.

[71] Nesse tópico, merece leitura as contribuições de Eduardo Viana, que conduz o enfoque de dolo como um *compromisso cognitivo*. Vide: VIANA, Eduardo. **O dolo como compromisso cognitivo**. São Paulo: Marcial Pons, 2017, pp. 45 e ss.

perigo concreto ao objeto de tutela jurídica, exigindo-se, sempre, cautela e sensibilidade analítica quanto ao sentido – e alcance – normativos em torno do que seja o *ato atentatório*, pois – sob o ponto de vista da *legalidade* – não se pode determinar a ocorrência, ou não, dessa nódoa tomando em consideração, apenas, o impacto ou a ameaça de impacto a certo e restrito dispositivo legal ou diploma regrador da prática de atos administrativos.

Desse modo, a aplicabilidade judicial do art. 11 da LIA requer, sempre, a observância da premissa analítica de que, no campo da improbidade, tais condutas só possuem relevância sancionatória quando praticadas praticada mediante atuar doloso. Noutras palavras: ante a ausência do *«dolo»*, estar-se-á diante de potencial ilegalidade – passível de punição –, porém, não há que se falar em ato caracterizador de improbidade administrativa.

Precisamente por isso, o alcance normativo das figuras do art. 11 da LIA está limitado ao campo do atuar doloso. Daí a imprescindibilidade, segundo Napoleão, de demonstração de que a conduta do agente que praticou a ilicitude embuta, em si mesma, uma relação plausível (ou provável) de perigo futuro do dano ulterior, e não somente uma relação possível quanto a tal evento lesivo, montada no temor infundado do seu observador punitivista[72]. Daí ser, na sua ótica, normativamente exigível que o juízo de imputação esteja baseado no denominado *«dolo específico»*, assim entendido como no qual os elementos *cognitivos* e *volitivos* do agente reflitam, *em concreto*, o descritivo típico da norma proibitiva que lhe foi imputada.

3. A assimilação das resistências contramajoritárias do Ministro Napoleão Nunes Maia Filho pela Lei nº 14.230, de 2021

Um dos elementos centrais do debate legislativo em torno da Lei de Improbidade Administrativa recaiu sobre o *elemento subjetivo* necessário para a caracterização, ou não, da tipicidade do ato ímprobo. Isso se deu, em grande medida, pelo fato de que – na redação originária da LIA – a exigência do *«dolo específico»* não estava expressa, com especial ênfase nas hipóteses de enriquecimento ilícito (art. 9º) e de ofensa aos princípios da administração (art. 11).

Em decorrência disso, a posição prevalente na jurisprudência do STJ fixou o entendimento de que, para a configuração típica do ato ímprobo,

[72] MAIA FILHO, Napoleão Nunes. **Ideologia garantista: crítica ao punitivismo em reforço da plena defesa na ação de improbidade.** Curumim: Fortaleza, 2018, pp. 308-312.

a demonstração do *«dolo genérico»*[73] era bastante em si mesma, sendo desnecessário, portanto, que esse juízo de imputação estivesse sustentado no *«dolo específico»*.

Nesse campo temático, vale ressaltar que o então Ministro Napoleão jamais perfilhou-se ao núcleo desse entendimento. Vencido, ele argumentava que "a subsunção da conduta da Lei de Improbidade requer cautela, ante a amplitude de suas regras, sendo necessária a presença do dolo, da vontade do agente (...) na finalidade específica"[74]. Noutro julgado – em que igualmente ficou isolado –, ele defendeu que "ao rótulo de dolo genérico ou presumido, abre-se oportunidade para responsabilidade objetiva, fato que se observa no decreto condenatório proclamado na vertente situação"[75].

Apesar disso, a posição (vencida) do Ministro Napoleão Maia tornou-se "vencedora" nos debates legislativos que, ao fim, culminaram na reforma da LIA. Com isso, a exigência do *«dolo específico»* foi incorporada expressamente pela Lei nº 14.230, de 2021, que (re)configurou substancialmente o sentido e alcance normativos[76]. Desde então, fixou-se que o conteúdo semântico do conceito normativo de *«dolo»* compreende, especificamente, "a vontade livre e consciente de alcançar o resultado ilícito tipificado nos arts. 9º, 10 e 11 desta Lei, não bastando a voluntariedade do agente" (LIA, art. 1º, § 2º).

Outro tema de divergência categórica entre o então Ministro Napoleão e os seus pares no STJ recaiu sobre os requisitos para o recebimento processual da exordial acusatória, que inaugura a etapa judicial de persecução do ato ímprobo. No ponto, o delineamento originário da LIA (art. 17, § 6º) estabelecia que, nesse tipo de demanda, a ação deveria estar instruída

[73] STJ, AgInt no AREsp n. 277.147/MG, Rel. Min. Napoleão Nunes Maia Filho, DJe 02/02/2021.

[74] STJ, trecho do voto vencido do Min. Napoleão Nunes Maia Filho (relator) no AgInt no AREsp n. 277.147/MG, publicado no DJe em 02/02/2021.

[75] STJ, trecho do voto vencido do Min. Napoleão Nunes Maia Filho (relator) no AgInt no REsp n. 1.576.545/SP, publicado no em DJe 02/02/2021.

[76] Nesse sentido, em artigo doutrinário, já tivemos a oportunidade de ressaltar que a Lei nº 14.230, de 2021, "restringiu o alcance do conceito legal de improbidade administrativa por meio da juridificação de três eixos estruturantes. São eles: (i) a melhor explicitação da teleologia da lei de improbidade administrativa; (ii) a avocação dos princípios que limitam o poder sancionador do Estado; e (iii) o aperfeiçoamento da tipicidade (objetiva e subjetiva) do ato ímprobo" (v. Carneiro, Rafael Araripe. A reformulação limitadora do conceito de improbidade administrativa. *In* Mendes, Gilmar Ferreira; Carneiro, Rafael Araripe. **Nova lei de improbidade administrativa: inspirações e desafios – Coleção IDP**. São Paulo: Almedina, 2022).

com "[...] documentos ou justificação que contenham indícios suficientes da existência do ato de improbidade".

Não obstante a isso, a jurisprudência ensejou substancial flexibilização do referido estandarte normativo. Isso se deu, em concreto, com a fixação do entendimento de que, nesta etapa do juízo de imputação – regida pelos art. 17 e §§ 7º, 8º e 9º da LIA –, vigoraria o princípio do *in dubio pro societate*: diretriz exegética que, na casuística do STJ, foi sustentada a partir da premissa teleológica de "possibilitar o maior resguardo do interesse público"[77].

Por essa via, então, o STJ ensejou a maximização do risco de abuso persecutório, pois – com essa tese – a incidência lógica do *in dubio pro reo* foi afastada sob o argumento de que "deve ser considerada prematura a extinção do processo com julgamento de mérito [em razão de] não existirem elementos fáticos ou probatório suficientes para um juízo conclusivo acerca da demanda [ou quando não haja] a efetiva presença do elemento subjetivo do suposto ato de improbidade administrativa, o qual exige, em regra, a regular instrução processual"[78].

Tal posição, por certo, foi refutada com veemência pelo Ministro Napoleão, já que – pela ótica garantista – "é preciso que o libelo acusatório, assim como as decisões judiciais que venham a permitir o trâmite das ações sancionadoras, apontem com precisão os indícios mínimos da autoria, cumplicidade, participação, ainda que de somenos importância. Daí porque a expressão *in dubio pro societate*, cuja origem é desconhecida, deveria ser banida das decisões que tratam da fase inaugural das ações de improbidade, por nada dizer a respeito da potencial autoria do fato que se repute ímprobo"[79].

Ademais, Napoleão defendeu com veemência argumentativa que é nula a decisão que defere o processamento de ação de improbidade administrativa sem a necessária fundamentação. Isso porque – *por possuírem o peculiar caráter sancionador estatal – as Ações Civis Públicas de Improbidade Administrativa* assemelham-se às ações penais e, dessa maneira, "exigem um *quarto elemento* para o preenchimento das condições da ação – e consequente viabilidade da pretensão do autor: a *justa causa*, correspondente a um lastro

[77] STJ, trecho da tese prevalente no AgInt no AResp n. 739.451/RJ, Rel. Min. Benedito Gonçalves, publicado no em DJe em 26/03/2019.

[78] STJ, trecho da tese prevalente no AgInt no AResp n. 739.451/RJ, Rel. Min. Benedito Gonçalves, publicado no em DJe em 26/03/2019.

[79] *Ibidem*.

mínimo de provas que comprovem a prática da conduta ímproba (materialidade) e indícios de autoria do imputado"[80].

Sobre isso, registra-se que a reformulação legislativa da LIA absorveu a posição garantista de Napoleão, de modo que – no novel marco legal – fixou-se expressamente que a petição inicial da ação de improbidade deve (i) individualizar a conduta do réu, (ii) apontar os *elementos probatórios mínimos* que demonstrem a ocorrência das hipóteses dos arts. 9º, 10 e 11 além da sua respectiva autoria e (iii) estar instruir com documentos que contenham indícios suficientes da veracidade dos fatos e do dolo imputado, sob pena de rejeição (art. 17, § 6º e § 6º-B).

O parlamento brasileiro também se perfilhou ao garantismo de Napoleão ao reformar o trato regulatório da *medida cautelar de indisponibilidade de bens* na persecução do ato ímprobo. Sobre isso, é válido resgatar que, de início, a LIA estabelecia em seu art. 16, *caput*, que – *havendo fundados indícios de responsabilidade* – a comissão processante do agente público deveria representar, junto ao Ministério Público ou à procuradoria do órgão, o requerimento de sequestro – pelo juízo competente – dos bens do agente ou de terceiro que houvesse "enriquecido ilicitamente ou causado dano ao patrimônio público", fazendo incidir – neste ato – não só o arranjo procedimental então previsto no Código de Processo Civil[81] no que tange aos riscos de *dilapidação, dissipação* ou *danificação* patrimonial.

O colegiado do STJ, porém, adotou – *por maioria* – o entendimento de que, nesse tópico, o juízo competente "pode decretar, fundamentadamente, a indisponibilidade e o bloqueio de bens do indiciado ou demandado, quando presentes *fortes indícios* de responsabilidade pela prática de ato ímprobo que cause lesão ao patrimônio público ou importe enriquecimento ilícito, prescindindo de comprovação de dilapidação de patrimônio, ou sua iminência"[82].

Em concreto, o tribunal relativizou o *estandarte normativo* de comprovação do *periculum in mora* para fins de deferimento de medida cautelar sob o argumento de que – nessa etapa da persecução – a lógica processual

[80] STJ, Trecho do voto vencido no AgInt no REsp 1.591,139/SP, Rel. Min. Napoleão Nunes Maia Filho, publicado no DJe em 18/12/2020.

[81] A referência legislativa, nesse caso, está atrelada aos Artigos 822 e 825 do Código de Processo Civil.

[82] STJ, trecho da tese prevalente no AgInt no REsp n. 1.308.679/RO, Rel. Min. Ministro Herman Benjamin, publicado no DJe em 04/02/2019.

milita em *favor da sociedade*: diretriz interpretativa que, segundo a corte, encontrava-se "implícita no comando legal que rege, de forma peculiar, o sistema de cautelaridade da ação de improbidade administrativa"[83].

Nesse embate, o então Ministro Napoleão Maia ficou, uma vez mais, isolado contra a compreensão majoritária da corte. Em sua concepção, a corte ignorava que nas pretensões de indisponibilidade de bens em ações destinadas a perscrutar atos de improbidade administrativa, "o órgão acusatório e o julgador não estão *de modo algum* exonerados da analítica demonstração da alta plausibilidade do direito alegado quanto à existência de fortes indícios de responsabilidade na prática de ato ímprobo que lese o Erário ou gere proveito ilícito ao demandado"[84].

A razão de ser dessa objeção, segundo Napoleão, é clarividente: ora, "a extrema gravidade dos fatos veiculados na demanda e o enorme prejuízo aos cofres públicos, por mais que estejam a merecer as reprimendas legais, não podem servir para fundamentar a exclusão de quaisquer garantias constitucionais aplicáveis, como a do devido processo"[85]. Afinal, o arranjo brasileiro de garantias constitucionais não comporta a operabilidade processual da máxima de que *os fins justificam os meios*.

Atento a isso, o parlamento encampou – uma vez mais – o garantismo paradigmático de Napoleão Nunes Maia Filho, e assim, extirpou do microssistema de persecução da improbidade a temerária *presunção de perigo da demora na fase cautelar*. A partir disso, então, o novel art. 16, § 3º da LIA passou determinar que "o pedido de indisponibilidade de bens apenas será deferido mediante a demonstração no caso concreto de perigo de dano irreparável ou de risco ao resultado útil do processo, desde que o juiz se convença da probabilidade da ocorrência dos atos descritos na petição inicial com fundamento nos respectivos elementos de instrução, após a oitiva do réu em 5 dias".

Ademais, o § 4º desse mesmo dispositivo legal excepcionou a decretação da indisponibilidade de bens sem a oitiva prévia do réu, já que, agora, tal medida dar-se-á, apenas, quando "o contraditório prévio puder comprovada-

[83] *Ibidem.*

[84] STJ, trecho do voto vencido no AgInt no REsp n. 1.308.679/RO, Rel. Min. Ministro Herman Benjamin, publicado no DJe em 04/02/2019.

[85] STJ, trecho do voto vencido no AgInt no REsp n. 1.308.679/RO, Rel. Min. Ministro Herman Benjamin, publicado no DJe em 04/02/2019.

mente frustrar a efetividade da medida ou houver outras circunstâncias que recomendem a proteção liminar, não podendo a urgência ser presumida"[86].

Ainda a respeito da fase cautelar da ação de improbidade, a jurisprudência do STJ ocasionou celeuma sobre a inclusão, ou não, da possível *multa civil* no montante de indisponibilidade de bens. Em sua redação originária, a LIA era omissa no trato da matéria. O entendimento majoritário do tribunal, porém, formou-se no sentido de que "a medida de indisponibilidade, 'por ser medida de caráter assecuratório', deve incidir sobre quantos bens se façam necessários ao integral ressarcimento do dano, levando-se em conta, ainda, o potencial valor de multa civil"[87].

Noutro momento, a temática voltou à baila na *Primeira Seção* do STJ, quando da apreciação do *Tema Repetitivo n. 1055*. Nessa ocasião, firmou-se entendimento possibilitando a aplicação da supramencionada multa, inclusive, "naquelas demandas ajuizadas com esteio na alegada prática de conduta prevista no art. 11 da Lei 8.429/1992, tipificador da ofensa aos princípios nucleares administrativos"[88].

Vencido na discussão, o Ministro Napoleão foi enfático na defesa da exclusão de eventual valor desse tipo multa, posto que – em sua exegese – tal monta incidiria, *apenas*, em caso de eventual condenação, e assim, prescindiria da fixação pelo magistrado. Em razão disso, eventual decreto de indisponibilidade de bens deveria se jungir, apenas, ao dano apurado e/ou estimado, sem a inclusão da referida multa civil[89].

Ao fim, a reforma legislativa de 2021 aderiu, outra vez, ao garantismo jurisdicional de Napoleão, incluindo – no art. art. 16, § 10, da LIA – a previsão expressa de que a mencionada indisponibilidade "recairá sobre bens que assegurem exclusivamente o integral ressarcimento do dano ao erário, sem incidir sobre os valores a serem eventualmente aplicados a título de multa civil ou sobre acréscimo patrimonial decorrente de atividade lícita".

[86] Sobre o embasamento dogmático dessa mudança, merece a leitura da densa argumentação apresentada em: MAIA FILHO, Napoleão Nunes. **Ideologia garantista: crítica ao punitivismo em reforço da plena defesa na ação de improbidade**. Curumim: Fortaleza, 2018, pp. 131-163.

[87] STJ, trecho da tese prevalente no AgInt no REsp 1.778.880/SP, rel. Min. Napoleão Nunes Maia Filho, publicado no DJe em 17/12/2019.

[88] Casuística de origem: REsp 1.862.792/PR, rel. Min. Manoel Erhardt (desembargador convocado do TRF5).

[89] STJ, trecho do voto vencido no AgInt no REsp 1.778.880/SP, rel. Min. Napoleão Nunes Maia Filho, publicado no DJe em 17/12/2019.

Nessa mesma linha, superou-se a posição do STJ que, outrora, externava o problemático entendimento de que – no arranjo da LIA – a *medida de indisponibilidade* não seria equiparada à expropriação de bens, visto que o seu uso – *ademais de cautelar* – estaria normativamente vinculado ao fito de *assegurar a efetividade das sanções pecuniárias* que viessem a integrar a futura e eventual condenação do réu. Logo, ela poderia abranger não só bens adquiridos *antes* ou *depois* dos fatos descritos na exordial acusatória, mas, também, *bens de família*[90].

Em contraponto, Napoleão posicionava-se contrário à possibilidade de indisponibilidade de bens de família. Isso porque, em sua ótica, o CPC assinala – em nítida contenção do art. 832 – que não estão sujeitos à execução os bens que a lei considera impenhoráveis ou inalienáveis. Ora, "se bens impenhoráveis não podem ser objeto de indisponibilidade e o bem de família é impenhorável, a conclusão é a de que o imóvel residencial do demandado não pode ser bloqueado na ação de improbidade"[91].

Por outro lado, merece destaque analítico a repercussão – no bojo das discussões legislativas – do famigerado *ônus probatório do acréscimo patrimonial do agente público*. A relevância do tema residia no fato de que, pela antiga redação da LIA (art. 9º, VII), era caracterizador de ato ímprobo por *enriquecimento ilícito* a conduta de "adquirir, para si ou para outrem, no exercício de mandato, cargo, emprego ou função pública, bens de qualquer natureza cujo valor seja desproporcional à evolução do patrimônio ou à renda do agente público".

Em interpretação do referido dispositivo, a Primeira Seção do STJ estabeleceu que, nessa hipótese, não havia qualquer exigência legal de que o acréscimo patrimonial injustificado – enquanto hipótese de incidência típica – tivesse como *causa-raiz* o desvio funcional do agente público. Pelo contrário: o sentido proibitivo de tal norma abrangia "a conduta genericamente dolosa do agente público de aumentar o patrimônio pessoal sem justificativa legal para tanto, independentemente de sua origem ser por desvio funcional ou qualquer outro tipo de atividade"[92].

[90] STJ, tese prevalente no AgInt no REsp 1.778.880/SP, rel. Min. Napoleão Nunes Maia Filho, publicado no DJe em 17/12/2019.

[91] STJ, trecho do voto vencido no AgInt no REsp 1.772.897/ES, rel. Min. Sério Kukina, publicado no DJe em 16/12/2019.

[92] STJ, trecho da tese prevalente no julgamento do MS nº 21.708/DF, rel. Min. Napoleão Nunes Maia Filho, publicado no DJe em 11/09/2019.

Nessa tratativa, contudo, o Ministro Napoleão delineou com maestria dois contra-argumentos garantistas. O *primeiro* foi no sentido de que, em realidade, "a incongruência entre o patrimônio e a remuneração do Servidor Público não pode ser, automaticamente e por si só, havida como suporte de ato ímprobo, sobremaneira, não pode servir como causa e fundamento exclusivo para o reconhecimento de tal ilícito administrativo"[93]. O *segundo*, por sua vez, trouxe ao debate a crítica constitucional de que "as presunções são de extrema valia para a instauração de investigações, mas não se prestam, de modo algum, para fundamentar sanções, que somente podem ser aplicadas quando não há dúvida quanto aos fatos puníveis e à sua autoria, sendo essa orientação a diretriz primordial da Justiça, consagrada pelo lento desenvolvimento da cultura jurídica"[94].

Essa posição, então contramajoritária, também foi acolhida pelo parlamento brasileiro. Por conseguinte, a reformulação da LIA passou a fixar que – para o fim sancionador – a eventual incongruência entre o patrimônio e a remuneração do servidor público só tem relevância típica quando houver correlação causal com o exercício atuar funcional. Desse modo, o sentido da norma proibitiva foi restringido ao visar o alcance da conduta de "adquirir, para si ou para outrem, no exercício de mandato, de cargo, de emprego ou de função pública, *e em razão deles*, bens de qualquer natureza, decorrentes dos atos descritos no caput deste artigo, cujo valor seja desproporcional à evolução do patrimônio ou à renda do agente público, assegurada a demonstração pelo agente da licitude da origem dessa evolução" (LIA, art. 9º, VII).

Outro assunto objeto de controvérsia colegiada no STJ envolveu a controversa *presunção de dano ao erário* em caso de ilicitude no procedimento licitatório. Nessa matéria, a maioria da corte posicionava-se em prol da possibilidade de presunção. O Ministro Napoleão, contudo, defendia – *isoladamente* – que não. Assim, o tribunal aderia o raciocínio institucional de que "o prejuízo decorrente da fraude a certame licitatório é presumido *(dano in re ipsa)*, estando consubstanciado na impossibilidade da contratação pela Administração da melhor proposta"[95].

[93] STJ, trecho do voto vencido no julgamento do MS nº 21.708/DF.

[94] Nesse ponto, ressalta-se que, apesar de vencido, o contra-argumento foi acompanhado pelos Ministros Benedito Gonçalves e Sérgio Kukina na discussão travada no MS nº 21.708/DF.

[95] STJ, trecho da tese prevalente no AgInt no REsp 1.737.731/SC, rel. Min. Gurgel de Faria, publicado no DJE em 01/12/2020.

Noutra ocasião, afirmou-se – seguindo o supramencionado balizador – que o entendimento do STJ estaria consolidado no sentido de que "a dispensa indevida de licitação configura *dano in re ipsa*, permitindo a configuração do ato de improbidade que causa prejuízo ao erário"[96]. Isso porque, pela jurisprudência da corte, a discussão em torno da regularidade de procedimento licitatório implica a presunção judicante é de que "a contratação direta de empresa, quando não caracterizada situação de inexigibilidade ou dispensa de licitação, gera lesão ao erário, na medida em que o Poder Público deixa de contratar a melhor proposta, dando ensejo ao chamado *dano in re ipsa*, decorrente da própria ilegalidade do ato praticado, descabendo exigir do autor da Ação Civil Pública prova a respeito do tema"[97].

Em sentido oposto, o Ministro Napoleão refutava essa lógica a partir do olhar crítico para o próprio tribunal, a exemplo do indicativo de que "não há possibilidade, segundo o entendimento dos experimentados julgadores em matéria criminal desta Corte Superior, de que se aplique a tese de dano presumido ou *dano in re ipsa*, porquanto o dano ao Erário por eventual frustração do caráter competitivo da licitação deve ser empiricamente verificado, para além do dolo"[98].

A razão disso é que, sob o crivo da legalidade, "somente a compra pública que cause efetivo desfalque ao Erário ensejará apuração de ilícito, e essa tarefa de provar a lesividade da prática do Gestor Público cabe ao Órgão Acusador"[99]. Ademais disso, ele trouxe ao debate mais *três argumentos* em prol das garantias do jurisdicionado.

Primeiro: o dano ao Erário por eventual frustração do caráter competitivo da licitação deve ser empiricamente verificado, de modo que "somente a compra pública que cause efetivo desfalque ao Erário ensejará apuração de ilícito, e essa tarefa de provar a lesividade da prática do Gestor Público cabe ao Órgão Acusador"[100].

Segundo: a dispensa indevida de licitação não configura dano *"in re ipsa"* a caracterizar ato ímprobo que causa prejuízo ao erário. Logo, "deve haver

[96] STJ, trecho da tese prevalente no AgInt no REsp 1.537.057/RN, rel. Min. Benedito Gonçalves, publicado no DJe em 20/05/2019.

[97] *Ibidem.*

[98] STJ, trecho da tese vencida no AgInt no REsp 1.737.731/SC, rel. Min. Gurgel de Faria, publicado no DJE em 01/12/2020.

[99] *Ibidem.*

[100] *Ibidem.*

a comprovação naturalística de que se perfez malbaratamento aos cofres públicos, não havendo que se falar em dano presumido ('in re ipsa') nas lides sancionadoras."

Terceiro: nessa matéria, a *«presunção»* é, na verdade, uma categoria formal vinculada à distribuição da prova, sendo que "essa inversão do ônus da prova nem deve ser aplicada nas ações de improbidade, uma vez que é do Órgão Acusador – e só dele – o ônus de provar os fatos que constam da petição inicial", e por isso, "não se presta como razões de decidir para fundamentar a condenação por improbidade administrativa a presunção de dano"[101].

Em decorrência dessa *tríade,* o Ministro Napoleão manifestava, *veementemente,* a sua objeção à assertiva do dano presumido *(in re ipsa)* nas lides sancionadoras, já que – em suas palavras – "a inversão do ônus da prova nem deve ser aplicada nas ações de improbidade"[102]. Do contrário, estar-se-ia a concretar uma perversão lógica em torno do papel do órgão acusador.

Novamente, a reforma legislativa aderiu ao garantismo do Min. Napoleão, e assim, estabeleceu que a demonstração – por parte da acusação – da *perda patrimonial efetiva* é uma *conditio sine qua non* para a condenação do agente público na figura típica de lesão ao erário por frustrar a licitude de processo licitatório (art. 10, VIII). Em complemento, fixou-se que quando "a inobservância de formalidades legais ou regulamentares não implicar perda patrimonial efetiva, não ocorrerá imposição de ressarcimento, vedado o enriquecimento sem causa das entidades públicas" (art. 10, § 1º).

As divergências apresentadas pelo Ministro Napoleão também repercutiram em temáticas de dogmática estrita, a exemplo da aplicação expansiva do *«princípio da insignificância»*[103] no regime da improbidade. Nesse assunto, a maioria da corte refutava a incidência da *bagatela* na improbidade sob o argumento de que "em se tratando de ato de improbidade administrativa,

[101] STJ, trecho do voto vencido no AgInt no REsp 1.537.057/RN, rel. Min. Benedito Gonçalves, publicado no DJe em 20/05/2019.

[102] STJ, trecho do voto vencido no AgInt no REsp 1.537.057/RN, rel. Min. Benedito Gonçalves, publicado no DJe em 20/05/2019.

[103] Originado da obra dogmática de Claus Roxin, o *princípio da insignificância* recai sobre a dimensão material dos tipos proibitivos, e permite que o Poder Judiciário exclua – de plano – a relevância punitiva das "lesões de bagatela". Em suas palavras: "Se reorganizássemos o instrumentário de nossa interpretação dos tipos a partir dos princípios, daríamos uma significativa contribuição para diminuir a criminalidade em nosso país". ROXIN, Claus. **Política Criminal e Sistema Jurídico-Penal**. Rio de Janero: Renovar, 2002, pp. 47-48.

porquanto é o erário púbico que figura como lesado" estaria defesa a aplicação do supramencionado princípio, posto que entendimento contrário "conspiraria contra a moralidade administrativa"[104].

Vencido, o Ministro Napoleão considerava ser possível a caracterização "bagatelar" de infrações com lesividade insignificante, em especial, aquelas com importância mínima ou irrelevante (ainda que relacionados aos princípios da administração pública)[105]. Em certo caso[106], a discussão gravitava em torno do recebimento de auxílio-transporte durante quatro meses, perfazendo o total de R$ 2.000.00, com base em informação inverídica quanto à residência da acusada. Ante a isso, Napoleão consignou que "em situações tais como a dos autos, a conduta lançada em libelo pode muito bem ser averiguada e eventualmente exemplada pelos estatutos internos dos órgãos da Administração Pública, por intermédio de suas repartições correcionais. No caso, a *infração é bagatelar*, uma vez que o seu vulto econômico (R$ 2.000,00) não é daqueles justificadores do processamento da lide sancionadora. Essa conclusão não representa impunidade, nem estímulo a condutas símiles: trata-se de separação dos regimes de responsabilidade frente a atos lesivos à Administração Pública, esta que não fica exonerada da possibilidade de exercer o controle dos atos praticados pelos Agentes Públicos, inclusive com as devidas punições, quando cabíveis"[107].

Esse raciocínio convenceu o parlamento brasileiro, que – na lapidação da reforma legislativa – inseriu o § 4º no art. 1º da LIA, cujo teor, a partir de então, passou a dispor que se aplicam ao "sistema da improbidade" os *princípios constitucionais do direito administrativo sancionador*, dentre os quais se inclui o princípio da insignificância. Além disso, a nova roupagem da LIA passou a prever – no acrescido § 4º ao art. 11 – que "os atos de improbidade de ofensa a princípios da administração pública *exigem lesividade* relevante ao bem jurídico tutelado para serem passíveis de sancionamento".

[104] STJ, trecho da tese prevalente no AgInt no AREsp n. 1.140.901/DF, rel. Min. Napoleão Nunes Maia Filho, publicado no DJe em 03/12/2020.

[105] STJ, trecho do voto vencido no AgInt no AREsp n. 1.140.901/DF, rel. Min. Napoleão Nunes Maia Filho, publicado no DJe em 03/12/2020.

[106] STJ, AgInt no AREsp n. 1.140.901/DF, rel. Min. Napoleão Nunes Maia Filho, publicado no DJe em 03/12/2020.

[107] STJ, trecho da tese prevalente no AgInt no AREsp n. 1.140.901/DF, rel. Min. Napoleão Nunes Maia Filho, publicado no DJe em 03/12/2020.

Também esteve no foco contramajoritário do Ministro Napoleão o *«princípio da congruência»*, segundo o qual o juiz, ao decidir, "deve ater-se aos pedidos das partes e somente a eles, não podendo ir além, para conceder mais ou coisa diversa, nem podendo deixar de analisar qualquer um deles" [108]. Nesse assunto, o colegiado do STJ entendia – por maioria – que essa diretriz normativa não era ofendida ou relativizada "quando a decisão judicial enquadra os supostos atos de improbidade em dispositivo diverso daquele trazido na exordial". Isso porque, segundo esse entendimento, "os réus se defendem *dos fatos que lhes são imputados*, competindo ao juízo, como dever de ofício, sua qualificação jurídica, vigendo em nosso ordenamento jurídico os brocardos *iura novit curia* e o da *mihi factum, dabo tibi ius*"[109].

Em divergência, o Ministro Napoleão sustentava – *a partir do seu contraponto garantista* – que "a alteração em julgamento da qualificação jurídica do tipo descrito na petição inicial é a chamada *infidelidade ao libelo* e consubstancia violação ao direito de defesa do acusado". No seu pensamento, cada um dos *blocos de figuras típicas* delineados nos artigos 9º, 10 e 11 da LIA tem a sua especificidade, de modo que, se nós intercambiássemos uns pelos outros, não haveria "como o implicado se defender, porque, por exemplo, ele é acusado de enriquecimento ilícito e é condenado da seguinte forma: não houve enriquecimento, mas houve dano ao erário ou, vice-versa, não houve dano ao erário, mas houve enriquecimento; não houve enriquecimento nem dano ao erário, mas houve ilegalidade qualificada. Então, como o sujeito se defende? – é o questionamento que se lança"[110].

Apesar de minoritária no STJ, essa posição também foi acolhida pela nova roupagem legal do art. 17, § 10-C, da LIA – segundo a qual o juiz, após a réplica do Ministério Público, "proferirá decisão na qual indicará com precisão a tipificação do ato de improbidade administrativa imputável ao réu, sendo-lhe vedado modificar o fato principal e a capitulação legal apresentada pelo autor".

[108] Didier Jr., Fredie; BRAGA, Paula Sarno; Oliveira, Rafael Alexandria de. **Curso de direito processual civil: teoria da prova, direito probatório, decisão, precedente, coisa julgada e tutela provisória**. 10ª ed. Salvador: JusPodivm, 2015, pp. 359 e ss.

[109] STJ, trecho da tese prevalente no AgInt no AREsp n. 1.415.942/SP, rel. Min. Benedito Gonçalves, publicado no DJe em 18/12/2020.

[110] STJ, trecho voto vencido no AgInt no AREsp n. 1.415.942/SP, rel. Min. Benedito Gonçalves, publicado no DJe em 18/12/2020.

Noutra frente de divergência, esteve a temática das *penalidades por improbidade*. Nesse tópico, a Primeira Seção do STJ fixou, *por maioria*, que "a gravidade do desvio que dá ensejo à condenação por improbidade administrativa é tamanha que diagnostica verdadeira incompatibilidade do agente com o exercício de atividades públicas"[111]. Por conseguinte, a corte argumentava que "a sanção de perda da função pública visa a extirpar da Administração Pública aquele que exibiu inidoneidade (ou inabilitação) moral e desvio ético para o exercício da função pública, abrangendo qualquer atividade que o agente esteja exercendo ao tempo da condenação irrecorrível", visto que a sanção de perda da função "tem o propósito de expurgar da Administração o indivíduo cujo comportamento revela falta de sintonia com o interesse coletivo"[112].

Na concepção do Ministro Napoleão, porém, a ordem jurídica brasileira não comporta a possibilidade de que a penalidade de perda da função pública atinja outro cargo diferente daquele ocupado quando da prática do ato ilegal. De acordo com o seu crivo analítico, "as normas que descrevem infrações administrativas e cominam penalidades constituem matéria de legalidade estrita, não podendo sofrer interpretação extensiva, motivo pelo qual a sanção de perda da função pública – prevista no art. 12 da LIA – não pode atingir cargo diverso do ocupado pelo agente à época da prática da conduta ilícita e que serviu de instrumento para tanto[113].

Nesse ponto, a reformulação legislativa avançou ao restringir o alcance da sanção de perda da função pública. Doravante, esse tipo de resposta punitiva "atinge apenas o vínculo de mesma qualidade e natureza que o agente público ou político detinha com o poder público na época do cometimento da infração, podendo o magistrado – na hipótese de *enriquecimento ilícito* e em *caráter excepcional* – estendê-la aos demais vínculos relevantes à luz das circunstâncias do caso e a gravidade da infração (LIA, art. 12, § 1º)[114].

Acresça-se, ainda, que igual divergência sucedeu nas deliberações em torno do *reexame necessário* nas ações de improbidade: medida que, na dinâ-

[111] STJ, tese prevalente nos EDv nos EREsp nº 1.701.967/RS, rel. Min. Francisco Falcão, publicado no DJe em 02/02/2021.

[112] *Ibidem.*

[113] STJ, trecho do voto vencido nos EDv nos EREsp nº 1.701.967/RS, rel. Min. Francisco Falcão, publicado no DJe em 02/02/2021.

[114] Cabe noticiar que esse dispositivo tem atualmente a vigência suspensa por força de liminar deferida nos autos da ADI n. 7236, do STF, de Relatoria do Min. Alexandre de Moraes.

mica processual, garante ao jurisdicionado que determinadas sentenças sejam confirmadas pelo tribunal, ainda que não tenha havido recurso interposto da parte derrotada, para que tenham eficácia. Embora o CPC e algumas legislações específicas elenquem quais são as sentenças sujeitas ao duplo grau de jurisdição, não houve – no arranjo legislativo da LIA – tratativa expressa do tema. A maioria dos ministros do STJ esquivou-se de uma leitura sistemática desse aspecto ao consolidar o entendimento de que "por aplicação analógica da primeira parte do art. 19 da Lei n. 4.717/1965, as sentenças de improcedência de ação civil pública sujeitam-se indistintamente ao reexame necessário"[115].

O Ministro Napoleão, por certo, posicionou-se contra essa analogia. Para ele, a ação de improbidade administrativa segue um rito próprio, inerente ao campo sancionador. Além disso, o seu objeto é específico – disciplinado na LIA – e não contempla a aplicação do *reexame necessário* em sentenças de rejeição de inicial ou de sua improcedência, não cabendo, neste caso, "analogia, paralelismo ou outra forma de interpretação, para importar instituto criado em lei diversa e em prejuízo dos direitos subjetivos"[116]. Em suas palavras, a ausência de previsão da remessa de ofício não pode ser vista como *lacuna legislativa* que, enquanto déficit, demande superação. Trate-se de uma – garantista – opção regulatória, motivo pelo qual não há que se falar em aplicação subsidiária do art. 19 da Lei 4.717, de 1965, pois, na dinâmica processual, o *reexame necessário* funciona em instrumento de exceção no sistema processual, devendo, portanto, ser interpretado restritivamente. Nesse tipo de demanda, então, deve-se assegurar ao Ministério Público a prerrogativa de recorrer, ou não, das decisões nela proferida, "ajuizando ponderadamente as mutantes circunstâncias e conveniências da ação"[117].

Com o (re)arranjo dado pela Lei nº 14.230, de 2021, o rito de persecução da improbidade administrativa ganhou uma nova diretriz: nos termos do art. 17, § 19, da LIA, o *reexame necessário* – ou *«obrigatório»* – não se aplica às hipóteses de sentença de improcedência ou de extinção sem resolução de mérito de ação de improbidade administrativa. Assim, a reforma da LIA

[115] STJ, trecho da tese prevalente no AgInt no REsp 1.817.056/ES, rel. Min. Francisco Falcão, publicada no DJe 20/11/2019.

[116] *Ibidem.*

[117] STJ, trecho da tese prevalente no julgamento do REsp 1.817.056/ES, rel. Min. Francisco Falcão. Publicado no DJe em 20/11/2019.

encampou – uma vez mais – a *posição garantista* do Ministro Napoleão, que, outrora, era vencida.

Por fim, cabe ainda mencionar o debate em torno de tema sensível na dinâmica de persecução judicial do ato ímprobo: a *independência das instâncias*. Desde antanho, a jurisprudência do STJ estava a ratificar o entendimento de que esse tribunal "tem reiteradamente afirmado a independência entre as instâncias administrativa, civil e penal, salvo se verificada absolvição criminal por inexistência do fato ou negativa de autoria", razão pela qual a absolvição criminal em decorrência de outros motivos não afastaria, sob nenhuma ótica, do imputado condenado pela prática de ato ímprobo. ato de improbidade administrativa[118].

Nessa seara, a divergência do Ministro Napoleão estava alicerçada em sólida concepção garantista: "ainda nas hipóteses de absolvição por ausência de provas de que o réu concorreu para o fato, é comunicável o desfecho do julgamento frente às ações cíveis, como também às de improbidade"[119]. Sendo assim, torna-se substancial assimilar que, "se o Réu obtém absolvição criminal, com trânsito em julgado, qualquer que seja a razão da absolvição, sobre ele, não há de incidir qualquer sanção decorrente do fato objeto do processo criminal, salvo se remanescer resíduo passível de punição em outra instância (não penal), como muito bem aponta a Súmula 18/STF"[120].

Na lapidação desse raciocínio de contenção punitiva, Napoleão deu ênfase ao argumento de que sendo a *«má-fé»* elementar típica dos atos ímprobos descritos nos artigos 9º e 10 da LIA, será atípica a conduta do imputado quando – *em processo-crime anterior* – houver reconhecimento cabal de sua boa-fé, e isso se dará "mesmo que não se proclame a inexistência do fato ou a negativa de sua autoria, já que estas são as hipóteses clássicas de comunicabilidade da absolvição"[121].

Esse olhar crítico sobre o impacto sistêmico das decisões judiciais também repercutiu sobre as reflexões do parlamento brasileiro, que, ao fim, se perfilhou ao pensamento de Napoleão Nunes Maia Filho para converter a

[118] STJ, trecho da tese vencedora no AgInt no REsp n. 1.678.327/MG, rel. Min. Regina Helena Costa. Publicado no DJe em 01/03/2019.

[119] STJ, trecho do voto vencido no AgInt no REsp n. 1.678.327/MG.

[120] Nos termos da Súmula 18/STF, aprovado pelo STF na sessão plenária de 13/12/1963, na hipótese de *falta residual*, assim entendida como aquela não compreendida na absolvição pelo juízo criminal, é admissível a punição administrativa do servidor público.

[121] STJ, trecho do voto vencido no AgInt no REsp n. 1.678.327/MG.

sua posição concreta – então vencida – como diretriz cogente dotada de generalidade e abstração: no arranjo dado ao novo art. 21, § 4º, da LIA, fixou-se que a *absolvição criminal em ação que discuta os mesmos fatos*, uma vez confirmada por decisão colegiada, impede o trâmite da ação de improbidade, que assim, comunicar-se-á com todos os fundamentos de absolvição previstos no art. 386 do Código de Processo Penal, quais sejam: (i) estar provada a inexistência do fato; (ii) não haver prova da existência do fato; (iii) não constituir o fato infração penal; (iv) estar provado que o réu não concorreu para a infração penal; (v) não existir prova de ter o réu concorrido para a infração penal; (vi) existirem circunstâncias que excluam o crime ou isentem o réu de pena[122], ou mesmo se houver fundada dúvida sobre sua existência; (vii) não existir prova suficiente para a condenação.

Conclusões

Embora a reforma da *Lei de Improbidade Administrativa* tenha sido precocemente rotulada como fruto da assimilação de entendimentos do STJ pelo legislador, a análise aqui exposta caminha, na verdade, noutro sentido. Em realidade, demonstrou-se ao leitor que a lógica normativa desse rearranjo legislativo diverge frontalmente das premissas – e consequências – da jurisprudência majoritária formada pela corte, que, paulatinamente, estava a fixar entendimentos que restringiam os instrumentos de defesa inerentes ao rito de persecução do ato ímprobo.

Por outro lado, o conjunto de evidências que se apresentou culmina na conclusão unívoca de que, em verdade, a gênese formativa da *(re)formulação garantista* da LIA advém do acolhimento – pelo Congresso Nacional – do pensamento contramajoritário e até então vencido de Napoleão Nunes Maia Filho, o que propiciou oportuna *virada teleológica* em prol da reconfiguração das peças de um quebra-cabeças que, desde 1992, estava a fomentar o movimento de "punitivismo judicial" de demandas que – sob o slogan *«accountabiity»* – ocasionaram uma série de injustiças defensivas.

O trasladar do *garantismo paradigmático* de Napoleão a esse peculiar marco legal não resulta, apenas, do seu notório saber jurídico. É preciso avivar que por detrás dos livros, da toga e do seu compromisso incessante com a promoção da justiça, houve – e sempre haverá – o elevado senso

[122] Vide, Código Penal: artigos 20, 21, 22, 23, 26 e 28, § 1º.

de humanismo. E quiçá seja esse o fator que o credencie não só como *Jurista, Livre-Docente, Magistrado e Poeta*, mas, principalmente, como o *inspirador* da Lei n. 14.230, de 2021, que, apesar de jovem, já nasceu alicerçada no espírito longevo de que, na persecução do ato ímprobo, a interpretação e aplicação judicial dos princípios e regras da LIA devem ser guiadas, *sempre*, pelo ímpeto de efetivação das *garantias fundamentais da pessoa processada*.

Referências

AZEVEDO BRANCO, André Soares de. **Standards de prova nas ações de improbidade administrativa: quanto de prova é necessário para condenar por ato de improbidade administrativa**. Londrina: Toth, 2023.

BONAVIDES, Paulo. **Curso de Direito Constitucional**. 9ª ed. São Paulo: Malheiros, 2000.

CABRAL, Flávio Garcia. *O Tribunal de Contas da União é um órgão político?* **Revista de Investigações Constitucionais**, 2020, 7(1), pp. 237-284.

DIDIER JUNIOR, Fredie. *Notas sobre o artigo 302, parágrafo único, do CPC*. **Revista Magister de Direito Civil e Processual Civil**, Porto Alegre, v. 6, n. 36, p. 12-14, maio/jun. 2010.

__________; BRAGA, Paula Sarno; OLIVEIRA, Rafael Alexandria de. **Curso de direito processual civil: teoria da prova, direito probatório, decisão, precedente, coisa julgada e tutela provisória**. 10ª ed. Salvador: JusPodivm, 2015.

DONIZETTI, Elpídio. **Curso de Direito Processual Civil**. 22ª ed. São Paulo: Atlas, 2019.

GRIMM, Dieter. *Constitutions, constitutional courts and constitutional interpretation at the interface of law and politics*. In: IANCU, Bogdan (ed.). **The Law/Politics Distinction in Contemporary Public Law Adjudication**. Utrecht: Eleven International Publishing, 2009.

HAMILTON, Sergio Demoro. *Justa Causa, um Conceito Polêmico*. In: **Revista de Direito da Procuradoria-Geral de Justiça,** Rio de Janeiro, nº 05, jan./jun. 1977, pp. 91-98.

IBCCRIM. Boletim do Instituto Brasileiro de Ciências Criminais (IBCCrim): **(In)Justiceiros: estamos ao lado da vingança ou da responsabilização?** Ano 22, nº 256, mar. 2014, pp. 1-20.

JARDIM, Afrânio da Silva. **Direito Processual Penal**. 7ª ed. Belo Horizonte: Forense, 1999.

JESCHECK, Hans Heinrich. **Tratado de Derecho Penal**. Barcelona: Bosh, 1981.

KINGSTONE, Peter; TIMOTHY, J. Power. **Democratic Brazil Divided**. Pittsburgh: University of Pittsburgh Press, 2017.

LOPES JR., Aury. **Direito processual penal e sua conformidade constitucional**. Rio de Janeiro: Lumen Juris, 2009. v. 2.

MAIA FILHO, Napoleão Nunes. **Ideologia garantista: crítica ao punitivismo em reforço da plena defesa na ação de improbidade**. Curumim: Fortaleza, 2018.

MARINONI, Luiz Guilherme. **Tutela de urgência e tutela de evidência: soluções processuais diante do tempo da justiça**. 4ª. ed., rev. e atual. São Paulo: Revista dos Tribunais, 2021.

MATIDA, Janaina. **Em defesa de um conceito jurídico de presunção**. São Paulo: Marcial Pons, 2023.

MENDES, Gilmar Ferreira; CARNEIRO, Rafael Araripe. **Nova lei de improbidade administrativa: inspirações e desafios – Coleção IDP.** São Paulo: Almedina, 2022.

OSÓRIO, Fábio Medina. **Direito Administrativo Sancionador**. 9a. Ed. São Paulo: Thomson Reuters/Revista dos Tribunais, 2023.

PARREIRA DE CASTRO, José Ricardo. **Ativismo de Contas – Controle das Políticas Públicas pelos Tribunais de Contas.** Lauro de Freitas/BA: JAM Jurídica Editora, 2015.

POWER, Timothy J (ed.). **Corruption and Democracy in Brazil: The Struggle for Accountability**. Indiana: University of Notre Dame Press, 2011.

PRADO, Luiz Régis. **Curso de Direito Penal Brasileiro.** 8ª ed. São Paulo: Revista dos Tribunais.

RAGUÉS I VALLÈS, Ramon. **El dolo y su prueba en el proceso penal**. Barcelona: J.M. Bosh Editor, 1999.

RIBEIRO, Leonardo Ferres da Silva. **Tutela Provisória: Tutela de Urgência e Tutela de Evidência do CPC/1973 ao CPC/2015**. São Paulo: Editora Revista dos Tribunais, 2015.

ROXIN, Claus. **Política Criminal e Sistema Jurídico-Penal**. Rio de Janero: Renovar, 2002.

SANDEL, Michael. **Justice: what's the right thing to do?** New York: Farrar, Straus and Giroux, 2009.

SECCHI, Leonardo. **Políticas Públicas: conceitos, esquemas de análise, casos práticos.** 2ª ed. São Paulo: Cengage Learning, 2013.

SHECAIRA, Sérgio Salomão; CORREIA JÚNIOR, Alceu. **Teoria da pena: finalidades, direito positivo, jurisprudência e outros estudos de ciência criminal.** São Paulo: Revista dos Tribunais, 2002.

STRECK, Lenio Luiz. **O que é isto – decido conforme minha consciência?** Porto Alegre: Livraria do Advogado, 2010.

___________. **Precedentes judiciais e hermenêutica: o sentido da vinculação no CPC/2015**. 3ª ed. Salvador: JusPODIVM, 2021.

VIANA, Eduardo. **O dolo como compromisso cognitivo**. São Paulo: Marcial Pons, 2017.

7
A JURISPRUDÊNCIA DO STJ E A INDEPENDÊNCIA ENTRE INSTÂNCIAS ADMINISTRATIVA E JURISDICIONAL PENAL[1]

Antônio Rodrigo Machado

1. Introdução: a independência entre as instâncias punitivas do Estado

A separação de poderes presente no art. 2º, *caput,* da CF garante a desconcentração institucional das atribuições administrativas, jurisdicional e legislativa, por intermédio de uma ampla fiscalização interna e externa com o sistema de freios e contrapesos (*checks and balances*). O principal escopo da divisão dessa força estatal é o autocontrole do Estado sobre o exercício dos seus próprios poderes, afastando a acumulação de potestade em uma pessoa ou um órgão. Nas palavras de Napoleão Nunes Maia Filho, esse "sistema teve em mira evitar os impulsos autoritários e despóticos, tidos como inevitáveis, nas estruturas em que essa dispersão funcional não está assegurada"[2].

Umas das consequências da separação de poderes é a propalada regra de independência entre as instâncias de julgamento quanto à resposta dada em face de determinada conduta contrária ao Direito: o ilícito jurídico[3].

[1] Esse artigo foi construído a partir das ideias presentes no livro "Sanções e Penas: A Independência entre as Instâncias Administrativa e Jurisdicional Penal", onde são apresentados diversos aspectos da independência entre as instâncias penal e administrativa disciplinar. Machado, Antonio Rodrigo. Sanções e penas: a independência entre as instâncias administrativa e jurisdicional penal. Rio de Janeiro: Lumen Juris. 2020.

[2] Maia Filho, Napoleão Nunes. A justa causa e outros temas atuais da ação de improbidade – Ensaio de Crítica Jurídica. Fortaleza: Curumim. 2017, p. 207.

[3] Heraldo Garcia Vitta classifica o ilícito como sendo "comportamento contrário àquele estabelecido pela norma jurídica, que é o pressuposto da sanção. É conduta contrária à devida.

O ilícito praticado por servidor público, entendido como o ato contra às disposições estatutárias e legais, está inserido no Direito Penal e no Direito Administrativo. Ao cometer um ato ilícito, o agente público está sujeito às consequências da repressão punitiva por parte do aparelho estatal e cada fato terá uma estrutura julgadora distinta para a sua apuração.

A título ilustrativo, tome-se o caso do servidor público federal acusado de solicitar vantagem indevida. Sua responsabilidade poderá ser apurada na instância penal pela possível prática do crime de corrupção passiva (art. 317 do CP); na instância cível, por ato de improbidade administrativa na modalidade de enriquecimento ilícito (art. 9, I, da Lei 8.429, de 1992); e, se servidor da União, poderá responder a processo administrativo disciplinar por infração descrita no Estatuto dos Servidores Públicos Federais (art. 117, XII, da Lei 8.112, de 1990). O mesmo fato poderá ser investigado por três diferentes instâncias e com a possibilidade de decisões conflitantes, embora todas com repercussão relevante na vida do cidadão.

A responsabilidade do servidor acusado de prática delitiva tem o condão de, a partir da potestade geral do Estado, ainda que realizada por meios técnico-jurídicos aptos a potencializar as garantias constitucionais, obter resposta de diversos setores punitivos. Se for condenado em processo criminal, deverá receber pena de prisão e ainda perder o cargo público que ocupa, já que essa é uma das consequências da condenação (art. 92 do CP). Para o mesmo fato, na jurisdição não penal, a Lei de Improbidade Administrativa estabelece, em seu art. 12, as sanções de perda dos bens ou valores

É o antijurídico. Nesse sentido, ilicitude e antijuridicidade confundem-se, num mesmo conceito, de unívoco conteúdo". VITTA, Heraldo Garcia. A sanção no direito administrativo. São Paulo: Malheiros, 2003, p. 5. Para Guimarães, "Ilícito é toda ação ou omissão humana, antijurídica, culpável, que envolve responsabilidade e sanção [...] se apresenta na esfera penal (peculato, estelionato, furto); no âmbito civil (prejuízos contratuais, danos à propriedade) e também se faz presente na órbita administrativa (atos danosos ao erário, insubordinação, descumprimento de norma). Nestas condições, um mesmo ato pode enquadrar-se ou repercutir em mais de um ramo ou disciplina do direito [...] caracteriza-se, pois, pela ofensa a um bem jurídico relevante para o Estado, que é o funcionamento normal, regular e ininterrupto das atividades de prestação de serviços públicos. No ilícito administrativo, agride-se o funcionamento interno do Estado. Assim é que o regime disciplinar prevê um elenco de hipóteses configuradoras de faltas administrativas de conceituação genérica concebidas, propositalmente, em termos amplos para abranger a um maior número de casos". GUIMARÃES, Francisco Xavier da Silva. Regime Disciplinar do Servidor Público Civil da União. Rio de Janeiro: Editora Forense. 1998. p. 42.

acrescidos ilicitamente ao patrimônio, a suspensão dos direitos políticos, o pagamento de multa, a proibição de contratar com o poder público e a perda da função ou cargo públicos que exerce. De igual modo, na instância administrativa o servidor poderá ser punido com a sanção máxima de demissão. O ressarcimento ao erário de eventual dano causado poderá ser definido nas esferas cível ou administrativa.

As instâncias distintas da penal, ou seja, a cível e a administrativa, quando a questão é a aplicação ou não de uma sanção, possuem a tutela do Direito Administrativo, o que quer dizer que são oriundas do poder punitivo do Estado materializado pelo Direito Administrativo Sancionador, incluindo a jurisdição não penal[4]. Tais penalidades são aplicadas por autoridade interna, administrativa propriamente dita, e por autoridade judicial, pelo que o Direito Administrativo Sancionador não se concretiza apenas por uma autoridade da Administração Pública no exercício de função disciplinar típica, mas também por autoridade jurisdicional, como no exercício de sanções originárias na Lei de Improbidade Administrativa e, no caso de pessoas jurídicas, por meio da Lei Anticorrupção, além de outras normas com função sancionadora, a exemplo da Lei de Licitações e Contratos.

A legislação, a doutrina e a jurisprudência são unânimes em reconhecer a vinculação exercida pela sentença penal absolutória nos casos de negativa de autoria e de materialidade. Isso, por si só, demonstra uma predileção do sistema punitivo em favor da esfera penal. Acontece que o Código

[4] Adota-se, aqui, a tese defendida por Fábio Medina, para quem a aplicação de sanções advindas de ilícitos cometidos contra o Estado, ainda que na esfera judicial, desde que extrapenais, tem origem no Direito Administrativo Sancionador. Para o autor, "não configura, portanto, elemento indissociável da sanção administrativa a figura da autoridade administrativa, visto que podem as autoridades judiciárias, de igual modo, aplicar essas medidas punitivas, desde que outorgada por lei, a respectiva competência repressiva, na tutela de valores protegidos pelo Direito Administrativo". OSÓRIO, Fábio Medina. Direito administrativo sancionador. 5º ed. São Paulo: Revista dos Tribunais, 2015. Também definiu Diogo Figueiredo Moreira Neto: "a sanção administrativa há de ser conceituada a partir do campo de incidência do Direito Administrativo, formal e material, circunstância que permite um claro alargamento do campo de incidência dessas sanções, na perspectiva de tutela dos mais variados bens jurídicos, inclusive no plano judicial, como ocorre em diversas searas, mais acentuadamente no tratamento legal conferido ao problema da improbidade administrativa". MOREIRA NETO, Diogo de Figueiredo; FREITAS, Rafael Verás de. A juridicidade da Lei Anticorrupção: reflexões e interpretações prospectivas. Fórum Administrativo – FA, ano 14, n. 156, fev. 2014, p. 18.

de Processo Penal, em seu art. 386, apresenta as diversas possibilidades de absolvição do réu: I) estar provada a inexistência do fato; II) não haver prova da existência do fato; III) não constituir o fato infração penal; IV) estar provado que o réu não concorreu para a infração penal; V) não existir prova de ter o réu concorrido para a infração penal; VI) existirem circunstâncias que excluam o crime ou isentem o réu de pena, ou mesmo se houver fundada dúvida sobre sua existência; e VII) não existir prova suficiente para a condenação. Na visão clássica da independência entre instâncias, apenas os incisos I e IV do art. 386 do CP vincularia às demais esferas punitivas à penal.

A vinculação da instância administrativa sancionadora às decisões penais absolutórias por negativa de autoria e de materialidade tem como base a confirmação da inocência definida pela jurisdição penal. Deixa-se de presumir que o réu é inocente e a certeza se impõe de maneira definitiva por meio da decisão judicial. O princípio da presunção de não culpabilidade foi elevado à categoria constitucional e cabe ao Poder Judiciário a sua derrogação por intermédio da reserva de jurisdição.

A questão é que se nas hipóteses de absolvição penal por negativa de autoria e materialidade a instância administrativa vincula-se à instância penal, nas espécies de absolvição por ausência/insuficiência de provas, a primazia da esfera penal[5] não pode ser simplesmente ignorada pela Administração Pública no julgamento disciplinar sobre o mesmo conjunto fático. É necessário o respeito à coisa julgada penal que deve, ao menos, servir de moldura fática na condição de ferramenta de contenção quando da análise do objeto litigioso por instância distinta. Não pode res-

[5] Para Mattos, ao investigar o mesmo ato ilícito nas esferas penal e administrativa, ainda que reconheça a independência entre as instâncias, a decisão do Poder Judiciário deverá repercutir na esfera disciplinar por dois fundamentos constitucionais: a supremacia da coisa julgada (CF, art. 5º, XXXVI) e o princípio da presunção de inocência (CF, art. 5º, LVII). Afirma isso afastando as possíveis diferenças entre as espécies de absolvição, independentemente se ela ocorrer pela "inexistência do fato, ou da autoria, por não existir prova de ter o réu concorrido para a infração penal (CPP, art. 386, IV) e até mesmo por não existir prova suficiente para a condenação (CPP, art. 386, VI). MATTOS, Mauro Roberto Gomes de. Absolvição por não existir prova suficiente para a condenação do servidor público e a sua ampla repercussão no processo administrativo disciplinar – inconstitucionalidade do artigo 386, VI, do Código de Processo Penal e de parte do artigo 126, da Lei nº 8.112/90 – (Regime Jurídico Único do Servidor Público Federal). A & C R. de Dir. Administrativo e Constitucional, Belo Horizonte, ano 5, n. 22, p. 101-102, out/dez. 2005.

tar determinado no processo criminal que as provas existentes nos autos não sejam suficientes para condenar um determinado agente público por crime e, paralelamente, o processo administrativo disciplinar definir sobre o mesmo acervo probatório aplicando a pena de demissão, a sanção mais grave presente nesse regime jurídico.

Quando um ilícito administrativo também corresponde a um tipo penal, inviável a possibilidade de total independência entre as decisões quando há absolvição criminal, independentemente de sua modalidade, pois os antecedentes lógicos já foram definidos na jurisdição penal. Imperioso, portanto, questionar o que, de fato, representa a igualdade de elementos fáticos para aplicação dessa eficácia "anormal".

Para isso, serão necessários caminhos que aprofundem, além dos elementos primordiais para identificação da coisa julgada, a identidade de acusado e de fato. O objeto protegido pela coisa julgada e que servirá para análise dos limites da regra de independência de julgamento demanda a conceituação sobre o fato principal. O Código de Processo Penal[6], em seu artigo 110, § 2º, afirma que é o fato principal que faz coisa julgada penal. Se o fato principal sentenciado resultou em absolvição penal, o resultado de outras esferas até poderia ser diferente nas hipóteses de variação do conjunto fático, mas torna-se tormentosa permissão quando há identidade entre os objetos litigiosos dos processos. Para o aprofundamento da questão, portanto, faz-se necessário compreender o que significa essa identidade entre o objeto litigioso penal e o administrativo disciplinar.

2. O objeto litigioso e seus elementos para definição de similitude processual

A identificação sobre o que foi decidido numa determinada esfera punitiva é importante para a reflexão sobre o alcance dos efeitos da coisa julgada penal absolutória. A partir disto, definir se houve a repetição de julgamento dos mesmos fatos e a reflexão sobre os efeitos da coisa julgada, independentemente dos regimes que originaram o julgamento, torna-se

[6] O CPP assim define a necessidade de caracterização de objeto principal para a análise da coisa julgada: Art. 110. Nas exceções de litispendência, ilegitimidade de parte e coisa julgada, será observado, no que lhes for aplicável, o disposto sobre a exceção de incompetência do juízo. §1º Se a parte houver de opor mais de uma dessas exceções, deverá fazê-lo numa só petição ou articulado. §2º A exceção de coisa julgada somente poderá ser oposta em relação ao fato principal, que tiver sido objeto da sentença. (BRASIL, op. cit. 1941).

algo extremamente relevante para a harmonia entre os Poderes. É a partir da busca pelos aspectos processuais que será determinada uma possível identidade entre as causas na esfera penal e na instância administrativa. Tais elementos formam o objeto litigioso, podendo definir os parâmetros indispensáveis para uma possível rotulação de equivalência entre os processos e o limite de extensão da coisa julgada penal.

O mesmo objeto litigioso será identificado quando "fatos típicos transcendem do âmbito do Poder Executivo para alcançar obrigatoriamente o do Poder Judiciário, porque se inscrevem, nestas condições, como crimes"[7]. Costa indica um paradigma que, antes de ser minunciosamente dissecado, precisa ser apresentado:

> Toda sentença penal absolutória repercute na instância disciplinar quando a falta funcional, em sua definição legal, se **escudar exata e precisamente num tipo penal**. Vale dizer, quando o justo título punitivo seja, por empréstimo da lei disciplinar, exatamente a hipótese delitiva nos termos do direito penal. E como somente a jurisdição penal é a competente para proclamar a existência de um crime imputável a alguém, conclui-se que, sem tal sentença definitiva com trânsito em julgado, não poderá haver punição disciplinar, a menos que haja resíduo disciplinar conectado ao delito criminal. Havendo resíduo disciplinar deverá por ele ser responsabilizado o servidor que seja o seu verdadeiro autor. [8]

O autor defende que a repercussão da coisa julgada penal será absoluta quando o tipo infracional administrativo estiver respaldado "exata e

[7] LUZ, Egberto Maia. Direito administrativo disciplinar: teoria e prática. São Paulo. Bushatsky. p. 238.

[8] É preciso deixar registrado que, para o autor, nos casos em que a infração apenas se assemelha às infrações penais, a influência da coisa julgada penal possui tratamento diferenciado: "diferentemente da decisão condenatória, que contem sem exceção juízo indiscutível a respeito do fato, da sua antijuridicidade e de sua autoria – o julgado absolutório nem sempre expressa de forma segura e incontestável que o acusado seja realmente inocente. Razão por que nem toda sentença penal absolutória definitiva poderá provocar reflexos na *orbita* disciplinar [...] destaque-se que jamais poderá repercutir na instancia disciplinar a sentença criminal absolutória que tome esteio uma das seguintes hipóteses: 1. por inexistirem provas da ocorrência da infração penal; 2. por não constituir o fato ilícito penal; e 3. Por não serem as provas dos autos suficientes para embasar uma sentença penal condenatória. Em todos esses casos, prepondera o princípio da independência e autonomia das instâncias". COSTA, José Armando da. Processo administrativo disciplinar. 6. ed. Rio de Janeiro: Forense. 2011. p. 126.

precisamente" num tipo penal. Não responde, porém, se tal semelhança deve ocorrer na descrição dos elementos constitutivos da prática delitiva na esfera criminal ou se é necessária a indicação específica do tipo, como ocorre, por exemplo, no art. 132 da Lei 8.112/90, que descreve ser infração disciplinar a condenação em crime contra a Administração Pública.

Sobre essa proximidade entre o objeto litigioso do processo penal e o processo administrativo, Ferreira expõe que, na verdade, há um encurtamento de distância entre o Direito Penal e o Direito Administrativo Sancionador, que limita a liberdade do legislador na diferenciação entre ambos[9]. O autor ainda conecta tal informação com a falta de comunicação entre os diferentes ramos do Direito, oferecendo uma limitação constitucional para a inovação legislativa, tendo como "parâmetro a necessidade e a adequação da sanção a partir do evento reprovado"[10].

Certo é que, atualmente, uma conduta considerada crime e, ao mesmo tempo, infração administrativa será julgada sem qualquer proximidade ou dependência de procedimento ou decisão. Essa desconexão quase que total – já que nas absolvições por negativa de autoria e materialidade vincula automaticamente e nas demais ignora – representa um anacronismo do sistema que precisa ser investigado à luz dos princípios constitucionais da segurança jurídica, da igualdade, da dignidade da pessoa humana e da proporcionalidade.

A total autonomia do Direito Administrativo Sancionador vai existir quando o ilícito não corresponder a nenhuma participação da jurisdição penal, ou seja, quando se constitua somente como fato tipificado como infração disciplinar e não como crime. Na mesma linha, defende Hungria que essa "autonomia do poder disciplinar só se entende com os fatos que constituem, exclusivamente, faltas disciplinares"[11].

9 *"Os criminalistas, em sua grande maioria, cogitam até de um Direito intermediário, entre o penal e o administrativo. [...] por sua vez, os penalistas brasileiros e os administrativistas em geral não tratam do crime ou da infração paralelamente e supõem, às vezes, a existência de liberdade para o legislador decidir como se deve reprovar uma conduta socialmente indesejável. Certo, todavia, estava o professor Osvaldo Aranha Bandeira de Mello que já antevia uma zona limite para a liberdade do legislador na capitulação de condutas como crimes ou como infrações administrativas".* FERREIRA, Daniel. Teoria geral da infração administrativa a partir da Constituição Federal de 1988. Belo Horizonte: Fórum. 2009. p. 363.

10 Ibidem, p. 363.

11 HUNGRIA, Nelson. "Ilícito administrativo e ilícito penal", Revista de Direito Administrativo, seleção histórica, 1945-1995, p. 20.

Para a definição de identidade entre causas, não basta apenas afirmar que os processos tratam do mesmo objeto litigioso, será necessário identificar a semelhança entre os tipos infracionais e os acervos probatórios de cada instrução. Quando o mesmo ilícito estiver sob julgamento da jurisdição penal e da instância disciplinar, somente por meio de cotejo analítico entre as causas poderá ser extraída a necessária identidade para fins de um juízo de coerência proporcional entre os processos. É a investigação sobre cada uma das provas produzidas que deverá conduzir a pesquisa e, consequentemente, definir a conclusão pela similitude ou não.

No conceito de Mendes, "prova é o pressuposto da decisão jurisdicional que consiste na formação através do processo no espírito do julgador da convicção de que certa alegação singular de fato é justificavelmente aceitável como fundamento da mesma decisão"[12]. É nesse quadrante que pode estar a incoerência injustificável entre as decisões. A prova, na condição de pressuposto da decisão, é que fundamenta o dispositivo de uma decisão. O julgador não poderá afirmar que a acusação está correta se não for pela utilização de elementos colhidos durante a instrução probatória.

A busca por uma demonstração objetiva de possível semelhança deverá permear o caminho da racionalidade e trilhar percurso de análise minuciosa sobre os processos administrativo e judicial. Como ponto de partida, podem ser estabelecidos alguns critérios visando o encontro de resultados objetivos de uma estatística por igualdade. O produto dessa equação será a convicção de igualdade ou, em sentido contrário, o afastamento de qualquer alegação de semelhança entre as instruções administrativa e judicial. Não é relevante a divisão do ônus probatório, já que se torna dispensável saber quem produziu a prova, se acusação ou defesa, mas, sim, constatar a sua presença nos autos processuais.

Ao lado das investigações sobre o acervo probatório, essencial a investigação sobre os elementos necessários à configuração do tipo, seja ele penal seja infracional. Como já exposto, um delito penal poderá exigir o elemento subjetivo do tipo na modalidade dolosa e o tipo infracional poderá se contentar com a prática de ato culposo. Essa diferenciação pode ficar explicitada na sentença penal absolutória e fundamentar a não interferência entre os juízos.

[12] MENDES, João de Castro. Do conceito de prova em processo civil. Seleção Jurídica Portuguesa. Lisboa: Ática, 1961. V. 17, p. 741.

A norma que institui o tipo disciplinar tem dois preceitos, o primário, que é a prescrição, e o secundário, que é a sua sanção. A prescrição é composta dos elementos do tipo, que são as figuras descritivas que formam a previsão do ilícito disciplinar, e divididos em elementares e circunstâncias. As elementares estão presentes no *caput* "da figura ilícita, ao passo que são consideradas circunstâncias os dados descritivos derivados do *caput*, conquanto qualifiquem ou atenuem, privilegiem, a conduta ilícita disciplinar"[13].

Partindo da igualdade entre os elementos objetivos, subjetivos e normativos dos tipos penal e infracional[14], apresenta-se como parâmetro científico para a busca por identidade entre causas penal e administrativa disciplinar esse cotejo analítico, fático e jurídico, ensejando a possibilidade de caracterização de igualdade entre os dois processos. A base para apresentação dos requisitos essenciais para a declaração de similitude é o artigo 156 do Código de Processo Penal, que contém as provas admitidas no processo penal brasileiro. Os elementos propostos são: a) identidade do acusado; b) identidade de fato acusatório com a descrição de tempo, lugar, modo de execução e o nexo de causalidade; c) reconhecimento de pessoas e coisas envolvidas nas acusações; d) prova testemunhal produzida; e) identidade de documentos; f) identidade de prova pericial; g) provas utilizadas no fundamento da sentença e do relatório final da comissão disciplinar e/ou decisão da autoridade competente; e h) elemento subjetivo dos delitos penal e disciplinar imputados ao acusado.

A partir desses oito elementos identificadores iniciais, a semelhança entre os dois processos poderá ser constatada ou afastada. As medidas tomadas desde esse índice de igualdade poderão trazer resultados que viabilizem uma discussão acerca da incoerência entre as decisões ou até mesmo seu total conflito. Outras análises poderão resultar dessa investigação. Tratando-se de respeito à coisa julgada penal absolutória, por exemplo, restar-se-ia mais caracterizada a sua força se, diante do comparativo entre os acervos probatórios judicial e administrativo, ficasse constatado que o processo penal teve consigo um maior e/ou melhor conjunto de provas. Por outro lado, se o processo administrativo disciplinar apresentar um

[13] DEZAN, Sandro Lucio. Ilícito administrativo disciplinar em espécie. 2. ed. Curitiba: Juruá. 2014, p. 388.
[14] Ibidem, p. 388.

volume probatório melhor/maior, a força da independência entre as instâncias passa a ganhar combustível. Como afirmado por Nucci, a instância penal poderá, "com novas provas, demonstrar a ocorrência do ilícito"[15].

Não sendo o caso de diferenças probatórias ou na definição do elemento necessário à configuração dos tipos penal e administrativo, a permanência de decisões opostas – condenação numa e absolvição noutra – é grave atentado contra a segurança jurídica.

Ao aplicar a vinculação da decisão penal sobre a administrativa em duas hipóteses, negativa de autoria e de materialidade (incisos I e IV do art. 386 do Código de Processo Penal), o sistema penal afasta a independência entre as instâncias; mas quando não permite a incidência da regra nas demais hipóteses, sem uma justificativa da própria lei, abre um espaço para a quebra de confiabilidade, afastando a certeza do direito e promovendo insegurança jurídica[16]. Uma sentença criminal absolutória, ainda que por ausência de provas para a condenação, faz coisa julgada nos exatos termos da decisão que reconhece a negativa de autoria e, em obediência à Constituição, o acusado torna-se declaradamente inocente.

As duas possibilidades de mitigação da independência entre as instâncias, negativa de autoria ou de materialidade, demonstram uma predileção do ordenamento jurídico pela decisão proferida na instância penal quanto à aplicação de alguma medida aflitiva ao acusado de fato criminoso. Se tal premissa, porém, não incide noutras modalidades de absolvição na esfera penal, a "incerteza" do direito define a quebra de confiança. Para a promoção da segurança jurídica, ao identificar a similitude entre os objetos litigiosos de processos punitivos, ainda que sob regimes distintos, o Estado deve promover instrumentos de ponderação para a garantia do interesse público, incluindo aí os direitos e garantias dos acusados em geral, a exemplo do princípio da presunção de inocência e respeito à coisa julgada.

[15] NUCCI, Guilherme de Souza. Código de processo penal comentado. 13, ed. Rio de Janeiro: Forense, 2014. p. 710-711.

[16] "Em obediência aos princípios da certeza e segurança jurídica, tais elementos de empréstimos somente podem comportar sentido próprio, específico e diferenciado diante da existência de regra expressa nesse sentido. Fora disso, é laborar no campo da dúvida, da incerteza e da insegurança jurídica". (COSTA, op. cit., 2011. p. 133)

3. A jurisprudência brasileira sobre a independência entre as instâncias penal e administrativa disciplinar

Apesar das razões expostas, os Tribunais brasileiros vêm reproduzindo a máxima da independência entre as instâncias sem parâmetros de proporcionalidade e, em muitos casos, sem uma fundamentação específica acerca de sua adoção.

O grande problema incide sobre as situações em que a autoridade jurisdicional penal e a administrativa disciplinar dispõem dos mesmos elementos probatórios para julgamento dos fatos classificados como ilícitos nas duas esferas. Nessas circunstâncias, permitir contradição entre instâncias distintas do poder punitivo do Estado implica, antes de tudo, o irracional isolacionismo sob pretexto de independência.

A independência entre as instâncias criminal e administrativa já foi objeto de inúmeros julgados. Os tribunais brasileiros estão repletos de precedentes, os quais deram corpo e rigor ao entendimento então vigente. Isso não quer dizer, contudo, que a temática sempre foi submetida a debates acurados ou a reflexões mais aprofundadas nos órgãos jurisdicionais. Ao que parece, ao longo dos anos, a jurisprudência tem se limitado à transcrição do princípio da independência entre as instâncias como um dogma intransponível, dedicando e admitindo pouco ou nenhum debate principiológico sobre o tema.

Merece relevo o entendimento há muito sumulado no âmbito do Supremo Tribunal Federal (STF) sobre o tema. Trata-se da Súmula nº 18[17], aprovada há mais de 50 anos, na Sessão Plenária de 13 de dezembro de 1963. Dispõe o enunciado que, "pela falta residual, não compreendida na absolvição pelo juízo criminal, é admissível a punição administrativa do servidor público".

O entendimento da Suprema Corte materializado na Súmula 18, quando lido sem maiores reflexões, pode conduzir à equivocada conclusão de que qualquer sentença penal absolutória vai repercutir na seara administrativa, com exceção dos chamados fatos residuais. Nesse sentido, os fatos secundários e distintos do objeto litigioso criminal principal seriam os únicos

[17] BRASIL. Supremo Tribunal Federal. Súmula 18 de 13 de dezembro de 1963. Tribunal Pleno. Súmula 18/STF. Servidor público. Absolvição criminal. Punição administrativa. Admissibilidade. CCB, art. 1.525 Lei 1.711/1952 (Estatuto dos Funcionários Públicos da União), art. 200. "Pela falta residual, não compreendida na absolvição pelo Juízo Criminal, é admissível a punição administrativa do servidor público". Doc. LEGJUR 103.3262.5000.9000.

que poderiam admitir interpretação divergente entre as instâncias. A leitura da Súmula nº 18 faz parecer que ela contraria a autonomia absoluta de instâncias e justifica a repercussão da sentença penal absolutória como regra. Não foi essa, contudo, a intenção daquela Corte quando sumulou o posicionamento em referência.

Essa repercussão dirá respeito apenas à sentença penal absolutória que, versando sobre crime funcional, esgotar o objeto da imputação disciplinar. É o que ressoa dos precedentes nos quais se funda aquele enunciado, quais sejam, a Ação Rescisória nº 598[18] (publicado no DJ de 17/10/1963 - RTJ 30/291), os Embargos em Recurso Extraordinário nº 50722[19] (publicado no DJ de 22/08/1963 – RTJ 25/260); o Agravo de Instrumento nº 27358[20]

[18] BRASIL. Supremo Tribunal Federal Ação Rescisória nº 598 – Distrito Federal. "1) Imputado ao funcionário um fato único, definido em tese como crime, não funcional, a absolvição criminal definitiva exclui a punição administrativa (C. Civil, art. 1.525); 2) Não sendo funcional o crime, não se pode falar em resíduo administrativo, em face da absolvição pela Justiça Criminal, se não tiverem sido feitas outras acusações ao funcionário; 3) Não basta, para esse efeito, alegar faltas canceladas anteriormente pela autoridade competente, ou pelas quais o funcionário, ao tempo, já foi punido". Relator Min. Djalma da Cunha Mello. Decidido em 27/09/1963.

[19] BRASIL. Supremo Tribunal Federal. Embargos em Recurso Extraordinário nº 50.722 – Guanabara. Relator Min. Ribeiro da Costa. Demissão de funcionário. "A absolvição deste, no processo criminal, não invalida necessariamente a demissão decretada com obediência à lei. O mesmo fato pode não ser bastante grave para configurar um crime e, todavia, constituir falta que justifique a demissão. Se a justiça criminal negar o fato ou a autoria, já não será possível, com base nele, manter a demissão, pois cumpre observar o princípio, segundo o qual, embora sejam independentes a responsabilidade civil e a criminal, não mais se poderá questionar no cível sobre a existência do fato, ou quem seja o seu autor, quando estas questões se acharem decididas no criminal (Código Civil, art. 1.525). No caso, o juiz criminal não negou o fato nem a autoria. E, em face da grave falta cometida pelo réu e pela qual fora punido com justiça na esfera administrativa, benevolamente não quis acrescentar-lhes outra pena, a criminal, mas teve o cuidado de acentuar que justo fora o ato demissório. É de se manter, portanto, a demissão. Vivemos uma época em que a benignidade para com peculatários e maus funcionários (no caso, pelo menos, há um mau funcionário) chega a estarrecer, causando na administração pública um afrouxamento moral de nocivas e graves consequências para a Nação. O pronunciamento do seu Tribunal Supremo há de ser contra isso e não e não a favor disso. Recurso extraordinário conhecido e provido. Embargos rejeitados." Relator Min. Ribeiro da Costa. Decidido em 15/04/1963.

[20] BRASIL. Supremo Tribunal Federal. Agravo de Instrumento nº 27.358 – São Paulo. Demissão de servidor público estável. "O julgamento criminal, que absolve por falta de provas, não impede processo administrativo nem que, com base nesse processo, a Administração Pública destituía o funcionário encontrado em falta grave". Relator Min. Djalma da Cunha Mello. Decidido em 26/07/1962.

(publicado no DJ de 13/03/1963 – RTJ 26/290); e os Embargos em Recurso Extraordinário nº 42168[21] (publicado no DJ de 26/08/1961).

Ensina Costa[22] que a falta residual pode ser conceituada como "aquela que toma como suporte existencial de sua configuração fato não compreendido na sentença criminal absolutória", ou seja, "essa parte remanescente é o que constitui o resíduo disciplinar", que "não foi alcançado pela decisão criminal absolutória, não sendo, por conseguinte, elidida por ela". Conclui o autor que a absolvição definitiva, mesmo nos casos de negativa de autoria e/ou materialidade "não poderá lançar eficácia na instância disciplinar para elidir punição que se embase noutros fatos que transbordem o *corpus delicti* plasmado na disposição penal referente".

Essa falta residual difere da conduta principal decidida pela instância penal e o servidor poderá sofrer a sanção administrativa porque essa conduta será classificada como secundária. Os resíduos fáticos, que foram considerados irrelevantes para o Direito Penal, não serão influenciados pela coisa julgada jurisdicional, permitindo a punição em sede de Direito disciplinar.[23] Esse é, definitivamente, o posicionamento adotado originalmente no STF e sua jurisprudência é quase unânime em definir a tese de independência entre as instâncias sem quaisquer parâmetros de proporcionalidade[24].

[21] BRASIL. Supremo Tribunal Federal. Recurso Extraordinário nº 42.168. Reintegração de funcionário demitido por corrupção passiva – arquivamento do inquérito não traduz absolvição – Embargos – Rejeição. Relator Min. Ary Franco. Embargos em Decidido em 22/05/1961.

[22] COSTA, op. cit., 2010, pp. 130-131.

[23] DEZAN, Sandro Lucio. Ilícito administrativo disciplinar em espécie. 2. ed. Curitiba: Juruá. 2014, p. 110.

[24] Precedentes: MS 34.420-AgR, Segunda Turma, Rel. Min. Dias Toffoli, DJe [de] 19/05/2017; RMS 26951-AgR, Primeira Turma, Rel. Min. Luiz Fux, Dje [de] 18/11/2015; e ARE 841.612-AgR, Segunda Turma, Rel. Min. Cármen Lúcia, DJe [de] 28/11/2014; Mandado de Segurança n. 25.880/DF, Relator o Ministro Eros Grau, Plenário, DJ 16.3.2007; Recurso Extraordinário com Agravo com Repercussão Geral n. 691.306/MS, Relator o Ministro Cezar Peluso, Plenário Virtual, DJe 11.9.2012; Embargos de Declaração no Agravo de Instrumento n. 521.569/PE, Relatora a Ministra Ellen Gracie, Segunda Turma, DJe 14.5.2010; Mandado de Segurança n. 21.708, Redator para o acórdão o Ministro Maurício Corrêa, Plenário, DJ 18.5.2001; Mandado de Segurança n. 22.438, Relator o Ministro Moreira Alves, Plenário, DJ 6.2.1998; Mandado de Segurança nº 21.708-DF. Rel. Min. Marco Aurélio. Rel. para o acórdão: Min. Maurício Corrêa, Plenário, Julgado em 9-11-2000 e veiculado no DJ [de] 18-5-2001; Mandado de Segurança 22155, Relator(a): Min. Celso de Mello, Tribunal Pleno, julgado em 27/09/1995, DJ 24-11-2006, PP-00064 Ementa vol-02257-03

4. O Superior Tribunal de Justiça e a regra de independência entre as instâncias

O Superior Tribunal de Justiça (STJ) foi criado pela Constituição Federal de 1988, sucedendo o extinto Tribunal Federal de Recursos (TFR). Houve, a grosso modo, a transformação do TFR no STJ, com nova competência jurisdicional. A nova Corte surgiu para o Poder Judiciário, portanto, já no curso de um longo histórico de decisões consolidadas sobre a independência de instâncias. Em 1989, ano em que o STJ foi efetivamente instalado, já vigiam há décadas o Código de Processo Penal de 1941 e o Código Civil de 1916 com suas disposições sobre o tema.

Já não houvesse precedentes jurisprudenciais e previsão legal suficientes, a Lei nº 8.112/1990, no ano seguinte, adveio ao mundo jurídico ratificando a mesma regra. Trouxe, em seu art. 125, reforço à autonomia das instâncias, dispondo que "as sanções civis, penais e administrativas poderão cumular-se, sendo independentes entre si".[25]

Fato é que ressai maior rigor no seguimento à regra de independência absoluta dos precedentes lavrados no STJ que daqueles originados no STF. Se na Corte Suprema é possível identificar, num caso ou noutro, a existência de precedentes que, de alguma forma, vão na contramão do excesso de isolacionismo[26] verificado no tratamento da temática, aqui parece inexistir qualquer espaço para discussão.

PP-00600 LEXSTF v. 29, n. 338, 2007, p. 167-189; RMS 27967, Relator(a): Min. Luiz Fux, Primeira Turma, julgado em 14/02/2012, Acórdão Eletrônico DJe-047, divulgado 06-03-2012, publicado 07-03-2012; Mandado de Segurança nº 21.029, Celso de Mello, DJ [de] 23.09.94; Mandado de Segurança nº 21.332, Néri da Silveira, DJ [de] 07.05.93; e 21.294, Sepúlveda Pertence, julgado em 23.10.91; e MS nº 22.076, Relator para o acórdão Min. Maurício Corrêa. Segurança denegada; Mandado de Segurança nº 21.708-DF. Rel. Min. Marco Aurélio. Rel. para o acórdão: Min. Maurício Corrêa Julgado em 9-11-2000 e veiculado no DJ [de] 18-5-2001; Mandado de Segurança 22155, Relator(a): Min. Celso de Mello, Tribunal Pleno, julgado em 27/09/1995, DJ 24-11-2006 pp-00064 Ementa Vol-02257-03 PP-00600 LEXSTF v. 29, n. 338, 2007, p. 167-189; Mandado de Segurança 21.708, rel. Min. Maurício Corrêa, DJ 18.08.01, MS 22.438, rel. Min. Moreira Alves, DJ 06.02.98; Mandado de Segurança n. 25.880/DF, Relator o Ministro Eros Grau, Plenário, DJ 16.3.2007; Recurso Extraordinário com Agravo com Repercussão Geral n. 691.306/MS, Relator o Ministro Cezar Peluso, Plenário Virtual, DJe 11.9.2012; Embargos de Declaração no Agravo de Instrumento n. 521.569/PE, Relatora a Ministra Ellen Gracie, Segunda Turma, DJe 14.5.2010; Mandado de Segurança n. 21.708, Redator para o acórdão o Ministro Maurício Corrêa, Plenário, DJ 18.5.2001; Mandado de Segurança n. 22.438, Relator o Ministro Moreira Alves, Plenário, DJ 6.2.1998.

[25] BRASIL, Lei. 8.112/1990.

[26] As ponderações do Ministro Nelson Hungria nos autos do Mandado de Segurança nº 2490, cujo julgamento foi proferido em 2 de agosto de 1954 valem ser transcritas: *"Cada vez*

Acórdão após acórdão, o STJ afirma e reafirma, com severidade e intransigência, a regra de que somente nos casos de negativa de autoria e de negativa de materialidade há reflexo da sentença penal absolutória no âmbito administrativo. E o trabalho não está aqui a lançar mão do posicionamento consolidado na Suprema Corte. Fala por si, argumenta por si, conclui por si: viola a independência de instâncias admitir outras hipóteses de comunicabilidade entre as instâncias criminal e disciplinar feito além daquelas previstas no art. 935 do Código Civil de 2002, também presente no art. 126 da Lei nº 8.112/90.

Há inúmeros precedentes recém julgados e que ilustram esse posicionamento de que "é pacífico o entendimento no Superior Tribunal de Justiça segundo o qual as instâncias penal, civil e administrativa são independen-

mais me convenço, do acerto da tese que sempre sustentei, de que, em se tratando de falta funcional que constitui, ao mesmo tempo, ilícito administrativo e ilícito penal, a instância administrativa deve aguardar o pronunciamento da instância judicial, e, se esta considera o crime inexistente, nenhuma pena disciplinar se poderá aplicar ao funcionário acusado, a não ser que, mesmo excluído o ilícito penal, fique algum residuum de ilícito administrativo". BRASIL. Supremo Tribunal Federal. MS 2490-DF. Relator Min. Nelson Hungria. STF. Decidido em 2 de agosto de 1954. Mas na apreciação do Agravo Regimental em Recurso Ordinário em Mandado de Segurança no 31.515-DF (1ª Turma, 24 de novembro de 2015), de relatoria do Ministro Luiz Fux, o STF definiu que *"embora o juízo criminal não tenha, quando da absolvição do agravado, negado, expressamente, a existência do fato ou da sua autoria, é inequívoco que o surgimento dos fatos novos na hipótese conduzem à conclusão no sentido da inexistência do fato, tendo em vista que houve a condenação de dois dos denunciantes, um por denunciação caluniosa e outro por falso testemunho, além do reconhecimento, pelas testemunhas, de que a acusação contra o agravado não era verdadeira (conforme descreve a sentença da Ação Penal). Dessa forma, no presente caso, há comunicabilidade das esferas penal e administrativa, não subsistindo o argumento de independência das instâncias"*. BRASIL. Supremo Tribunal Federal. HC 148391 AgR, Relator: Min. Luiz Fux, Primeira Turma, julgado em 23/02/2018, Processo Eletrônico Diário [de] Justiça eletrônico, 050 divulgado 14-03-2018, publicado 15-03-2018. E no RMS 28.208/DF, o STF firmou os seguintes entendimentos: *1. O princípio da proporcionalidade deve ser aplicado como parâmetros de atos sancionatórios e sua não aplicação justifica a intervenção do Poder Judiciário e modificação da sanção aplicada; 2. A identidade entre a motivação da condenação administrativa e o objeto litigioso julgado na esfera penal, não havendo resíduo administrativo apontado diretamente como causa da aplicação de sanção, impõe comunicação da esfera disciplinar com a sentença penal absolutória, ainda que proferida por insuficiência de provas 3. O aplicação de sanção obriga a Administração Pública a demonstrar a pertinência dos motivos arguidos aos fins a que o ato se destina e, na aplicação de sanção administrativa, consoante o disposto no artigo 128 da Lei nº 8.112/90, devem ser observadas a gravidade do ilícito disciplinar, a culpabilidade do servidor, o dano causado ao erário, as circunstâncias agravantes ou atenuantes e os antecedentes funcionais, em observância dos postulados da proporcionalidade e da razoabilidade na aplicação de sanções;* BRASIL. Supremo Tribunal Federal. Recurso Ordinário em Mandado de Segurança 28.208/DF.

tes e autônomas entre si" e, "em razão disso, a repercussão da absolvição criminal nas instâncias civil e administrativa somente ocorre quando a sentença, proferida no Juízo criminal, nega a existência do fato ou afasta a sua autoria, o que não ocorreu na espécie"[27].

Noutros julgados também consigna que "é firme a jurisprudência desta Corte quanto à independência e autonomia das instâncias penal, civil e administrativa" e que "somente haverá repercussão, no processo administrativo, quando a instância penal manifestar-se pela inexistência material do fato ou pela negativa de sua autoria".[28] Firme e pacífica é a postura do STJ. Não há dúvidas acerca de seu entendimento. Por isso, embora existam em grande número, dispensam-se, por hora, ementários de outros tantos precedentes no mesmo sentido[29]. Entretanto, existem alguns julgados cuja análise se faz imprescindível para a identificação de posicionamentos que se afastam da tradicional posição.

O primeiro deles diz respeito ao curso do processo administrativo disciplinar quando a infração funcional constitui crime. Acerca desse ponto, tem-se no âmbito daquele Tribunal:

> 1. Considerada a independência entre as esferas criminal e administrativa, é desnecessário o sobrestamento do procedimento administrativo disciplinar até o trânsito em julgado da ação penal. Assim, a imposição de sanção disciplinar pela Administração Pública, quando comprovado que o servidor

[27] BRASIL. Superior Tribunal de Justiça. AgInt no REsp 1375858/SC, Rel. Ministra Regina Helena Costa, Primeira Turma, julgado em 16/05/2017, DJe 02/06/2017.

[28] BRASIL. Superior Tribunal de Justiça. RMS 45.182/MS, Rel. Ministro Og Fernandes, Segunda Turma, STJ, julgado em 22/09/2015, DJe 05/10/2015.

[29] BRASIL. Superior Tribunal de Justiça. AgRg no RMS 43.774/MS, Rel. Ministro Mauro Campbell Marques, Segunda Turma, STJ, julgado em 22/05/2014, DJe 28/05/2014; AgInt no RMS 22.900/DF, Rel. Ministro OG Fernandes, Primeira Seção, STJ, julgado em 26/04/2017, DJe 23/05/2017; AgInt no AgRE 854.784/SC, Rel. Ministro Humberto Martins, Segunda Turma, STJ, 07/04/2016, DJe 15/04/2016; AgInt no RE 1.375.858/SC, Rel. Ministra Regina Helena Costa, Primeira Turma, STJ, julgado em 16/05/2017, DJe 02/06/2017; MS 12.429, Rel. Ministro Felix Fischer, Terceira Seção, STJ, julgado em 23/05/2017, DJe 29/06/2017; MS 14.838/DF, Rel. Ministro Regynaldo Soares da Fonseca, Terceira Seção, STJ, julgado em 26/10/2016, DJe 09/11/2016; RMS 32.319/GO, Rel. Ministro Napoleão Nunes Maia Filho, Primeira Turma, STJ, julgado em 15/09/2016, DJe 2209/2016; MS 13.133/DF, Rel. Ministro Arnaldo Esteves Lima, Terceira Seção, julgado em 13/05/2009, DJe 0406/2009; REsp 1.376.377/RJ, Rel. Ministro Napoleão Nunes Maia Filho, Primeira Turma, STJ, julgado em 18/10/2016, DJe 06/12/2016; RMS 24.523/SP, Rel. Ministro Napoleão Nunes Maia Filho, Quinta Turma, STJ, julgado em 18/11/2008, DJe 15/12/2008.

praticou ilícito administrativo, prescinde de anterior julgamento na esfera criminal. *Precedentes*. 2. Ainda que haja previsão legal de suspensão do feito disciplinar que apura falta administrativa decorrente de crime, até o trânsito em julgado na esfera penal, cabe à Administração, ao examinar o caso concreto, averiguar se há falta administrativa residual e se há necessidade ou não de seu sobrestamento, considerando-se a independência entre as instâncias e o fato de que a absolvição criminal só afasta a responsabilidade administrativa se negar a existência do fato ou da autoria.[30]

Neste caso analisado pelo STJ, policial militar do estado de Pernambuco foi demitido da corporação em decorrência de "conduta irregular de faltar com a verdade em procedimento disciplinar, conjugada com seu nada elogiável histórico funcional, e não a autoria de agressão física ou de ato criminoso"[31]. O entendimento do Tribunal compreendeu que o processo administrativo apurava, na verdade, resíduo administrativo que, portanto, independia da apuração do delito penal.

Mais uma vez o Judiciário ratifica a utilização da regra de independência entre instâncias para que o acusado de crime seja punido por uma interpretação alargada do significado de resíduo administrativo. No presente caso, mesmo a doutrina e jurisprudência sendo uníssonas em afirmar que "é inexigível do acusado o compromisso com a verdade"[32], o servidor militar foi punido na esfera correicional por ato praticado durante a apuração disciplinar de crime. É o nítido desvio da utilização do resíduo administrativo para retirar a garantia de vinculação diante de sentença penal que negue o fato ou a autoria na apuração do delito.

De fato, não há lei civil federal que preveja a possibilidade de suspensão do processo disciplinar enquanto se aguarda o resultado do processo criminal como ocorre com a ação civil de reparação do dano em decorrência de crime[33]. Nesse caso, o sobrestamento do PAD deveria ser aplicado porque o tipo infracional apurado na esfera administrativa seria o próprio crime, mas a decisão judicial ratificou a condenação administrativa por conduta "não ilícita" ocorrida durante a investigação da Administração.

30 BRASIL. Superior Tribunal de Justiça. AgRg no RMS 33.949/PE, Rel. Ministro Castro Meira, Segunda Turma, julgado em 06/08/2013, Diário [de] Justiça eletrônico, 16/08/2013.

31 Ibidem.

32 BRASIL. Ministério da Transparência maio/2017, op. cit., p. 154.

33 Art. 64, parágrafo único do Código de Processo Penal. (BRASIL, 1941).

Nesse julgado, o STJ segue a linha jurisprudencial do STF consolidada na Súmula nº 18 e, conforme outros julgados já apresentados, ratifica a utilização do resíduo administrativo como justificativa para a confirmação da sanção disciplinar. No caso, a decisão torna-se teratológica em razão do judiciário dar legitimidade a ato administrativo manifestamente ilegal, já que o acusado não poderia ser punido por não produzir prova contra si.

Insta trazer à tona a controvérsia sobre o tema que já tomou corpo em diversos julgados na Primeira Seção do Superior Tribunal de Justiça. O Ministro Napoleão Nunes Maia tem posicionamento firmado em sentido contrário ao isolacionismo entre instâncias, que pode ser definido no seguinte acórdão do Agravo Regimental no Mandado de Segurança 21.553/DF de sua relatoria:

> A teoria da independência das instâncias, geralmente invocada em casos assim, não produzirá o resultado de legitimar a sanção administrativa, porquanto, como se sabe, essa independência não significa oposição ou desarmonia, nem que as suas conclusões possam ser aceitas quando expressam apreciações sancionadoras diversas sobre os mesmos fatos; ademais, a solução dada pelo poder administrativo disciplinar deve reverência à decisão judicial, quando são os mesmos os fatos apreciados em uma e outra instância, segundo enuncia a Súmula 18 do STF, a qual aduz que pela falta residual, não compreendida na absolvição pelo juízo criminal, é admissível a punição administrativa do servidor público, o que, neste caso, tal não ocorre (não há resíduo punível, pois na esfera criminal foi absolvido por atipicidade da conduta, nos termos do art. 386, III do CPP).[34]

Neste caso, servidora teve contra si aplicada sanção de cassação de aposentadoria em razão de "[...] valer-se do cargo para lograr proveito pessoal ou de outrem em detrimento da dignidade da função pública e por ato de improbidade administrativa, tipificada nos arts. 117, IX, 132, IV e XII e 134 da Lei 8.112/90"[35]. De acordo com o relatório do processo em tramitação no Superior Tribunal de Justiça, a servidora seria a responsável pela rati-

[34] BRASIL. Superior Tribunal de Justiça. Agravo Regimental no Mandado de Segurança 21.553/DF. Processo Administrativo Disciplinar. Imputação prevista nos arts. 117 IX, 132, IV e XII da Lei 8112/1990. Primeira Sessão. Relator: Ministro Napoleão Nunes Maia. Julgamento em: 14/12/2016. Publicado no Diário [de] Justiça eletrônico de 02/02/2017.

[35] Ibidem.

ficação da comprovação de trabalho realizado por advogado público que exercia suas funções em escritório particular.

Em virtude dos mesmos fatos, a acusada respondeu ação de improbidade em que foi absolvida por inexistência de ato ímprobo na jurisdição cível e ação penal que transitou em julgado, atestando a sua absolvição. A sentença penal declarou a inocência da servidora com base na atipicidade da conduta a ela imputada, art. 386, III, do CPP. No mandado de segurança contra ato do Ministro de Estado da Saúde, a impetrante apresentou tais decisões judiciais absolutórias e indicou a "desproporcionalidade da aplicação da penalidade máxima imposta ao impetrante, pois a conduta a ele atribuída não foi capaz de gerar prejuízo ou dano irreparável à Administração Pública e sequer poderia ser enquadrada em tipo capaz de redundar em improbidade"[36].

O Ministro Napoleão Nunes Maia, em seu voto, admitiu ser "[...] viável a análise acerca da proporcionalidade da penalidade imposta, a qual, na hipótese dos autos, se mostra claramente excessiva, uma vez que a conduta imputada ao Impetrante, além de ser validada por decisão judicial, não produziu nenhum prejuízo ao Erário Público"[37]. O voto vencedor ainda definiu que o Poder Judiciário deve examinar a proporcionalidade do ato administrativo que aplica sanção em decorrência dos princípios da dignidade da pessoa humana, da culpabilidade e da individualização da sanção.

Observe-se que, a despeito de todo o rigor da temática, o acórdão admite que a independência de instâncias não significa oposição ou desarmonia entre elas. Reconhece-se, igualmente, que essa autonomia não autoriza que suas conclusões possam ser aceitas quando expressam apreciações sancionadoras diversas sobre os mesmos fatos. Isto não significa senão fazer valer o princípio da segurança jurídica. É o que está a dizer o precedente sobre a regra da independência entre as instâncias no posicionamento do STJ e, especialmente, da Primeira Seção do Tribunal.

Já no RMS 32.319/GO[38], o posicionamento de relativização da independência entre as instâncias foi afastado. Neste julgado, o Tribunal asseve-

[36] BRASIL. Superior Tribunal de Justiça. Agravo Regimental no Mandado de Segurança 21.553/DF. Acordão p. 8.

[37] Ibidem.

[38] BRASIL. Superior Tribunal de Justiça. RMS 32.319/GO, Rel. Ministro Napoleão Nunes Maia Filho, Rel. p/ Acórdão Ministro Sérgio Kukina, Primeira Turma, julgado em 15/09/2016, Diário [de] Justiça eletrônico, 22/09/2016.

rou o dever de se respeitar os "reiterados entendimentos jurisprudenciais no sentido da independência das instâncias e da impossibilidade dos efeitos da decisão penal influírem na esfera administrativa, salvo nas hipóteses de inexistência do fato ou negativa de autoria, das quais não se cogita nestes autos"[39].

O caso tratava de policial militar acusado do crime de homicídio[40] e demitido da corporação militar por meio de processo administrativo em que a "[...] Administração lastreou toda a acusação na afirmativa: o laudo pericial esclareceu que um dos projéteis que fora retirado do corpo do falecido, foi disparado pela arma que estava com o disciplinando no dia do evento, a qual pertence a carga desta Corporação" e estava com o servidor militar durante o seu período de férias. Posteriormente, o servidor militar foi absolvido no Tribunal de Júri por "inexigibilidade de conduta adversa" e, após a absolvição, pediu reintegração aos quadros da Polícia Militar do Estado de Goiás, o que foi negado pela Instituição. O caso chegou ao Superior Tribunal de Justiça em recurso especial, após denegação da segurança no Tribunal de Justiça daquele estado.

O relator, Ministro Napoleão Nunes, asseverou:

> Quando o Juízo Penal já se pronunciou definitivamente sobre os fatos que constituem, ao mesmo tempo, o objeto do PAD, exarando decisão absolutória, na espécie, por inexigibilidade de conduta diversa, transitada esta em julgado, não há como se negar a sua inevitável repercussão no âmbito administrativo sancionador.[41]

O relator ainda ressaltou que a impossibilidade de, ao comparar as decisões, "isolar esses juízos jurídicos, como se os fatos tivessem ocorrido em tempos históricos separados, ou como se as condutas fossem de tal arte distintas que o vínculo entre elas seria fruto de uma fantasia ou um de devaneio"[42]. Ao final de seu voto deu provimento ao recurso do servidor para reintegrá-lo ao cargo e ser reaberto processo disciplinar para, exclusivamente, apurar a falta residual que estaria restrita ao uso da arma de fogo da corporação durante o período de férias.

[39] Ibidem.

[40] Art. 121 do Código Penal. (BRASIL, 1940).

[41] BRASIL. Superior Tribunal de Justiça. RMS 32.319/GO.

[42] Ibidem.

O Ministro Sérgio Kukina abriu divergência sob a proteção dos posicionamentos "jurisprudenciais no sentido da independência das instâncias e da impossibilidade dos efeitos da decisão penal influírem na esfera administrativa, salvo nas hipóteses de inexistência do fato ou negativa de autoria, das quais não se cogita nestes autos."[43] Foi seguido pelo Ministro Benedito Gonçalves que também apresentou voto-vista reconhecendo a existência de resíduo administrativo justificando a sanção administrativa:

> Nesse passo, ainda que se pudesse admitir a interferência, na esfera administrativa, da sentença absolutória decorrente de reconhecimento de causa excludente de culpabilidade, a condenação se manteria incólume em razão da falta residual perpetrada pelo ora recorrente, consoante o disposto na Súmula 18 do Supremo Tribunal Federal.[44]

Para justificar o seu entendimento, o Ministro Benedito Gonçalves transcreveu a íntegra da decisão administrativa que excluiu o recorrente da corporação militar.

> Portaria nº 1.046/PM- 167/2001 – DP/2 EXCLUI "EX-OFFÍCIO" A BEM DA DISCIPLINA PM DA ATIVA O Coronel PM Comandante Geral da Policia Militar do Estado de Goiás (PMGO), no uso de suas atribuições legais que lhe confere o art. 4 da Lei n. 8.125, de 18 Jun 76 combinado com o art. 85, inciso VI, parágrafo único, 'b', da Lei, 8.033 de 02 Dez 75. RESOLVE: Excluir 'Ex-Offício' à Bem da Disciplina, o Sd QPPM MAT: 46.965-3 (...) por ter conforme ficou devidamente apurado através de documentação, no dia 28-08-00, por volta das 21:30 horas, na Avenida Anhanguera, Setor Cândido de Morais, nesta Capital, participado dos fatos que culminaram com o homicídio praticado contra Ronan Carlos de Paula e nas lesões corporais contra Marinete Pereira de Oliveira (por motivo fútil). Inclusive o laudo pericial esclareceu que um dos projéteis que fora retirado do corpo do falecido, foi disparado pela arma que estava com o Disciplinando no dia do evento, a qual pertence à carga desta Corporação e estava sob sua cautela mesmo estando de férias, contrariando assim normas regulamentares da Corporação. Além de trazer desgastes ao bom nome da instituição e prejuízos morais, feriram a ética o pundonor policial militar e o decoro da classe, conforme demonstram os itens

[43] Ibidem.

[44] BRASIL. Superior Tribunal de Justiça. RMS 32.319/GO.

> XIII, XVI e XIX do art. 27, violando também os deveres inerentes aos policiais militares, conforme evidencia o item III do art. 30, ambos da Lei 8.033 de 02-12-75 (Estatuto dos Policiais Militares do Estado de Goiás), ferindo ainda normas previstas no art. 3º, incisos III, alíneas "a" e "c" do Decreto 4.713 de 24 de setembro de 1996.[45]

Como se depreende do voto-vista apresentado pelo Ministro Benedito Gonçalves e, principalmente, a partir da decisão administrativa transcrita, o resíduo administrativo foi utilizado como justificativa para manutenção da decisão disciplinar que condenou o servidor por crime. Pontos de destaque no julgado disciplinar são os tipos infracionais da lei estadual utilizada[46] para a aplicação da sanção. Os três tipos infracionais imputados ao servidor militar estão ligados diretamente ao cometimento da prática de homicídio e, portanto, não possuem o condão de centralizar a punição em função da "posse irregular" de arma de fogo da Administração Pública, realçando a interpretação de que tratou, na verdade, da aplicação de pena em razão do delito penal, crime que não foi cometido no exercício do cargo público e que foi julgado como ilícito penal comum.

Nesse ponto, vale resgatar o entendimento do Supremo Tribunal Federal, ainda na década de 1960, admitia que "não sendo funcional o crime, não se pode falar em resíduo administrativo, em face da absolvição pela Justiça Criminal, se não tiverem sido feitas outras acusações ao funcionário"[47]. Resta claro no caso em apreço que os tipos infracionais imputados ao servidor, somados aos fatos que fundamentaram sua demissão, não levaram

[45] Ibidem.

[46] Art. 27 – O sentimento do dever, o denodo Policial-Militar e o decoro da classe impõem, a cada um dos integrantes da Polícia Militar, conduta moral e profissional irrepreensível, com observância dos seguintes preceitos da ética Policial-Militar. [...] XIII – proceder de maneira ilibada na vida pública e na particular;
[...] XVI – conduzir-se, mesmo fora do serviço ou na inatividade, de modo que não sejam prejudicados os princípios da disciplina, do respeito e do decoro Policial-Militar; [...] XIX – zelar pelo bom nome da Polícia Militar e de cada um dos seus integrantes, obedecendo e fazendo obedecer aos preceitos da ética Policial-Militar. GOIÁS. Lei nº 8.033, de 02 dezembro de 1975. Dispõe sobre o Estatuto dos Policiais-Militares do Estado de Goiás e dá outras providências. Diário Oficial de18/12/1975.

[47] BRASIL. Supremo Tribunal Federal. Recurso Ordinário em Mandado de Segurança. Relator Min. Djalma da Cunha Mello. Ação Rescisória nº 598 – Distrito Federal. Decidido em 27/09/1963. Destaque nosso.

em consideração para a aplicação da sanção administrativa apenas a conduta residual, mas, sim, o crime praticado pelo servidor na esfera privada. O Ministro Napoleão ficou vencido no julgamento e o recurso especial foi rejeitado por maioria na Primeira Seção do STJ[48].

Mais uma vez, não é possível negar de maneira tão intransigente os reflexos de uma instância sobre a outra. Ainda que, no fim, a decisão judicial absolutória não afaste por completo a penalização administrativa, há de ser observada pela autoridade administrativa ao menos para a mensuração da penalidade disciplinar a ser aplicada, sob pena de ofensa a uma inestimável gama de princípios jurídicos que não podem ser anulados a pretexto de falsa independência.

Conclusões

A análise da jurisprudência sobre o tema da independência entre as instâncias no caso de absolvição penal fora das espécies de negativa de materialidade e de autoria demonstra uma ratificação do judiciário sobre as distintas decisões punitivas do Estado. Ficou constatado que são poucos e isolados os precedentes que fazem uma análise mais aprofundada para

[48] A ementa do julgado não reproduz os debates que se seguiram ao voto do relator e, muito menos, o que se extraiu na presente pesquisa: RECURSO ORDINÁRIO EM MANDADO DE SEGURANÇA. ADMINISTRATIVO E DISCIPLINAR. REINTEGRAÇÃO DE POLICIAL MILITAR ABSOLVIDO NA INSTÂNCIA PENAL. INDEPENDÊNCIA DAS INSTÂNCIAS CÍVEL E ADMINISTRATIVA, NAS HIPÓTESES QUE NÃO ENVOLVAM INEXISTÊNCIA DO FATO OU NEGATIVA DE AUTORIA. 1. A concessão da segurança – e, por extensão, o êxito do recurso ordinário interposto contra o acórdão que a denega – pressupõe ilegalidade ou abuso de poder, a violar direito líquido e certo, consoante disposto no art. 1º da Lei n. 12.016/2009. 2. A redação do art. 935 do Código Civil reforça os reiterados entendimentos jurisprudenciais no sentido da independência das instâncias e da impossibilidade dos efeitos da decisão penal influírem na esfera administrativa, salvo nas hipóteses de inexistência do fato ou negativa de autoria, das quais não se cogita nestes autos. 3. Não há, na decisão administrativa de indeferimento do pedido de reintegração, eiva qualquer de ilegalidade ou abuso de poder. Ao contrário, é a pretensão do impetrante que se afigura sem amparo legal, ante a ausência de previsão legal para o reingresso na Corporação, salvo se anulada a decisão administrativa do Conselho de Justificação, o que, aliás, sequer foi requerido no âmbito da presente ação mandamental. O que se pediu foi pura e simplesmente a reintegração do autor, por ato isolado do Comandante-Geral, pedido inviável por falta de sustentação legal, como bem apontado no respectivo despacho indeferitório. 4. Recurso ordinário não provido. (RMS 32.319/GO, Rel. Ministro NAPOLEÃO NUNES MAIA FILHO, Rel. p/ Acórdão Ministro SÉRGIO KUKINA, PRIMEIRA TURMA, julgado em 15/09/2016, DJe 22/09/2016)

além do posicionamento tradicional de isolacionismo a partir da sentença penal absolutória fora das hipóteses de vinculação total e irrestrita.

Entretanto, para além do posicionamento definido na Suprema Corte, que resultou na edição da Súmula 18, já existem decisões que imprimiram o juízo de proporcionalidade para anular sanções imputadas a servidores que foram absolvidos por insuficiência de provas na jurisdição penal. O destaque dado a esses precedentes serve para a demonstração da necessidade de revisão do tema a partir do crescimento da legislação sancionadora brasileira, seja a penal, seja a administrativa.

Referências

COSTA, José Armando da. **Processo administrativo disciplinar**. 6. ed. Rio de Janeiro: Forense. 2011.

DEZAN, Sandro Lucio. **Ilícito administrativo disciplinar em espécie**. 2. ed. Curitiba: Juruá. 2014.

ENTERRÍA, Eduardo García. FERNANDEZ, Tomás-Ramón Fernandez. **Curso de direito administrativo**. São Paulo: Revista dos Tribunais, 2014.

FEIJOO SÁNCHEZ, Bernado. **Sobre a "administrativização" do direito penal na "sociedade de risco"**. Notas sobre a política criminal no início do século XXI. Revista Liberdades, n. 7, maio/ago, 2011.

FERREIRA, Daniel. **Teoria geral da infração administrativa a partir da Constituição Federal de 1988**. Belo Horizonte: Fórum. 2009.

HUNGRIA, Nelson. **"Ilícito administrativo e ilícito penal",** Revista de Direito Administrativo, seleção histórica, 1945-1995.

LUZ, Egberto Maia. **Direito administrativo disciplinar: teoria e prática**. São Paulo. Bushatsky. 1977.

MAIA FILHO, Napoleão Nunes. **A justa causa e outros temas atuais da ação de improbidade – Ensaio de Crítica Jurídica**. Fortaleza: Curumim. 2017.

MENDES, João de Castro. **Do conceito de prova em processo civil. Seleção Jurídica Portuguesa**. Lisboa: Ática, 1961. V. 17, p. 741.

MOREIRA NETO; Diogo de Figueiredo; FREITAS, Rafael Verás de. **A juridicidade da Lei Anticorrupção: reflexões e interpretações prospectivas**. Belo Horizonte: Fórum Administrativo, 2014, n. 156, fev. 2014, p. 9-20.

NUCCI, Guilherme de Souza. **Código de processo penal comentado**. 13, ed. Rio de Janeiro: Forense. 2014.

OSÓRIO, Fábio Medina. **Direito administrativo sancionador**. 5º ed. São Paulo: Revista dos Tribunais, 2015.

VITTA, Heraldo Garcia. **A sanção no direito administrativo**. São Paulo: Malheiros, 2003

8
OS ELEMENTOS ESSENCIAIS PARA O CONTROLE DA ADMINISTRAÇÃO PÚBLICA PUNITIVISTA

THIAGO BUENO DE OLIVEIRA

1. Introdução

Em tempos em que a conjuntura social impõe maior vigília quanto aos atos praticados por agentes públicos, exigindo-se dos poderes estatais constituídos, a promoção de medidas para afastar o sentimento de impotência diante da incômoda situação perniciosa, fruto da impunidade.

Em contextos onde órgãos de controle interno passam a ocupar um papel de destaque, encarregados não só pela investigação de possíveis irregularidades praticadas por agentes públicos e administrados em prejuízo da Administração Pública, como também pela implantação de uma política de probidade, ética e moral no que diz respeito a todos aqueles que dialogam com a Administração.

Em sociedades onde a máxima de Marco Túlio Cícero (106 a.C – 43 a.C), retratada na expressão: "O maior estímulo para cometer faltas é a esperança de impunidade" ainda permanece enraziada culturalmente. Há de se fazer um breve alerta: Não deixar o punitivismo[1] se dogmatizar, ao ponto de se hipertrofiar.

Não estamos com isso negando a necessidade de punir. Registra-se que tal ressalva é válida para relembrar que a ação estatal deve submeter-se ao

[1] Movimento criado na Alemanha, na década de 60, visando o reconhecimento de repúdio à ações terroristas. Tem Gunther Jakobs como seu maior expoente. Em sintaxe, considera que o sujeito que delinque reiteradamente, ou pratica crimes monstruosos (ex: crimes de guerra) se coloca fora do garantismo.

interesse público, que a legitima, e observar o respeito aos direitos fundamentais do cidadão, de acordo com os princípios que orientam a própria Constituição Cidadã (CF 88).

Alexandra de Agostini e Arnaldo Hossepian, em capítulo de obra dedicada a temas do Direito Administrativo Sancionador[2], mencionam que a atividade sancionatória do Estado, quer quando da aplicação de sanções pela própria Administração (sanções administrativas), quer em razão da aplicação de sanção pelo Poder Judiciário (sanções administrativas e penais), deve atender a um conjunto de regras de contenção do poder de punir, independentemente da espécie de sanção.

Essas referidas regras são as insculpidas no art. 5º da Constituição Federal, quais sejam: ampla defesa, contraditório, processo justo e razoável, e que definem de forma plena, o princípio do devido processo legal, substantivo e adjetivo.

É sob essa ótica, e a partir desse regramento constitucional, que o poder punitivo do Estado, algo único, deve ser interpretado, independentemente de se tratar do Estado Administração ou do Estado Juiz.

Como ressalva Fábio Medina Osório, as modalidades de sanções admissíveis nos Estados Democráticos de Direito também sofrem conformações, porque todas as Constituições democráticas consagram limites quantitativos ou qualitativos à pretensão punitiva do Estado[3].

Nesse aspecto, apontando o campo de análise deste pequeno ensaio às infrações administrativas e suas sanções (ou seja, questões infracionais e não penais), podemos identificar 3 elementos que, especialmente no âmbito judicial, visam a exercer o devido controle da pretensão punitiva mencionada acima, a saber: a) garantismo; b) prescrição; c) justa causa.

[2] Agostini, Alexandra Comar de. Junior, Arnaldo Hossepian S.L. In: Blazeck, Luiz Mauricio Souza; Marzagão Júnior, Laerte (coords.). Direito Administrativo Sancionador. São Paulo: Quartier Latin, 2014. A invasão incondicional da lei penal e o direito sancionador como mecanismo de legitimação e controle do poder punitivo do Estado, p. 20.

[3] Osório, Fábio Medina. Teoria da improbidade administrativa: má gestão pública: corrupção: ineficiência. 3ª ed. São Paulo: Editoria Revista dos Tribunais, 2013, p. 47.

2. Os elementos essenciais para o controle da administração pública punitivista

2.1. Garantismo

Em breve passagem perfunctória, poderíamos expor o garantismo como uma filosofia jurídica-judicial de asseguramento de todas as garantias do processo penal a qualquer processo punitivo (inclusive de índole administrativista). Em outras palavras, um parâmetro de racionalidade, de justiça e de legitimidade da intervenção punitiva.

As maiores referências sobre o assunto, *Raúl Zaffaroni* e *Luigi Ferrajoli*[4], tipificam o garantismo como barreira à arbitrariedade, ou seja, proteção contra os excessos do Estado (amplamente tido como "garantismo negativo").

A epistemologia garantista clássica funda-se em princípios como legalidade estrita, materialidade e lesividade dos delitos, responsabilidade pessoal, contraditório entre as partes, presunção de inocência, entre outros, que são, em grande parte, como se sabe, fruto da tradição jurídica do iluminismo e do liberalismo.

Na visão de *Ferrajoli*, da palavra "garantismo" é, então, possível distinguirem-se três significados diversos, mas conexos entre si. Vejamos:

> Segundo um primeiro significado, "garantismo" designa um modelo normativo de direito: precisamente, no que diz respeito ao direito penal, o modelo de "estrita legalidade, próprio do Estado de Direito, que sob o plano epistemológico se caracteriza como um sistema cognitivo ou de poder mínimo, sob o plano político se caracteriza como uma técnica de tutela idônea a minimizar a violência e a maximizar a liberdade e, sob o plano jurídico, como um sistema de vínculos impostos à função punitiva do Estado em garantia dos direitos dos cidadãos. É, consequentemente, "garantista" todo sistema penal que se conforma normativamente com tal modelo e que o satisfaz efetivamente.
>
> (...)
>
> Em um segundo significado, "garantismo" designa uma teoria jurídica da "validade" e da "efetividade" como categorias distintas não só entre si mas, também, pela "existência" ou "vigor" das normas. Neste sentido, a palavra garantismo exprime uma aproximação teórica que mantém separados o "ser" e o "dever ser" no direito; e, aliás, põe como questão teórica central, a divergência existente nos ordenamentos complexos entre modelos norma-

[4] Entre várias obras, sugere-se a leitura de Luigi Ferrajoli, Direito e razão: Teoria do garantismo penal. São Paulo: Revista dos Tribunais, 2002.

tivos (tendentemente garantistas) e práticas operacionais (tendentemente anti-garantistas), interpretando-a com a antinomia – dentro de certos limites fisiológica e fora destes patológica – que subsiste entre validade (e não efetividade) dos primeiros e efetividade (e invalidade) das segundas.

(...)

Segundo um terceiro significado, por fim, "garantismo" designa uma filosofia política que requer do direito e do Estado o ônus da justificação externa com base nos bens e nos interesses dos quais a tutela ou a garantia constituem a finalidade. Neste último sentido o garantismo (pressupõe) a doutrina laica da separação entre direito e moral, entre validade e justiça, entre ponto de vista interno e ponto de vista externo na valoração do ordenamento, ou mesmo entre o "ser" e o "dever ser" do direito. E equivale à assunção, para os fins da legitimação e da perda da legitimação ético-política do direito e do Estado, do ponto de vista exclusivamente externo[5].

Com efeito, garantismo corresponde à tutela daqueles valores ou direitos fundamentais, cuja satisfação, mesmo contra os interesses da maioria, constitui o objetivo justificante do direito penal (elasticamente estendido na realidade à toda pretensão punitiva do Estado), vale dizer, a imunidade dos cidadãos contra a arbitrariedade das proibições e das punições, a defesa dos fracos mediante regras do jogo iguais para todos, a dignidade da pessoa do imputado, e , consequentemente, a garantia de sua liberdade, inclusive por meio do respeito à sua verdade.

Nesse sentido, tal elemento se faz relevante dentro de uma sociedade hodierna que vivencia todas as premissas colocadas no início deste artigo. Contudo, apesar da importância e independentemente de estar certo ou errado, o que verificamos no Brasil é a baixa efetividade na aplicação da teoria de *Ferrajoli*, pois boa parte de seus postulados é simplesmente ignorada, ou desvirtuada, pela prática do judiciário, sob o argumento da defesa do Estado de Direito e do ordenamento democrático.

2.2. Prescrição

No que tange à prescrição, encarada como um fenômeno natural, decorrente da omissão do titular de alguma pretensão por certo lapso temporal

[5] Ferrajoli, Luigi. Direito e Razão: teoria do garantismo penal. São Paulo: Revista dos Tribunais, 2002, p. 684/685.

anteriormente determinado, acaba por expor a ineficácia do poder repressivo do condenador, motivo pelo qual se faz de tudo para isolar, afastar ou ao menos contornar a incidência do referido instituto.

O ministro do Superior Tribunal de Justiça (STJ) Napoleão Nunes, em obra de coautoria com Mariana Costa de Oliveira, explica o fundamento da prescrição por meio de teorias de variados conteúdos, podendo-se anotar, entre elas, as que enfatizam: i) o esquecimento afluente dos efeitos da infração cometida pelo agente; ii) o perdão tácito e objetivo dos efeitos do agravo causado pelo autor da conduta; iii) o esmaecimento inevitável das provas do fato, tornando insegura a sua apreensão; iv) a punição da inércia em fazer atuar os mecanismos das sanções[6].

O mesmo autor avança na ideia de que o poder estatal de punir deve sofrer a sanção da extinção da sua possibilidade de atuar, para evitar que a "eventualidade" de assunção do pensamento vingador às instâncias sancionadoras do Estado possa, por acaso, reabrir investigações de fatos sobre os quais silenciaram no passado[7].

Apesar de ser instituto consolidado, tal limitação ainda gera controvérsia em matérias atinentes à Administração Pública, como as recentes discussões travadas no âmbito do STF, seja no âmbito do RE 669.069, *leading case* para o reconhecimento de repercussão geral acerca da "imprescritibilidade das ações de ressarcimento por danos causados ao erário, ainda que o prejuízo não decorra de ato de improbidade administrativa" (Tema 666), mas cuja tese de repercussão se consolidou como "Prescritível a ação de reparação de danos à Fazenda Pública decorrente de ilícito civil. Seja na perspectiva do RE 852.475, *leading case* para o reconhecimento de repercussão geral acerca da "prescrição da ação de ressarcimento do dano em razão de improbidade administrativa" (Tema 897)[8], desdobramento da tese anterior.

Em resumo, torna-se evidente que o presente elemento é protetivo, uma vez que o fluir do tempo, somado à inércia do titular do direito de ação sancionadora (neste caso a Administração Pública), extingue seu direito

[6] Maia Filho, Napoleão Nunes. Oliveira, Mariana Costa de. Direito sancionador: quatro temas das garantias do acusado na ação de improbidade administrativa (Lei 8.429/92). Fortaleza: Imprece, 2015, p. 68.

[7] Maia Filho, Napoleão Nunes. Oliveira, Mariana Costa de. *Ob cit.*, p. 71.

[8] Já incluído em pauta de julgamento, mas pendente de decisão nos dias atuais. Consulta em 11/10/2017.

de punir, sob pena de se reconhecer a titularidade pela Administração de um poder absoluto e se fomentar a incerteza/insegurança jurídica nas relações de direito, vulnerando a serenidade da ordem jurídica.

2.3. Justa causa

No que tange ao terceiro e último elemento, justa causa, em apertada síntese, é o *link* que une a pretensão do autor ao resultado do fato. Em outras palavras, trata-se do coração da infração.

Como muito bem abordado na obra do Min. Napoleão Nunes e Mariana Costa, trata-se da razão de ser daquela iniciativa punitiva. É o exercício de visualização se a postulação se mostra apoiada em elementos jurídicos e empíricos concretos capazes de fixar no espírito do julgador, a convicção, nem que seja provisória, da persecução[9].

Há de se afirmar que a tal "justa causa" não é apenas uma questão jurídica ou de ordem legal, mas também uma questão de ordem moral, que envolve a reputação da pessoa acionada, o seu bom nome, seu conceito social, que não são passíveis de reparação, mesmo quando o injustamente imputado vem a ser, tempos depois, absolvido da imputação[10].

Em resumo, compartilhamos que se trata de uma atividade jurídica complexa e de altíssima responsabilidade, que exige do seu autor a mais esmerada atenção, para que a formulação contenha a exata e completa descrição do fato imputado a determinada pessoa, justamente o fato que serve de suporte àquela iniciativa, acompanhado da demonstração prévia da sua concretude (existência material) e de indícios seguros de quem seja o seu agente (autoria).

Em síntese, esses mínimos elementos devem balizar o exercício do Poder Punitivo do Estado, independentemente da via (administrativa ou judicial), pois a simples contrariedade normativa é insuficiente para caracterização da justa causa, devendo-se identificar conjuntamente o resultado naturalista nocivo ou a real nocividade social, sob pena de o punitivismo se sobrepor a enquadramentos/comandos legais e começar a banalizar institutos, como, por exemplo, a improbidade administrativa.

[9] MAIA FILHO, Napoleão Nunes. OLIVEIRA, Mariana Costa de. Direito sancionador: quatro temas das garantias do acusado na ação de improbidade administrativa (Lei 8.429/92). Fortaleza: Imprece, 2015, p. 21.

[10] MAIA FILHO, Napoleão Nunes. OLIVEIRA, Mariana Costa de. *Ob cit.*, p. 21 e 22.

Nesse sentido, compartilhamos recorte interessante de breve artigo dos eminentes Gilson Dipp e Rafael Araripe Carneiro, intitulado "Banalização do conceito de improbidade administrativa é prejudicial a todos"[11], onde mencionam que:

Improbidade significa desonestidade, má-fé, agir com objetivos espúrios. O conceito é amplo, mas tem contornos certos e limitados. Improbidade não é qualquer ilegalidade, como sempre lembrava o saudoso ministro Teori Zavascki. O problema é que, a partir dos conceitos abertos trazidos pela Lei 8.429/1992, como "ofensa aos princípios da administração Pública" ou "qualquer tipo de vantagem patrimonial indevida", tem-se [SIC] visto exageros na utilização do instituto da improbidade administrativa.

Pequenas falhas dos administradores públicos são logo apontadas como improbidade administrativa e, a partir daí, surgem os percalços de tormentosa e interminável ação judicial. Tornaram-se frequentes, por exemplo, ações de improbidade administrativa contra prefeitos, por prestarem contas com atraso aos órgãos de controle, ainda que a fiscalização conclua pela correta aplicação dos recursos públicos. O mero atraso é tido por improbidade, como se a administração pública fosse apenas prestação de contas. A gestão pública contém variadas e complexas tarefas que, eventualmente, podem gerar impontualidades indesejadas, mas que, nem por isso, são sinônimo de desonestidade.

Logo, os diferentes tipos de irregularidades na administração pública devem ser punidos com sanções proporcionalmente distintas. Esse é o conteúdo jurídico do princípio constitucional da isonomia.

A banalização do conceito de improbidade administrativa é prejudicial à administração pública, por resultar em nuvens de incerteza e suspeitas de desonestidade sobre todos os atos administrativos. E também é prejudicial à própria sociedade, pois se perde o referencial de má-fé dos atos efetivamente ímprobos, em diferença às irregularidades sem gravidade. Improbidade não é qualquer ilegalidade.

Como se vê, os autores fundam o pensamento jurídico no princípio da proporcionalidade, o qual foi sistematizado inicialmente na Alemanha como ferramenta de proteção do indivíduo em face do abuso por parte

[11] DIPP, Gilson. CARNEIRO, Rafael Araripe. Banalização do conceito de improbidade administrativa é prejudicial a todos. Disponível em: https://www.conjur.com.br/2017-mar-19/banalizacao-conceito-improbidade-prejudicial-todos. Acesso em 11/10/2017.

dos agentes da Administração Pública, assim como método para avaliar a inconstitucionalidade da lei, antes da sua avaliação de constitucionalidade.

Foi no sistema alemão que se desenvolveram os 3 subprincípios da proporcionalidade (adequação, necessidade e proporcionalidade em sentido estrito), os quais em apertada síntese podem ser assim definidos.

- adequação – o meio utilizado deve ser compatível com o fim almejado;
- necessidade/exigibilidade – deve-se escolher o meio menos gravoso, dentre os disponíveis, para atingir o fim buscado. Nesse sentido, se o administrador possui 3 meios para atingir aquela finalidade pública, o princípio da proporcionalidade impõe ao administrador que escolha o meio menos gravoso para o particular, o que não significa ser o mais fácil.
- proporcionalidade em sentido estrito – as vantagens auferidas com o atingimento do fim devem superar as desvantagens trazidas pelo emprego da medida.

Portanto, a proporcionalidade está atrelada sempre ao binômio "meio e fim". Ou seja, deve haver proporcionalidade entre o meio que se pretende usar com o fim que se deseja alcançar. O que é desproporcional vai além do necessário, é um excesso prescindível para a Administração Pública.

Conclusões

É fato que em cenários de devassidão ética e moral no cenário público e privado, como presenciamos nos dias atuais, até o ordenamento jurídico fica sensível aos anseios sociais, fato este que tende a elevar o punitivismo a um dogma (fato relativamente perigoso) e assim hipertrofiá-lo, dando-lhe força para transpor elementos essenciais do controle da Administração Pública, de bases constitucionais, o que pode não ser a melhor opção técnico-jurídica.

Nessa conjectura, o intuito deste breve artigo foi apenas relembrar que a aplicação de sanções administrativas não pode ignorar prerrogativas protetivas mínimas oriundas do garantismo, da prescrição e da justa causa.

Não se pode olvidar que o Direito é de linguagem simbiótica, ora descritiva (verdadeira ou falsa) das imputações ou veredictiva das decisões (do veredito). Constitui o fato, e, por isso, nunca estará certo ou errado), devendo ser sempre conclusiva e, por isso, será feliz ou infeliz, daí a importância e cuidado em se elaborar a linguagem descritiva das imputações.

Os elementos essenciais para o controle da Administração Pública Punitivista devem ser sempre considerados, de modo a blindar os excessos impulsivos do sancionador (Administração Pública), em especial em sociedades onde ainda se vivem máximas romanas.

Em face de todo o exposto, chegamos à conclusão de que o punitivismo que contamina em certa medida a Administração Pública não pode se fortificar ao ponto de atropelar elementos controladores do ímpeto sancionador, pois se não barrarmos as demasias estatais, as liberdades, garantias e direitos das pessoas podem reverberar mais como declarações sonoras, afastando-se da sua integridade.

Em contrapartida, devemos alertar que não se pode permitir, por óbvio, que se utilize de tais elementos, de forma intencional, como um bom subterfúgio para praticar algum delito, uma vez que se constituem em requisitos fundamentais para apuração e posterior condenação.

Referências

AGOSTINI, Alexandra Comar de. JUNIOR, Arnaldo Hossepian S.L. In: BLAZECK, Luiz Mauricio Souza; MARZAGÃO JÚNIOR, Laerte (coords.). **Direito Administrativo Sancionador**. São Paulo: Quartier Latin, 2014. A invasão incondicional da lei penal e o direito sancionador como mecanismo de legitimação e controle do poder punitivo do Estado.

DIPP, Gilson. CARNEIRO, Rafael Araripe. **Banalização do conceito de improbidade administrativa é prejudicial a todos**. Disponível em: https://www.conjur.com.br/2017-mar-19/banalizacao-conceito-improbidade-prejudicial-todos. Acesso em 11/10/2017.

FERRAJOLI, Luigi. **Direito e Razão: teoria do garantismo penal**. São Paulo: Revista dos Tribunais, 2002

MAIA FILHO, Napoleão Nunes. OLIVEIRA, Mariana Costa de. **Direito sancionador: quatro temas das garantias do acusado na ação de improbidade administrativa (Lei 8.429/92)**. Fortaleza: Imprece, 2015.

OSÓRIO, Fábio Medina. **Teoria da improbidade administrativa: má gestão pública: corrupção: ineficiência.** 3ª ed. São Paulo: Editoria Revista dos Tribunais, 2013.

9
CONTRIBUIÇÕES DO MINISTRO NAPOLEÃO NUNES PARA A JURISPRUDÊNCIA EM DIREITO ADMINISTRATIVO SANCIONADOR

Eduardo Lessa Mundim
Túlio da Luz Parca

1. Contribuições jurídicas para o desenvolvimento da jurisprudência do STJ em matéria de direito administrativo sancionador

A seguir, serão analisados casos relevantes, que foram distribuídos ao Ministro Napoleão ou naqueles em que o Ministro teve importante participação no julgamento, a fim de demonstrar em que medida a atuação deste nobre jurista contribuiu para a formação da jurisprudência do Superior Tribunal de Justiça.

1.1. A configuração da improbidade administrativa

A dificuldade em definir o ato de improbidade administrativa decorre dos tipos abertos previstos na Lei n. 8.429/1992, tais como "ofensa aos princípios da administração pública"; "qualquer tipo de vantagem patrimonial indevida" ou qualquer ação ou omissão, dolosa ou culposa, que enseje perda patrimonial", o que vindica a atuação da Corte Superior para corrigir o inevitável exagero na aplicação dos institutos previstos no referido diploma legal.

No julgamento do Agravo Interno no REsp n. 1.528.828/SP, a Primeira Turma do STJ foi instada a se manifestar sobre a configuração dos atos previstos nos arts. 10 e 11 da LIA imputados ao Reitor da UNIFESP, que firmou acordo no âmbito de processo de desapropriação com a empresa Fastphoto Ltda, proprietária do imóvel expropriado, sem a observação prévia da Nota Técnica da Procuradoria Regional Federal da 3ª Região, que apontava irregularidades naquela avença.

O caso foi distribuído ao Ministro Napoleão que, inicialmente, consignou o âmbito de incidência da Lei n. 8.429/1992, limitando-se aos "atos dolosos ou de má-fé no trato com a coisa pública", de modo que as condutas meramente culposas somente seriam objeto de improbidade administrativa quando avaliadas de acordo com o elemento subjetivo do agente. Nesse sentir, o Ministro afirmou que a improbidade administrativa não consiste em qualquer ilegalidade e irregularidade formal ou material cometida pelos servidores públicos, sendo identificada na "vontade deliberada e consciente de agir" para (i) enriquecer-se ilicitamente, (ii) lesionar o erário ou (iii) violar os princípios que norteiam a Administração Pública. Assim, no caso submetido ao exame na Primeira Turma, a Corte de origem havia reformado a sentença para reconhecer a ausência da má-fé na conduta do Reitor, razão pela qual a homologação do acordo em demanda expropriatória não representaria improbidade administrativa.

O Ministro ressaltou que a situação fática delineada no acórdão recorrido indicaria apenas a inaptidão do Servidor Público, o que é insuficiente para a responsabilização nas reprimendas da Lei n. 8.429/1992. Nesse sentido, a Primeira Turma concluiu por manter a decisão de origem, de modo a reconhecer a inexistência da improbidade administrativa, ante a ausência do dolo ou, ao menos da culpa grave na conduta do agente público. Assim, confira-se a ementa deste julgado, *in verbis*:

> DIREITO SANCIONADOR. AGRAVO INTERNO NO RECURSO ESPECIAL. ACP POR IMPROBIDADE ADMINISTRATIVA. AUSÊNCIA DE CONDUTA MALEFICENTE DO ENTÃO REITOR DA UNIFESP, DEMANDADO POR TER DADO ENSEJO À FORMULAÇÃO DE ACORDO JUDICIAL EM PROCESSO DE DESAPROPRIAÇÃO, CONFORME A MOLDURA REPRESADA DE FATOS E PROVAS DO ACÓRDÃO RECORRIDO. INOCORRÊNCIA DE VIOLAÇÃO DO ART. 11 DA LEI 8.429/1992. SOLUÇÃO ABSOLUTÓRIA ADVENIENTE DAS INSTÂNCIAS ORDINÁRIAS, CONFIRMADA PELA DECISÃO ORA AGRAVADA. AUSÊNCIA DE CONDUTA REVESTIDA DE MÁ-FÉ. AGRAVO INTERNO DO ÓRGÃO ACUSADOR DESPROVIDO. (REsp n. 1.528.828/SP, Rel. Min. Napoleão Nunes Maia Filho, Primeira Turma, DJe 14.05.2020).

Noutro caso, a Turma se deparou com o questionamento se o atraso da prestação de contas de Convênio firmado por Prefeito configura ato de improbidade administrativa previsto no art. 11, VI da Lei n. 8.429/1992[1]. No julgamento do Agravo Interno no REsp n. 1.518.133/PB, o Órgão Ministerial imputava a conduta ímproba ao ex-Prefeito da Barra de Santa Rosa/PB, por ter apresentado a destempo a prestação de contas referente a Convênio com o FNDE para o recebimento de recursos financeiros.

O Tribunal de origem consignou que, apesar das contas terem sido apresentadas de maneira extemporânea, não ocasionaram prejuízos ao erário, na medida em que o saldo remanescente foi devolvido ao FNDE, motivo pelo qual ausente o dolo na conduta do Prefeito. Nesse contexto, o Ministro Napoleão reconheceu inexistir ato ímprobo, haja vista a necessidade da vontade do agente "em omitir-se ao seu dever legal de justificar ao órgão competente os gastos efetuados pela Prefeitura", o que foi acompanhado pelos demais Ministros.

Ressai evidente o entendimento do Ministro e da Primeira Turma, no sentido de que a improbidade é uma ilegalidade qualificada pelo intuito malsão do agente, de modo a atuar com desonestidade, malícia, dolo ou culpa grave, distinguindo-se da mera irregularidade ou ilegalidade. Nesse sentido, veja-se o entendimento exposto na ementa daquele julgado:

> DIREITO SANCIONADOR. AGRAVO INTERNO EM RECURSO ESPECIAL. AÇÃO CIVIL PÚBLICA POR SUPOSTO ATO DE IMPROBIDADE ADMINISTRATIVA. IMPUTAÇÃO PELO ART. 11, VI [...] CONVÊNIO 816.101/2007, CELEBRADO ENTRE O MUNICÍPIO DE BARRA DE SANTA ROSA/PB E O FUNDO NACIONAL DE DESENVOLVIMENTO DA EDUCAÇÃO. ATRASO NA PRESTAÇÃO DE CONTAS. CONDUTA QUE NÃO SE SUBSUME AO ART. 11, VI DA LIA, QUE DISCIPLINA O ATO ÍMPROBO ENSEJADOR DE OFENSA AOS PRINCÍPIOS NUCLEARES ADMINISTRATIVOS POR AUSÊNCIA DE PRESTAÇÃO DE CONTAS, QUANDO SE ESTÁ OBRIGADO A FAZÊ-LO. ACÓRDÃO DO TRF DA 5a. REGIÃO MANTIDO, POIS, DE FATO, NÃO HÁ TIPICIDADE FORMAL NA LIA QUANTO A EVENTUAL PRAZO DE DEMORA NA PRESTAÇÃO DE CONTAS PELO EX-PREFEITO QUE PUDESSE SIGNIFICAR A LINHA DE CRUZAMENTO PARA INGRESSO EM ATO ÍMPROBO. ADEMAIS, AS INSTÂNCIAS ORDINÁRIAS FORAM UNÂNIMES EM RECONHECER

[1] Art. 11. VI – deixar de prestar contas quando esteja obrigado a fazê-lo.

QUE O ENTÃO ALCAIDE APRESENTOU AS CONTAS DO CONVÊNIO, AINDA QUE A DESTEMPO, SINALIZANDO A FUNDAMENTAL DISTINÇÃO ENTRE IRREGULARIDADES FORMAIS E IMPROBIDADE ADMINISTRATIVA. REGISTRE-SE, TAMBÉM, QUE A IDENTIFICAÇÃO DO DOLO É FUNDAMENTAL PARA A CONDENAÇÃO POR ATO MALEFICENTE, O QUE NÃO OCORREU NA HIPÓTESE. AGRAVO INTERNO DO MPF A QUE SE NEGA PROVIMENTO. (REsp n. 1.518.133/PB, Rel. Min. Napoleão Nunes Maia Filho, Primeira Turma DJe n. 21.09.2018).

Apesar dessa definição, existem condenações fundadas no dolo genérico, segundo o qual o servidor público possui conhecimento da ilicitude da conduta, porém, ausente a especificidade no elemento subjetivo do agente. Com efeito, no julgamento do REsp n. 1.536.895/RJ, a Corte analisou o caso do Prefeito do Rio de Janeiro condenado por ato ímprobo previsto no art. 11, *caput* e I da LIA, que disponibilizou recursos do Município para a construção da Igreja de São Jorge em Santa Cruz, no montante de R$ 150.000,00 (cento e cinquenta mil reais). O e. TJRJ manteve as sanções de suspensão dos direitos políticos, pagamento de multa e proibição de contratar com o Poder Público.

A Corte de Origem fundamentou a condenação na existência de dolo genérico na conduta do agente público em aplicar recursos financeiros para promover obras e evento religioso, o que violaria, inclusive, a laicidade estatal. Contudo, o Ministro Napoleão entendeu que o aresto recorrido contraria o entendimento pacífico do STJ, no sentido de ser necessária a demonstração do elemento subjetivo do servidor público, bem como a má-fé ou malícia do acusado, ainda que o dolo seja genérico.

No voto, o Ministro consignou inexistir dolo quando "a conduta estiver respaldada em alegação aceitável, em algo razoável, em algo que se pode entender como suficiente". No caso submetido a julgamento, Napoleão entendeu consistir em mera ilegalidade por violar a laicidade estatal, porém, ausente o propósito desonesto do Prefeito, na medida em que atendia a solicitação dos fiéis daquela região.

Noutro prisma, Napoleão também entendeu que o ato tido como ímprobo deve ser administrativamente relevante, isto é, quando a conduta for insignificante ou de importância mínima, torna-se desnecessária a aplicação das graves sanções previstas na LIA, em razão do princípio da bagatela na esfera da improbidade administrativa.

Nesse sentido, a Primeira Turma seguiu o voto do Ministro Napoleão para dar provimento ao REsp, em virtude da ausência de dano ao erário e da desonestidade na conduta do agente público, de maneira a registrar o entendimento de que o dolo genérico não se perfaz apenas com a consciência da ilicitude, mas também da má-fé do servidor público, a fim de impedir condenações arbitrárias e a banalização das imputações fundadas no art. 11 da Lei de Improbidade. Confira-se a ementa daquele julgado:

> PROCESSUAL CIVIL E ADMINISTRATIVO. IMPUTAÇÃO DA PRÁTICA DE ATO DE IMPROBIDADE ADMINISTRATIVA. CONSTRUÇÃO DA IGREJA DE SÃO JORGE, EM SANTA CRUZ, BAIRRO DA PERIFERIA DO MUNICÍPIO DO RIO DE JANEIRO/RJ. INDISPENSABILIDADE DE COMPROVAÇÃO DO DOLO DO AGENTE, PARA CONFIGURAR-SE IMPROBIDADE, NOS CASOS DO ART. 11 DA LEI 8.429/92. CARÊNCIA DE DEMONSTRAÇÃO PROBATÓRIA CONSISTENTE, DE MODO A SUPORTAR JUÍZO CONDENATÓRIO QUANTO ÀS IMPUTAÇÕES DE ENRIQUECIMENTO LÍCITO, DANO AO ERÁRIO E CONDUTA DOLOSA DO AGENTE. RECURSOS ESPECIAIS AOS QUAIS SE DÁ PROVIMENTO [...] (REsp n. 1.536.895/RJ, Rel. Min. Napoleão Nunes Maia Filho, Primeira Turma, DJe 08.03.2016).

1.2. O *in dubio pro societate* e a justa causa nas ações de improbidade administrativa

A Lei n. 8.429/1992 estabelece que após a manifestação do acusado sobre a ação de improbidade, o juiz proferirá decisão fundamentada sobre a sua rejeição na hipótese em que convencido sobre a inexistência de ato ímprobo, improcedência da ação, inadequação da via eleita ou determinará a citação do Réu para contestar a ação, nos termos do art. 17, §§8º e 9º do diploma sancionador[2].

Sobre a matéria, a Corte Superior se manifestou no julgamento do Agravo Interno no AREsp n. 961.744/RJ, no qual o Prefeito do Rio de Janeiro foi acusado de ato ímprobo pela contratação, sem prévia licitação, da Obra Social do Rio de Janeiro, na qual foram utilizados recursos provenientes dos Fundos Municipais de Assistência Social e de Direitos da Crianças e do Adolescente.

[2] Art. 17. § 8º. Recebida a manifestação, o juiz, no prazo de trinta dias, em decisão fundamentada, rejeitará a ação, se convencido da inexistência do ato de improbidade, da improcedência da ação ou da inadequação da via eleita.

Na origem, o órgão acusador imputou as condutas ímprobas previstas no art. 10, VII e art. 11, *caput* da Lei n. 8.429/1992, relativas ao dano erário por ausência de procedimento de licitação e ofensa aos princípios da administração pública. O Juízo de primeiro grau recebeu a inicial acusatória apenas sob o fundamento do princípio do *in dubio pro societate*, ressaltando que os fatos alegados configuram, em tese, atos de improbidade administrativa. Essa decisão foi mantida pela Corte de Justiça, que consignou o dever de fundamentação do juiz apenas para a decisão que não recebe a ação de improbidade.

O AREsp foi distribuído ao Ministro Sérgio Kukina, que manteve a decisão monocrática de sua lavra no sentido de entender pela ausência de vícios na decisão recorrida, bem como por estar em conformidade com a jurisprudência do STJ, segundo a qual a existência de indícios da ocorrência de ato ímprobo e da autoria do agente público já autoriza o processamento da lide sancionadora, em obediência ao princípio do *indubio pro societate* (REsp n. 1.197.406/MS, Rel. Min. Eliana Calmon, 2ª Turma, DJe 22.08.2013 e REsp n. 1.108.490/RJ, Rel. Min. Herman Benjamin, 2ª Turma, DJe 15.09.2016).

O Ministro Napoleão abriu a divergência para consignar a ausência de fundamentação do aresto recorrido, por ter recebido a ação de improbidade, apenas em virtude do princípio *indubio pro societate*. No voto, o Ministro defende a tese de que não só a decisão que rejeita a ação de improbidade deve ser fundamentada, mas também o *decisum* que recebe a lide sancionadora, de modo a apreciar, ainda que minimamente, os argumentos da defesa e o conjunto probatório dos autos, a fim de impedir processos temerários.

Ressaltou, ainda, o grave constrangimento da pessoa, que é acusada de ter cometido ato ímprobo, sobretudo, quando for autoridade pública, por repercutir na sua esfera política. Nesse sentido, em sede doutrinária, Napoleão afirma que a "*justa causa não é apenas uma questão jurídica ou uma questão de ordem legal, mas também uma questão de ordem moral, que envolve imediatamente, a reputação da pessoa acionada, o seu bom nome, a sua boa fama e o seu conceito social*[3]".

Além disso, consignou precedentes do STJ, que reconhecem a nulidade do acórdão recorrido na hipótese em que ausente a fundamentação para o

[3] MAIA FILHO, Napoleão Nunes. A justa causa e outros temas da ação de improbidade: Ensaio de crítica jurídica. Fortaleza: Imprece, 2017, p. 59.

recebimento da lide sancionadora (AgRg no REsp. 1.423.599/RS, Rel. Min. BENEDITO GONÇALVES, DJe 16.5.2014 e AgRg no REsp. 1.454.702/PE, Rel. Min. HERMAN BENJAMIN, DJe 27.11.2014). Desse modo, em seu voto, o Ministro consignou que o Tribunal de origem não analisou o conjunto probatório, tampouco os fundamentos da defesa do acusado para permitir o processamento da ação de improbidade.

Em relação ao princípio do *indubio pro societate*, o Ministro consignou que tal máxima não pode justificar o recebimento das iniciativas sancionadoras, por dificultar a defesa do acusado, ante a preponderância do interesse público sobre as garantias individuais. A esse respeito, o Ministro Napoleão afirma que a exigência da justa causa promove *"um freio ou um filtro às afoitezas acusatórias, criando um limite não ultrapassável ao exercício do poder estatal de acusar*[4]*"*.

Vê-se que, segundo Napoleão, o princípio do *indubio pro societate* revela-se em autoritarismo estatal, na medida em que os juízes atribuem a prevalência aos resultados sancionadores pretendidos em face das prerrogativas dos acusados. Por esse motivo, o Ministro ressalta o dever dos juízes de impedir o processamento de ações infundadas, sem elementos probatórios mínimos da ocorrência dos fatos alegados.

A esse respeito, Napoleão afirma que essa obrigação imposta ao Juiz decorre dos princípios do Direito Sancionador e da própria Lei n. 8.429/1992, que estabelece *"a nítida intenção de não se permitir a instauração ou trâmite de ações de improbidade afoitas. Isso quer dizer que o Juiz deve sempre estar atento para impedir instalações ou o curso de ações punitivas vácuas, caprichosas ou mesmo eivadas de temeridade*[5]*"*, em virtude do procedimento previsto no art. 17, §§6º, 7º, 8º, 10 e 11 do referido diploma legal.

Por essa razão, a Primeira Turma concluiu por acolher a preliminar de nulidade suscitada pelo Ministro, de maneira a determinar o retorno dos autos à origem para novo exame da admissibilidade da inicial acusatória. Confira-se a ementa do julgado:

> DIREITO SANCIONADOR. AGRAVO INTERNO EM ARESP. SUBLEVAÇÃO DO ENTÃO PREFEITO DO MUNICÍPIO DO RIO DE JANEIRO/

[4] MAIA FILHO, Napoleão Nunes. A justa causa e outros temas da ação de improbidade: Ensaio de crítica jurídica. Fortaleza: Imprece, 2017, p. 54.

[5] MAIA FILHO, Napoleão Nunes. A justa causa e outros temas da ação de improbidade: Ensaio de crítica jurídica. Fortaleza: Imprece, 2017, p. 87.

RJ CONTRA DECISÃO MONOCRÁTICA DO EMINENTE RELATOR, MIN. SÉRGIO KUKINA, QUE MANTEVE ACÓRDÃO DO TJ/RJ, ESTE QUE CONFIRMOU A DECISÃO DE RECEBIMENTO DA PETIÇÃO INICIAL DA AÇÃO DE IMPROBIDADE NO JUÍZO DE PRIMEIRO GRAU, COM ESTEIO NO *IN DUBIO PRO SOCIETATE.* ALEGAÇÃO DO ÓRGÃO ACUSADOR, O MP/RJ, DE QUE O ENTÃO CHEFE DO PODER EXECUTIVO DA CAPITAL FLUMINENSE NÃO REALIZOU PRÉVIA LICITAÇÃO PARA FIRMAR CONVÊNIO ENTRE A MUNICIPALIDADE E A OBRA SOCIAL DO RIO DE JANEIRO, A PARTIR DO QUAL SERIAM APLICADOS RECURSOS ORIUNDOS DE FUNDOS MUNICIPAIS DE ASSISTÊNCIA SOCIAL E DE DIREITOS DA CRIANÇA E DO ADOLESCENTE. PRELIMINAR DE NULIDADE DO ARESTO POR AUSÊNCIA DE FUNDAMENTAÇÃO NA DECISÃO DE RECEBIMENTO DA PETIÇÃO INICIAL DA ACP. ACOLHE-SE A PRELIMINAR, POIS O ARESTO NÃO APRESENTA MOTIVAÇÃO NO CASO CONCRETO QUANTO AOS ELEMENTOS INDICIÁRIOS AUTORIZADORES DO PROCESSAMENTO DA AÇÃO DE ORIGEM. AGRAVO INTERNO DO DEMANDADO PROVIDO PARA ACOLHER-SE A PRELIMINAR DE NULIDADE DO ARESTO. (AREsp n. 9.61.744/RJ, Redator p/a Acórdão Min. Napoleão Nunes Maia Filho, Primeira Turma, DJe 02.06.2020).

Verifica-se o entendimento de que (i) a decisão que recebe a ação de improbidade deve ser fundamentada, analisando-se os argumentos da defesa e o conjunto fático-probatório dos autos e (ii) o princípio *indubio pro societate* não é apto a justificar o recebimento da ação de improbidade, ou, nas palavras de Napoleão:

> o juiz não deve aceitar a ação sancionadora, se a análise dos dados objetivados na sua inicial não lhe dá segurança indiciária quanto à culpabilidade do imputado [...] não lhe sendo possível, nessa oportunidade, proceder de modo simplesmente burocrático ou escudado no impreciso *in dubio pro societate,* cujas nascentes não são identificáveis[6].

[6] MAIA FILHO, Napoleão Nunes. A justa causa e outros temas da ação de improbidade: Ensaio de crítica jurídica. Fortaleza: Imprece, 2017, p. 93.

1.3. A proporcionalidade das sanções por ato de improbidade administrativa. A não incidência das súmulas 7/STJ e 284/STJ nos casos excepcionais

Ademais, outro tema importante na jurisprudência do STJ em matéria de Direito Administrativo Sancionador consiste no princípio da proporcionalidade nas condenações por atos ímprobos. Por vezes, a Corte Superior realiza a revisão das sanções fixadas na origem, motivo pelo qual se torna necessário o afastamento da súmula n. 7/STJ e 284/STF, a fim de permitir maior análise da situação fática delineada no acórdão recorrido.

No julgamento do Agravo Interno no REsp 1.788.833/MG, a Corte se manifestou sobre a condenação da Recorrente, que pretendia a revisão da sanção de perda do cargo público, em razão de ato culposo de improbidade administrativa.

Na origem, a Recorrente foi condenada pela conduta prevista no art. 10, I da Lei n. 8.429/1992, por ter assinado atas de comparecimento, habilitação e julgamento, sem ter realmente produzido as reuniões em procedimento licitatório fraudulento, que lesionou o patrimônio público. A despeito do Juízo de origem ter concluído pela ausência de dolo na conduta do agente público, a Recorrente foi condenada nas sanções de perda da função ocupada, no ressarcimento de R$ 20.250,00 ao Município de Delfim Moreira e ao pagamento de multa no valor de 1/3 do valor integral do dano.

O caso foi distribuído para o Ministro Gurgel de Faria, que proferiu voto no sentido de manter a decisão monocrática de sua lavra e negar provimento ao Agravo Interno, em razão da incidência da súmula 7/STJ, na medida em que a análise da dosimetria das sanções de improbidade implicaria no reexame fático-probatório, o que impediria a atuação da Corte Superior, segundo a jurisprudência da Corte (AgRg no AREsp 112.873/PR, relatora Ministra Regina Helena Costa, Primeira Turma, DJe 17/02/2016; AgInt no REsp 1.576.604/RN, relator Ministro Mauro Campbell Marques, Segunda Turma, DJe 15/04/2016).

Em voto-vista apresentado, o Ministro Napoleão abriu divergência para consignar a competência do STJ em situações excepcionais, nas quais se torna necessário o controle dos excessos na dosimetria, haja vista a desproporcionalidade entre a conduta imputada e a sanção aplicada na origem. Nesse sentido, torna-se necessário o afastamento da Súmula 7/STJ, a fim de permitir a análise a respeito da dosimetria das sanções, ante o delineamento fático do caso. Em sede doutrinária, o Ministro Napoleão define o princípio da proporcionalidade como:

a realização da justiça no caso concreto, confinante na equidade; sem essa inflexão que se objetiva na decisão, poderá ocorrer de a solução encontrada se afastar da sua indispensável função ética, a qual, segundo Hugo de Brito Machado, é a única forma de se conseguir a realização dos fins essenciais do Direito, vale dizer, a realização dos valores da segurança e da justiça[7].

Por esse motivo, o Ministro concluiu que a Corte de origem incorreu em excesso na condenação, por ter reconhecido a modalidade culposa do ato ímprobo cometido pela Recorrente – atuação negligente na Comissão de Licitação – porém manteve a sanção mais grave da Lei n. 8.429/1992, qual seja, a perda do cargo público ocupado, reservada apenas para as condutas dolosas, direcionadas ao enriquecimento ilícito. Desse modo, deu provimento ao recurso para afastar a sanção aplicada na origem, sendo seguido pelos demais Ministros da Primeira Turma. Confira-se a ementa do julgado *in verbis*:

> [...] II. NA ANÁLISE DA QUANTIFICAÇÃO DAS INSTÂNCIAS ORDINÁRIAS EM CAUSAS QUE ENVOLVAM SANÇÕES POR IMPROBIDADE ADMINISTRATIVA, INDENIZAÇÃO POR DANO MORAL E HONORÁRIOS ADVOCATÍCIOS DE SUCUMBÊNCIA, ESTA CORTE SUPERIOR JÁ NÃO TEM SE CONTENTADO MAIS COM A SIMPLES APLICAÇÃO DA SÚMULA 7/STJ. III. DE FATO, ESTA CORTE SUPERIOR DESENVOLVEU, AO LONGO DOS TEMPOS, COMPETÊNCIA PARA DETECTAR AS CHAMADAS HIPÓTESES EXCEPCIONAIS, CARACTERIZADAS POR CONTROLE DE LEGALIDADE SOBRE EXCESSOS OU IRRISORIEDADES NO QUANTUM ORIUNDO DOS TRIBUNAIS DE ORIGEM. [...] IV. O CASO DOS AUTOS É EXCEPCIONAL, EM QUE A SANÇÃO DE PERDA DA FUNÇÃO PÚBLICA SE MOSTROU EXORBITANTE, DIANTE DE CONDUTA RECONHECIDAMENTE CULPOSA. V. AGRAVO INTERNO DA DEMANDADA PROVIDO, DE MODO A AFASTAR A SANÇÃO DA PERDA DE FUNÇÃO PÚBLICA, BEM COMO A MULTA IMPOSTA NOS EMBARGOS DE DECLARAÇÃO. (REsp n. 1.788.833/MG, Redator p/a acórdão Min. Napoleão Nunes Maia Filho, Primeira Turma, DJe 13.03.2020).

[7] MAIA FILHO, Napoleão Nunes. Princípios Jurídicos e Garantismo Judicial: atitude antipositivista e jurisdição includente. Fortaleza: Imprece, 2016, p. 144.

Noutro julgamento, no AREsp n. 262.865/MG, a Primeira Turma se debruçou sobre o caso do Médico condenado pelo art. 11 da Lei n. 8.420/1992 por ter realizado cobranças de honorários pelos serviços prestados a pacientes do SUS no Município de Caratinga/MG. Neste caso, o Ministro Napoleão manteve o entendimento anterior, segundo o qual se afasta a incidência da Súmula 7/STJ para permitir a revisão das sanções aplicadas quando verificada a ausência de proporcionalidade e razoabilidade na dosimetria fixada pelo Tribunal de Origem.

A Turma seguiu o entendimento do Ministro Napoelão, no sentido da impossibilidade de aplicação da pena da perda da função pública ocupada, em razão do Recorrente ser o médico que mais realiza partos e plantões no SUS, reconhecendo o deslize do agente público pelo cometimento de conduta ímproba. Desse modo, o Ministro concluiu que a sanção de suspensão dos direitos políticos e de proibição de contratar com o Poder Público impostas ao Recorrente seriam excessivas, sobretudo, por inexistir lesão ao erário, tampouco enriquecimento ilícito por parte do servidor.

Com efeito, negou-se provimento ao Agravo Interno do Ministério Público para manter a decisão monocrática que deu parcial provimento ao REsp, a fim de reduzir as sanções aplicadas na origem apenas para o pagamento de multa civil em 05 vezes o valor da remuneração do agente a época dos fatos. Veja a ementa do julgado:

> SANCIONADOR. AGRAVO INTERNO NO AGRAVO EM RECURSO ESPECIAL. AÇÃO DE IMPROBIDADE ADMINISTRATIVA EM DESFAVOR DE MÉDICO PERTENCENTE AO SUS POR COBRANÇA INDEVIDA DE HONORÁRIOS. ATO VIOLADOR DOS PRINCÍPIOS ADMINISTRATIVOS (ART. 11 DA LIA). DOSIMETRIA DA PENA. POSSIBILIDADE DE REVISÃO NESTA INSTÂNCIA QUANDO EVIDENCIADA A AUSÊNCIA DE PROPORCIONALIDADE DAS PENAS APLICADAS. NO TRIBUNAL DE ORIGEM, HOUVE A CUMULAÇÃO DAS SANÇÕES DE SUSPENSÃO DE DIREITOS POLÍTICOS, DE PROIBIÇÃO DE CONTRATAR COM O PODER PÚBLICO E DE MULTA CIVIL, EMBORA RECONHECIDO OS BONS PRÉSTIMO DO IMPLICADO ENQUANTO MÉDICO CONVENIADO. EXORBITÂNCIA VERIFICADA. DECISÃO MONOCRÁTICA QUE DEVE SER MANTIDA. AGRAVO INTERNO DO MPF A QUE SE NEGA PROVIMENTO (AREsp n. 262.865/MG, Rel. Min. Napoleão Nunes Maia Filho, Primeira Turma, DJe 01.04.2020).

Assim, verifica-se o entendimento do Ministro Napoleão, acompanhado pela Primeira Turma, no sentido de afastar a jurisprudência defensiva relativa a incidência da Súmula 7/STJ quando as situações forem de manifesta desproporcionalidade, de modo a justificar o reexame do delineamento fático, ante as sanções aplicadas pelo Tribunal de Origem.

1.4. Posicionamento divergente quanto a interpretação conforme da sanção de cassação da aposentadoria

Em matéria de Direito Administrativo Sancionador, o Ministro Napoleão se posiciona por assegurar os direitos individuais, em face dos anseios punitivistas, na medida em que "*o sistema de garantias jurídicas das pessoas visadas nos procedimentos punitivistas, quaisquer que sejam, no entanto, não opera pela simples força conceitual dos seus próprios enunciados, porque sua eficácia é algo prático e concreto, que depende do empenho dos julgadores na sua efetivação*[8]".

A exemplo disso é o entendimento do Ministro a respeito da sanção de cassação da aposentadoria, o qual diverge do posicionamento majoritário do STJ, porém, é de suma relevância, sobretudo, para a análise dos princípios do Direito Administrativo Sancionador, sob a ótica do garantismo judicial.

No julgamento do Mandado de Segurança n. 19.311/DF, a Primeira Turma foi instada a se manifestar sobre o caso do Servidor Público da Polícia Federal, que foi acusado em Processo Administrativo Disciplinar por extração e comércio ilegal de diamantes da reserva indígena Roosevelt em Rondônia, o que representaria violações disciplinares previstas nos arts. 43, VIII, IX e XLVIII e art. 117, XVI da Lei n. 8.112/90.

Ao final do processo administrativo, o Ministro da Justiça expediu Portaria publicada em 22.08.2012, que cassou a aposentadoria do Impetrante. No caso submetido a julgamento na Primeira Turma, sob a relatoria do Ministro Napoleão, o servidor público pretendia a concessão de ordem para anular a sanção aplicada na origem.

Em relação a penalidade da cassação da aposentadoria, o Ministro entende ser necessária interpretação a partir da Emenda Constitucional n. 20/1998, que extinguiu a aposentadoria por tempo de serviço e instituiu o benefício previdenciário por tempo de contribuição. Por esse motivo,

[8] MAIA FILHO, Napoleão Nunes. A justa causa e outros temas da ação de improbidade: Ensaio de crítica jurídica. Fortaleza: Imprece, 2017, p. 36.

afirma que antes da referida EC, a aposentadoria se limitava a uma benesse concedida ao servidor público pelo tempo de serviço prestado.

Segundo o Ministro Napoleão, a alteração no texto constitucional promoveria a ressignificação da natureza jurídica da aposentadoria, de modo que "as mudanças promovidas, afastaram a possibilidade de a aposentadoria constituir-se em prêmio concedido ao Servidor, tornando-a um benefício decorrente de um pagamento realizado previamente por este". Com efeito, Napoleão consigna que ao se aposentar no sistema contributivo de Regime Próprio, o beneficiário deixa de ser servidor público, motivo pelo qual se torna impossível romper um vínculo inexistente.

Nesse contexto, o entendimento do Ministro é firme no sentido de que os atos do serviço não podem justificar a cassação da aposentadoria, mas, apenas e tão somente, vícios no preenchimento dos requisitos legais para a concessão do benefício previdenciário. Napoleão fundamenta a necessidade de interpretação conforme da pena de cassação da aposentadoria, em virtude do princípio da dignidade da pessoa humana e do ato jurídico perfeito, na medida em que "não se pode conceber como justa uma penalidade que retira a fonte de subsistência do cidadão aposentado".

Assim, vê-se que a sanção, cuja finalidade consiste em afastar pessoas com inaptidão do serviço público, é transformada em pena de alta gravidade, por inviabilizar a reconstrução da vida digna de quem é aposentado. Contudo, apesar do entendimento sólido do Ministro, o voto no Mandado de Segurança se alinhou ao entendimento majoritário da Primeira Seção do STJ quanto a constitucionalidade da pena aplicada.

Apesar de denegar a segurança – privilegiando o entendimento majoritário – o Ministro ressalvou o posicionamento pela necessidade de interpretação do art. 134 da Lei n. 8.112/90 conforme o texto constitucional, a fim de impedir a cassação da aposentadoria aos servidores públicos. Confira-se a ementa daquele julgamento:

> DIREITO SANCIONADOR. MATÉRIA CONSTITUCIONAL. MANDADO DE SEGURANÇA. EX-SERVIDOR PÚBLICO. AGENTE DA POLÍCIA FEDERAL. PROCESSO ADMINISTRATIVO. IMPUTAÇÃO DE ATOS INCOMPATÍVEIS COM A ATIVIDADE POLICIAL TAMBÉM CAPITULADOS COMO CRIMES. SANÇÃO DE CASSAÇÃO DE APOSENTADORIA. INCOMPATIBILIDADE DA LEGISLAÇÃO QUE A ESTABELECE COM O ORDENAMENTO CONSTITUCIONAL POSTERIOR À EC 20/98. INTERPRETAÇÃO CONFORME DO ART. 134 DA LEI 8.112/90, SEM PRONUN-

CIAMENTO DE SUA INCONSTITUCIONALIDADE. PARECER DO MPF PELA DENEGAÇÃO DA ORDEM. SEGURANÇA DENEGADA, COM RESSALVA DO PONTO DE VISTA DO RELATOR. (MS n. 19311/DF, Rel. Min. Napoelão Nunes Maia Filho, Primeira Turma, DJe 31.08.2017).

Cabe ressaltar que a pena de cassação da aposentadoria não se aplica para a improbidade administrativa. No REsp n. 1.761.937/SP, sob a relatoria do Ministro Napoleão, a Primeira Turma consignou que o art. 12 da Lei n. 8.429/1992 não contempla a cassação do benefício previdenciário, mas apenas a perda da função pública. No voto, o Ministro ressaltou que as normas que cominam penalidades possuem legalidade estrita, não podendo sofrer interpretações extensivas.

De qualquer maneira, o entendimento do Ministro Napoleão – apesar de ser minoritário – expõe com clareza o posicionamento garantista frente ao punitivismo da coletividade, na medida em que privilegia as garantias individuais, notadamente a dignidade da pessoa humana e o ato jurídico perfeito do servidor público aposentado.

2. Conclusão: o garantismo judicial

Na filosofia do processo judicial, observa-se a existência de duas forças que se digladiam: o garantismo e o punitivismo.

O garantismo é devotado à ampliação das oportunidades de defesa do acusado e emite ventos favoráveis à presunção de inocência. Em não raras ocasiões, cerrar fileiras em favor do garantismo é postura muitas vezes vista e rotulada como conivência e lassidão das autoridades no combate aos malfeitos, uma vez que seu opositor, o punitivismo, exerce extenso apelo sentimentalista à guerra contra os ilícitos e, assim, alcança muitos adeptos em tempos de violência social de toda ordem.

O punitivismo se vincula à legalidade extremada, esta oriunda de propostas ligadas à prevenção de atos futuros (ao contrário da simples retribuição pelo que ocorreu no passado), infundida em narrativas sobre o medo e o perigo de eclosão de caos social.

O Ministro Napoleão é um legítimo representante da corrente garantista; pode-se dizer que é um ultragarantista, uma vez que se ancora firmemente à Lógica do Razoável, pensamento que se desvincula da estrita letra da lei, para reforçar o papel do Juiz em prestar a Justiça no caso concreto como exercício de virtude.

Logo se nota que suas decisões infundem a filosofia garantista quando se percebe a outorga de amplíssimas oportunidades de defesa ao acionado, de correta distribuição de ônus da prova, de se exigir a justa causa para o processamento de ações sancionadoras, de dosificar equilibradamente as reprimendas aplicadas, de prestigiar as soluções meritórias em lugar de imposição de obstáculos processuais, de proteção aos pequeninos (uma alusão ao texto bíblico), isto é, aos hipossuficientes.

Vê-se que os julgamentos analisados no presente artigo evidenciam este posicionamento do Ministro por privilegiar as garantias individuais em face dos anseios punitivistas da coletividade, razão pela qual entende por afastar a jurisprudência defensiva relativa as Súmulas 7/STJ e 284/STF para assegurar a justiça no caso concreto. Além disso, nega a aplicação do princípio *in dubio pro societate* e reforça que nem toda irregularidade pode configurar improbidade administrativa, mas apenas aqueles atos eivados de dolo e desonestidade do agente público.

Assim, o presente artigo constatou que – ao longo dos 13 (treze) anos de permanência no STJ – o Ministro Napoleão contribuiu para impedir a prevalência dos posicionamentos punitivistas na Corte Superior de Justiça e na formação de importantes entendimento para a jurisprudência pátria, os quais devem ser mantidos, de modo a garantir a justiça e os direitos fundamentais daqueles que são acusados em iniciativas sancionadoras.

Por fim, cabe destacar que ao lado da preocupação com a tarefa de bem fundamentar, o Ministro Napoleão ocupa-se com a estética do texto, isto é, com sua beleza gráfica. Isso porque a bela apresentação das decisões, votos e ementas revela o zelo, o cuidado, a atenção que o Julgador dá a cada caso, como resultante de um trabalho artesanal, único, dedicado àquela pessoa que clama por Justiça. Afinal de contas, belo é aquilo que, aos olhos, agrada. Nesse sentir, vê-se que o Ministro Napoleão exerceu a mais alta das virtudes – a justiça – juntamente com o zelo inerente as suas decisões, a fim de imprimir beleza na atividade jurisdicional.

Referências

MAIA FILHO, Napoleão Nunes. **A justa causa e outros temas da ação de improbidade: Ensaio de crítica jurídica**. Fortaleza: Imprece, 2017.

MAIA FILHO, Napoleão Nunes. **Princípios Jurídicos e Garantismo Judicial: atitude antipositivista e jurisdição includente**. Fortaleza: Imprece, 2016.

PARTE 3
IMPROBIDADE ADMINISTRATIVA

10
REFORMA DA LEI DE IMPROBIDADE E (DES)CONTINUIDADE NORMATIVA TÍPICA DO ARTIGO 11

Demóstenes Lázaro Xavier Torres
Caio Alcântara Pires Martins

1. Introdução

No dia 26 de outubro de 2021, foi promulgada a Lei nº 14.230, que promoveu substanciais alterações na Lei 8.429, de 1992.

Fruto de um processo democrático robusto, o projeto que deu origem à reforma da Lei de Improbidade passou por quatorze audiências públicas e três seminários, realizados nas cidades de São Paulo, Porto Alegre e Recife, nos quais foram ouvidos mais de 60 especialistas, além de ter sido objeto de análise de vários juristas de distinta qualidade.[1]

Assim, com a devida contribuição de diversos segmentos sociais, a proposta legislativa, após amplo debate no Congresso Nacional, foi aprovada, corrigindo os problemas sociais causados pelo indiscriminado uso do aparato coercitivo do Estado.

Ocorre que, apesar da manifesta intenção do legislador de proteger as garantias e direitos fundamentais da liberdade, resgatando a segurança jurídica no direito sancionador, as mudanças ainda encontram resistência, sobretudo nos órgãos de controle.

Neste trabalho, refletiremos sobre a tese da continuidade normativa típica da antiga redação do artigo 11 da Lei de Improbidade, que depõe contra uma das principais mudanças realizadas nova lei, qual seja, a taxatividade do rol dos atos que violam os princípios da Administração Pública,

[1] BRASIL, 2018.

e que vem, aos poucos, ganhando espaço no debate público sobre a reforma da Lei de Improbidade.

2. A alegada inconstitucionalidade do rol taxativo do artigo 11

Embora sejam claras as circunstâncias sociais e as condições jurídicas que permearam o debate e justificaram a promulgação da Lei 14.320 de 2.021, muitas teses foram e são produzidas para questionar a validade de dispositivos do novo diploma. Entre elas, destaca-se uma corrente que sustenta a continuidade normativa típica da nova redação dada ao artigo 11 da Lei 8.429, de 1992[2], o qual trata de atos de improbidade violadores dos princípios da administração pública. Segundo essa tese, o rol do artigo 11 continua sendo exemplificativo; nada teria mudado.

Para justificar essa conclusão, são articulados vários argumentos. Sustenta-se, em síntese, (i) a existência de um *direito fundamental à probidade administrativa*, derivado de uma leitura sistemática dos artigos 1º, inciso III, 3º, incisos I, II, III e IV, 5º, §2º e 37, §4º, todos da Constituição Federal[34]; (ii) a submissão do legislador, no exercício de conformação do man-

[2] A antiga redação assim prescrevia: "Constitui ato de improbidade administrativa que atenta contra os princípios da administração pública qualquer ação ou omissão que viole os deveres de honestidade, imparcialidade, legalidade, e lealdade às instituições, e notadamente [...]" (BRASIL, 1992). Já o novo diploma reformou o dispositivo para elencar como atos ímprobos aqueles que violem os "[...] deveres de honestidade, de imparcialidade e de legalidade, caracterizada por uma das seguintes condutas: [...]" (BRASIL, 2021).

[3] "Já sustentamos em outra oportunidade – e reafirmo no presente esboço – que a proteção do patrimônio público e de uma gestão pública honesta integram o rol de direitos fundamentais, posto se tratarem do meio pelo qual se atinge o bem comum, a igualdade substancial e a justiça social (e, nessa perspectiva, como não a perceber radicada na concretização da dignidade da pessoa humana?). Logo, se a proteção deferida é inadequada e ineficaz, a nenhuma outra conclusão se pode chegar, do ponto de vista metodológico, que considerar referida conduta como desproporcional em sentido estrito – e, por consequência, inconstitucional" (FERNANDES JÚNIOR, 2021).

[4] "A atividade administrativa, em um Estado que tem como fundamento e fim a dignidade do homem, somente se justifica como instrumento para a realização dessa dignidade, o que se concretiza por meio da efetivação dos direitos fundamentais do homem, num âmbito de liberdade e desenvolvimento solidários. Se é o homem o destinatário da atividade administrativa que tem como fundamento e fim a sua realização como ser dotado de dignidade, há que extrair da disciplina contida nessas disposições constitucionais, para além de um dever de probidade, imposto aos agentes públicos, um correlato direito fundamental à probidade na Administração, titularizado por todos os cidadãos, o que é explicitamente autorizado pelo disposto no artigo 5º, § 2º, da CF/88 [...]" (PRADO, 2021).

damento encartado no artigo 37, §4º da Carta Magna, ao princípio da proporcionalidade, na vertente da *proibição de proteção deficiente*[5]; (iii) que a "seletividade" (leia-se: taxatividade) das condutas ímprobas representaria retrocesso social[6], vedado pelo sistema de direitos fundamentais e pelo artigo 65, 2, da Convenção de Mérida, internalizada na ordem jurídica brasileira como norma de natureza supralegal[7], a qual estabeleceria a necessidade de se preservar a probidade no âmbito da administração pública[8]; (iv) por consequência, a inconstitucionalidade do rol taxativo prescrito no artigo 11 da Lei 8.429, de 1992, mantendo-se o entendimento até então firmado (rol exemplificativo).

A construção teórica formulada confere à probidade *status* de direito fundamental, possibilitando o uso indiscriminado do conceito de *retrocesso* – seja ele social ou legislativo -, com o fim de preservar o disfuncional sistema de improbidade que vigorou até 2021. É o risco do retrocesso, portanto, que sustenta a grande parte – senão a totalidade – das teses que defendem a inconstitucionalidade da lei.[9]

[5] "Na concretização do direito fundamental à probidade na Administração que se dá, no âmbito legislativo, pela definição dos atos de improbidade administrativa e sua responsabilização, conforme delineado pelo Constituinte no artigo 37, § 4º, não poderá o legislador atuar de modo excessivo, de modo que restrinja direitos fundamentais dos agentes públicos, sem que se concretize, na mesma medida da restrição, o direito fundamental à probidade na Administração, como não pode agir de modo insuficiente, deixando sem efetividade o direito assegurado constitucionalmente. São as facetas constitucionais do princípio da proporcionalidade, que devem orientar a atividade legislativa na concreção dos direitos fundamentais" (PRADO, 2021).

[6] José Carlos Fernandes Júnior, Promotor de Justiça do Estado de Minas Gerais, usa a expressão *retrocesso legislativo,* em vez rez *retrocesso social.* Contudo, a consequência prática buscada é a mesma: assegurar uma abertura semântica dos textos normativos que regulam os atos de improbidade administrativa (2021).

[7] BRASIL, 2006.

[8] "A adoção de uma seletividade na definição de condutas caracterizadoras da improbidade administrativa, pelo legislador ordinário, que reduza o âmbito de proteção do direito fundamental à probidade na administração, inclusive já anteriormente concretizado, além de afrontar o conteúdo essencial do direito fundamental à probidade na Administração, cuja violação caracteriza improbidade administrativa, viola o princípio da igualdade, estampado no artigo 5º, inciso I, da CF, constitui evidente violação a vedação de proteção insuficiente e, mais, afronta a vedação de retrocesso social, decorrente do sistema de direitos fundamentais e do disposto no artigo 65, item 2, da Convenção de Mérida, subscrita pelo Brasil e incorporada ao sistema jurídico brasileiro por meio do Decreto 5.687/2006" (PRADO, 2021).

[9] Por exemplo, o risco de retrocesso foi o que justificou o entendimento manifestado pela Procuradoria-Geral da República no ARE 843.989/PR, de que os novos prazos prescricionais,

3. Os direitos fundamentais de liberdade em jogo

Levando em conta os argumentos desenvolvidos para questionar as alterações promovidas pela Lei 14.230/21, pretendemos fazer apenas breves digressões sobre seus principais pontos, pois um exame aprofundado da matéria desbordaria os limites de um artigo. Buscamos, neste momento, evidenciar a natureza meramente retórica – e, quiçá, política –, das razões que justificam a tese da continuidade típica da nova redação dada ao artigo 11 da Lei 8.429, de 1992, bem como dos riscos que representam para o sistema dos direitos fundamentais. Assim, argumentaremos que: (i) o entendimento que confere à probidade administrativa *status* de direito fundamental[10] possibilita, na prática, a deformação do sistema de direitos e garantias fundamentais; (ii) a ideia de que a taxatividade do rol contido no referido artigo violaria o princípio da proporcionalidade, em virtude da proteção deficiente do bem jurídico tutelado (probidade), se funda numa leitura míope do sistema sancionatório brasileiro; (iii) o retrocesso, legislativo ou social, supostamente provocado pela mudança no tratamento dos atos de improbidade que violem princípios da administração pública, não passa de mera abstração acobertadora das condições sociais efetivas que deram origem à reforma.

(i) A probidade como direito fundamental supremo. Não é nova a vertente que classifica a defesa da probidade como direito fundamental de natureza difusa[11]. O problema, entretanto, não é a correção da tese, em si, mas a ausência de aprofundamento do debate teórico acerca das consequências práticas que dela podem advir.

No caso da tese da continuidade normativa típica do artigo 11, a qualificação da probidade como direito fundamental é a premissa que autoriza a apropriação discursiva de mecanismos do sistema de direitos fundamentais, como o princípio da proporcionalidade e a vedação ao retrocesso, e

para atos de improbidade cometidos antes da reforma, apenas deveriam ser computados a partir da data de sua promulgação (Muniz, 2022). Nesse sentido, embora, tradicionalmente, tanto a academia quanto os tribunais reconheçam a retroatividade de normas de natureza material – como as que tratam de prazos prescricionais –, o argumento do retrocesso *legislativo* é utilizado como meio para afastar toda a tradição jurídica formada e, por fim, a garantia individual da retroatividade da norma sancionatória mais benéfica, prevista no artigo 5º, inciso XL, da Constituição Federal.

10 Cf. Prado, 2021.

11 Cf. Remédio; Lopes, 2019.

permite uma interpretação extremamente expansiva do artigo 37, §4º, da Constituição Federal. Nesse sentido, sustenta Zamalloa do Prado:

> Se é o homem o destinatário da atividade administrativa que tem como fundamento e fim a sua realização como ser dotado de dignidade, há que extrair da disciplina contida nessas disposições constitucionais, para além de um dever de probidade, imposto aos agentes públicos, um correlato direito fundamental à probidade na Administração, titularizado por todos os cidadãos, o que é explicitamente autorizado pelo disposto no artigo 5º, § 2º, da CF/88:
>
> [...]
>
> O que objetivou, portanto, o Constituinte, ao estabelecer uma rígida disciplina para a improbidade administrativa, inclusive com a imposição de sanções civis ao agente público violador do dever de probidade, foi garantir uma proteção constitucional ao direito fundamental à probidade na Administração.
>
> A improbidade administrativa, como violação ao dever de probidade, não foi concretamente definida pelo Constituinte, mas este deu a ela contornos constitucionais a serem observados pelo legislador ordinário, no cumprimento da determinação constitucional de concretização, por meio da atividade legislativa, da proteção ao direito fundamental à probidade na Administração.
>
> Dessa forma, há uma delimitação constitucional para a definição, pelo legislador ordinário, da improbidade administrativa, o que impede a restrição ou a extensão arbitrária de seu conteúdo. Isso significa dizer que não pode o legislador, de modo arbitrário, afastar da definição da improbidade administrativa condutas que estejam contidas no delineamento feito pelo constituinte e que tenham o mesmo potencial de violação ao direito fundamental à probidade na Administração, que outras condutas incluídas, por lei, na definição da improbidade.[12]

Esse suposto direito fundamental, derivado do poder constituinte originário, representaria uma limitação imposta ao legislador, que estaria impedido de, no exercício de conformação do texto constitucional, restringir *arbitrariamente* o conteúdo das condutas ímprobas. A vedação decorreria do princípio da proporcionalidade, na dimensão da proteção insuficiente:

[12] PRADO, 2021.

> Na concretização do direito fundamental à probidade na Administração que se dá, no âmbito legislativo, pela definição dos atos de improbidade administrativa e sua responsabilização, conforme delineado pelo Constituinte no artigo 37, § 4º, não poderá o legislador atuar de modo excessivo, de modo que restrinja direitos fundamentais dos agentes públicos, sem que se concretize, na mesma medida da restrição, o direito fundamental à probidade na Administração, como não pode agir de modo insuficiente, deixando sem efetividade o direito assegurado constitucionalmente. São as facetas constitucionais do princípio da proporcionalidade, que devem orientar a atividade legislativa na concreção dos direitos fundamentais.[13]

Além disso, para a autora, a adoção de um rol taxativo, como fez o legislador, violaria o princípio da igualdade (art. 5º, inciso I, da CF) e infringiria a vedação ao retrocesso social.[14] A solução, assim, após extensa construção teórica de natureza constitucional, é encontrada na mera interpretação gramatical do novo texto:

> Valendo da interpretação gramatical, pode-se extrair da disposição que a utilização da preposição "de", sem a determinação decorrente de sua contração com o artigo "a" ou "as", atribui uma indeterminação às condutas ali referenciadas, a qual, em conjunto com a menção, também ampla e genérica, à "categoria" dos atos de improbidade que violam princípios da Administração Pública, permite a conclusão de que a disposição amplia a tipicidade contida no artigo 11, caput, da Lei 8.429/92. Essa interpretação compatibiliza-se com a estrutura típico-normativa aberta, estatuída no artigo 9º e no artigo 10, da Lei 8.429/92, como corolário do sistema instituído pelo artigo 37 da CF/88, aos quais o disposto no artigo 11 adere, para a autointegração do sistema de responsabilização previsto no artigo 1º, caput, da Lei 8.429/92.[15]

Embora a leitura literal realizada tenha desconsiderado a parte final do novo texto, que substituiu o advérbio "notadamente" pela expressão "caracterizada por uma das seguintes condutas", a confusão teórica é a característica que mais marca o raciocínio desenvolvido no referido artigo.

Os direitos fundamentais são classicamente divididos pela doutrina em gerações – ou dimensões. Os de primeira geração compõem-se de man-

[13] PRADO, 2021.

[14] PRADO, 2021.

[15] PRADO, 2021.

damentos que visam tutelar a liberdade individual contra a intervenção do Estado; já os direitos de segunda geração, chamados de prestacionais, possuem característica oposta, pois reclamam uma intervenção estatal para corrigir as distorções sociais provocadas pelo seu absenteísmo; por seu turno, os direitos fundamentais de terceira geração seriam aqueles de natureza difusa e transindividual, afetos a toda a coletividade.

Tais direitos, portanto, funcionam de forma *sincrônica*. A abstenção do Estado em favor da liberdade dos indivíduos é compensada pela sua intervenção no plano social, em que atua positivamente para corrigir as distorções causadas pelo seu afastamento; ao lado disso, o Estado promove os direitos coletivos *latu sensu* necessários à fruição das condições materiais mínimas para o desenvolvimento adequado de uma vida digna em sociedade. É nesta última categoria que o suposto direito fundamental à probidade estaria inserido.[16]

Ocorre, no entanto, que a interpretação dada no artigo para caracterizar a probidade como direito fundamental, a coloca no centro do sistema. Lida deste modo, a probidade acaba por figurar como uma espécie de princípio fundante do sistema de direitos e garantias fundamentais, incidindo de modo a conformá-lo sob uma ótica estritamente sancionatória. Esse raciocínio autoriza a apropriação discursiva de princípios típicos do sistema de direitos humanos, como acontece quando a citada articulista diz que o reconhecimento da taxatividade do rol de condutas do artigo 11 representaria afronta ao princípio da proporcionalidade, na sua dimensão da proteção deficiente, e à vedação de retrocesso social. Disso surgem os problemas de ordem prática.

Primeiro, é preciso advertir que a expressão *retrocesso social* tem relação com os direitos fundamentais de segunda geração, de caráter prestacional, tratando-se de elemento argumentativo que visa reforçar a "tutela dos direitos sociais contra toda e qualquer medida que implique em supressão ou restrição ilegítima dos níveis vigentes de proteção social".[17] Segundo, embora a vedação ao retrocesso possa ser "aplicada" a todas as esferas dos direitos fundamentais, esse argumento perde toda a sua validade se a sua aplicação resulta na total ineficácia dos direitos que compõem alguma de suas gerações.

[16] Remédio; Lopes, 2019, p. 169.
[17] Sarlet, 2009, p. 124.

O princípio da proporcionalidade, por sua vez, embora contemporaneamente também se manifeste de modo a impor ao Estado um "dever de proteção, de forma a coibir a sua inação ou atuação deficiente"[18], foi "concebido tradicionalmente como um instrumento para o controle de excessos no exercício do poder estatal, visando a conter o arbítrio dos governantes."[19] A proporcionalidade, portanto, como norma jurídica balizadora da aplicação dos direitos fundamentais, determina não apenas o dever de proteção, mas, sobretudo, a proibição do excesso estatal, que não pode ser desconsiderada no processo interpretativo das normas constitucionais.

A consequência prática do uso dessas categorias, possibilitada pela ótica que coloca a ordem sancionatória como princípio de coesão sistêmica, causa, ao contrário, grave distorção sistemática. É o que acontece quando se invoca a vedação ao retrocesso para defender o caráter exemplificativo do rol do artigo 11 da Lei 8.429, de 1992. Nesse caso, a proteção a um suposto direito fundamental de terceira geração é realizada com o sacrifício de diversos direitos fundamentais de primeira geração, como, *v. g.*, o princípio da legalidade estrita, fundamento da escolha feita pelo legislador ao optar pela taxatividade na configuração das condutas passíveis de sanção.[20]

Ademais, mesmo que se reconheça a existência de um direito fundamental à probidade administrativa, não se pode concluir que a ele possa ser dado o significado que bem aprouver às autoridades públicas. Admitir a existência, por exemplo, de um direito fundamental ao combate à criminalidade, não autoriza a afirmação de que existe um rol abstrato, historicamente desenraizado, de condutas que deva ser criminalizado ou preservado pelo legislador; essa especificação, com efeito, cabe aos atores do processo democrático.

Não se pode negar que é dever permanente do Estado criar os mecanismos sancionatórios necessários para a repreensão de condutas tidas, em determinado tempo, como merecedoras da sanção estatal. Contudo, não há, diga-se, no texto constitucional a indicação de qualquer conduta

[18] Souza Neto; Sarmento, 2021, p. 482.

[19] Souza Neto; Sarmento, 2021, p. 482.

[20] Do mesmo modo, é possível perceber essa tentativa de interdição dos direitos fundamentais à liberdade na Nota Técnica nº 01/2021, expedida pela 5ª Câmara de Coordenação e Revisão do Ministério Público para interpretar a repercussão da Lei 14.230/2021 no sistema de improbidades (BRASIL, 2021). Em suas trinta e nove páginas, a expressão *retrocesso* é repetida quatro vezes e justamente para atacar a aplicação retroativa da nova lei.

dessa espécie. Do mesmo modo com relação aos atos de improbidade. O mandamento constitucional tratar-se-ia, com efeito, no máximo de um direito à existência de um diploma regulador da matéria, sobretudo porque a própria Constituição Federal reserva à lei, a forma e a gradação do procedimento e das sanções aplicáveis aos atos tidos como ímprobos. Apenas essa leitura preserva a higidez do sistema de direitos fundamentais.

(ii) Proteção deficiente ou excesso punitivo? O argumento de que a taxatividade do rol previsto no artigo 11 viola o princípio da proporcionalidade, na sua faceta da vedação da proteção deficiente, pressupõe, como já dito, o reconhecimento da probidade administrativa como direito fundamento difuso.[21] Todavia, neste ponto, o interessante são os exemplos dados para demonstrar a insuficiência da proteção estatal dada ao bem jurídico tutelado, pela Lei 14.230/21.

Nesse sentido, o Promotor de Justiça José Carlos Fernandes Júnior aduz que:

> [...] à luz da Constituição da República de 1988, a alteração legislativa promovida no artigo 11 da Lei de Improbidade Administrativa é inconstitucional, por violar o postulado da razoabilidade e também o da proporcionalidade, especialmente sob o viés da proibição de proteção deficiente (derivado da doutrina constitucional alemã "untermassverbot").[22]

Para justificar a asserção, o articulista apresenta os seguintes exemplos:

> Mais diretamente, dita restrição, trazida pela novel lei, viola os deveres de congruência e equivalência, apresentando-se desarrazoada, a ponto de pretender que uma série de condutas dolosas, previstas como crimes e também praticadas por agentes públicos no exercício de suas funções, simplesmente sejam ignoradas pelo direito administrativo sancionador.
>
> Vejamos o exemplo de um policial penal que, no exercício de suas funções, nas dependências de um estabelecimento prisional, dolosamente, venha a submeter um detento, sob sua guarda, com o emprego de violência (choques elétricos), a intenso sofrimento físico, como forma de causar-lhe castigo pessoal, em decorrência deste haver lhe dirigido palavras de baixo calão. Trata-se de um claro exemplo da prática do crime de TORTURA, de que trata da Lei

[21] Souza Neto; Sarmento, 2021, p. 482.
[22] Fernandes Júnior, 2021.

> nº 9.455, de 7 de abril de 1997 – equiparado a hediondo por força do artigo 2º da Lei nº 8.072, de 25 de julho de 1990.
>
> Em que pese o alto grau de repulsa de que é merecedora tal conduta, caso venha a vigorar a interpretação de que o rol previsto nos incisos do art. 11 da LIA seria taxativo e não exemplificativo, como pretende a *"letra fria"* da Lei 14.230/2021, ter-se-á a inusitada situação dela (a prática de tortura cometida por agente público, no exercício de suas funções) não configurar o cometimento de ato de improbidade administrativa, isenta de qualquer incidência da Lei nº 8.429/92, já que não se amolda a qualquer das figuras previstas no dito dispositivo.
>
> Outra conduta, também digna de destaque e envolvendo a mesma celeuma, é a de agente público que, agindo dolosamente, no exercício de suas funções, procede à obtenção de prova, em procedimento de investigação, por meio manifestamente ilícito, inclusive dela fazendo uso, em desfavor do investigado, com absoluta ciência de sua ilicitude. Preciso exemplo de crime de ABUSO DE AUTORIDADE, tipificado no art. 25 da Lei nº 13.869, de 5 de setembro de 2019, mas que não se enquadra em nenhuma das figuras previstas nos incisos do art. 11 da LIA.[23]

De forma similar, a também Promotora de Justiça, Fabiana Zamalloa Lemes do Prado, sustenta a insuficiência da proteção estatal à probidade administrativa:

> Resulta evidente que a suposta revogação parcial do artigo 11, **caput,** da Lei 8.429/92 e o estabelecimento de um rol supostamente taxativo de condutas violadoras dos princípios da Administração Pública, por reduzir, de forma arbitrária, a proteção ao direito fundamental à probidade da Administração, já concretizada pela legislação anterior pelo legislador ordinário, além de violar o conteúdo essencial do direito fundamental à probidade na Administração, afronta o princípio constitucional da proporcionalidade, pela violação à proibição de proteção insuficiente, e constitui flagrante violação a vedação de retrocesso, decorrente do sistema de direitos fundamentais instituído pela CF/88 e da Convenção de Mérida (artigo 65, item 2).[24]

[23] Fernandes Júnior, 2021.

[24] Prado, 2021.

Para demonstrar o acerto da proposição, articula:

> Isso se revela perceptível diante da constatação de que, uma vez compreendido o artigo 11, *caput*, da Lei 8.429/92 como rol taxativo de condutas violadoras de princípios da Administração Pública, excluídas estariam do âmbito de proteção determinado pelo artigo 37, *caput* e seu § 4º, da CF/88 graves condutas como a concussão, a corrupção passiva, os quais caracterizam crime no sistema jurídico brasileiro, e constituem modalidades de suborno, previsto no artigo 15 da Convenção de Mérida, além de todas as modalidades tentadas de dano ao erário e enriquecimento ilícito. Ainda, condutas outras violadoras dos direitos humanos, quando praticadas no âmbito da Administração Pública, tornar-se-iam um indiferente à luz da proteção constitucional do direito à probidade, apesar de não haver dúvida de sua total incompatibilidade com os princípios estampados no artigo 37 da CF/88 e com toda a principiologia do Estado Democrático de Direito, diante, inclusive, dos mandados constituintes de criminalização de tais condutas.[25]

Há, nas argumentações acima destacadas, uma espécie de contradição performativa, ao se reclamar da ausência da proteção a bem jurídico *já protegido*. Isso é evidenciado na exposição dos autores quando apontam algumas condutas proscritas na esfera penal que não encontram amparo na Lei de Improbidade. Ora, nesses casos, em que determinada conduta já é objeto da tutela penal, *ultima ratio* do poder sancionatório do Estado, a proteção ao bem jurídico se dá em sua máxima expressão. O que se defende, na verdade, é o excesso, a pluralidade de sanções pelo mesmo fato.

Com efeito, a ausência da tipificação de determinada conduta penalmente relevante como ato de improbidade decorre pura e simplesmente do exercício de conformação dado ao legislador pelo §4º do artigo 37 da Constituição Federal. Não cabe ao Ministério Público, nem a órgão estatal diverso, substituir o Congresso no exame da *gradação* dessas medidas, mormente o juízo acerca da necessidade de submissão de alguma conduta a mais de uma esfera sancionatória. Conforme Calil Simão:

> A Lei nº 14.230/21 objetivou colocar fim ao cenário de insegurança jurídica presente na aplicação da Lei nº 8.429/92, e uma de suas preocupações foi reconhecer a existência de um conjunto de regimes de responsabilização que

[25] Prado, 2021.

incidem sobre um mesmo fato, e, a partir desse reconhecimento, evitar que um mesmo sujeito fosse sancionado mais de uma vez pelo mesmo fato ilícito.[26]

A suposta proteção deficiente conferida pela nova Lei de Improbidade, portanto, não passa de mero juízo discricionário do legislador que, ao tipificar os atos de improbidade administrativa, o fez de modo a preservar a necessária tutela da probidade, porém sem violar a outra faceta do princípio da proporcionalidade, qual seja, a *proibição do excesso.*

(iii) O retrocesso e a realidade social. Por último, cumpre desmistificar a ideia de retrocesso, tão propagada, sobretudo, por membros do Ministério Público na prática judicial cotidiana. Embora se argumente, de forma abstrata, que a promulgação da Lei nº 14.320/2021 representou um retrocesso no combate à improbidade administrativa, a verdade é que a reforma se fez necessária exatamente para mitigar o grave problema social causado pela aplicação desarrazoada dos institutos da Lei 8.429, em especial do seu artigo 11.

O entendimento de que o rol das condutas prescritas naquele dispositivo, em sua redação original, era meramente exemplificativo[27], fez com

[26] Simão, 2022, p. 773.

[27] "[...] CARÁTER ABERTO DO ART. 11 DA LEI DE IMPROBIDADE ADMINISTRATIVA 3. Diante do caráter aberto do art. 11 da Lei 8.429/1992, descabe fazer enumeração judicial em numerus clausus de modalidades de improbidade administrativa atinentes a afronta aos princípios da Administração Pública. 4. A conduta do agente ímprobo pode, sim, ser emoldurada no próprio caput do art. 11, sem a necessidade de se encaixar, obrigatoriamente, em uma das figuras previstas nos oito incisos que integram o mesmo artigo. Máxime porque os incisos possuem índole claramente exemplificativa e não de numerus clausus. Basta conferir o final da redação do caput (nave-mãe) que, após indicar a base normativa da conduta ímproba ofensiva a princípios, realça que esse mesmo núcleo estará também caracterizado, "notadamente" (mas não exclusivamente) nas demais condutas identificadas nos incisos subsequentes. Daí resulta que a conduta ímproba realiza-se não só por infração aos incisos do art. 11, mas, antes até, faz-se reconhecível, igual e autonomamente, no tipo genérico e aberto do próprio caput. O STJ já travou discussão anterior e pacificou o entendimento a respeito do caráter exemplificativo das hipóteses previstas no art. 11 da Lei 8.429/1992 (REsp 1.275.469/SP, Rel. Min. Sérgio Kukina, DJe 9/3/2015). 5. Não se podem ossificar as hipóteses de infração aos princípios da (boa) administração, totalmente dependentes da fluida e mutante dinâmica social. Além disso, impende examinar, caso a caso, o elemento subjetivo, diante da situação concreta, inviável aferir abstratamente a conduta, antes que aconteça. Benéfico estabelecer parâmetros genéricos para preservação da segurança jurídica dos cidadãos de modo geral, nomeadamente dos que exercem cargos públicos, algo que já se encontra na lei. Mas não parece recomendável ou prudente criar muros absolutos de

previsão legal milimétrica para comportamentos antissociais altamente cambiantes por sua própria natureza. 6. Conceitos jurídicos indeterminados são imprescindíveis e inevitáveis na regulação de condutas humanas. Encontram-se em todas as disciplinas do nosso ordenamento (inclusive no Direito Penal) e do de outros países, com destaque para aqueles que modelaram e ainda influenciam nossa cultura jurídica. Realidade nacional e internacional, tão longeva quanto assentada, tais técnicas de redação legal asseguram que a norma exiba um mínimo de flexibilidade, de forma a acomodar, na sempre incompleta linguagem e nas fórmulas usadas pelo legislador, a diversidade de casos não positivados expressamente. Por conseguinte, utópico imaginar ser possível legislar sem conceitos jurídicos indeterminados, mormente para a Administração Pública, contaminada por gestores ímprobos, em todos setores e instâncias – felizmente como exceção -, assustadoramente criativos no vandalismo a padrões de ética e lisura administrativas, na apropriação privada de recursos públicos e no assenhoreamento da máquina estatal para desígnios próprios escusos ou em favor de interesses de grupos privilegiados. 7. Mesmo o Direito Penal – ramo da ciência jurídica que trata da liberdade, valor dos mais caros entre os inerentes ao exercício pleno da cidadania – vem repleto de tipos penais abertos que requerem do intérprete (o julgador) esforço complementar para, concretamente, situar seu alcance. Tipos penais abertos definem-se como aqueles que contêm elementos normativos ou subjetivos, de modo que dependem da interpretação para que adquiram sentido e tenham aplicação escorreita. É assim com a maioria dos tipos culposos. Para além desses, identificam-se muitos outros, tais como repouso noturno (art. 155, § 1º, do CP); condição análoga à de escravo (art. 149 do CP); violação a domicílio (art. 150 do CP). Na mesma linha, a noção de imprescindível para as diligências (art. 404 do CPP), para as provas (art. 411, § 7º, do CPP) e para as cartas rogatórias (art. 222-A do CPP); gerir fraudulentamente instituição financeira (art. 4º, caput, da Lei 7.492/1986); gestão temerária (art. 4º, parágrafo único, da Lei 7.492/1983); manifestar-se falsamente o interventor, o liquidante ou o síndico, a respeito de assunto relativo a intervenção, liquidação extrajudicial ou falência de instituição financeira entre outros (art. 15 da Lei do Sistema Financeiro Nacional, destaquei); praticar ato fraudulento de que resulte ou possa resultar prejuízo aos credores (art. 168 da Lei de Falências). 8. Exemplos também podem ser citados na Lei de Responsabilidade dos Prefeitos (Decreto-Lei 201/1967): omitir-se ou negligenciar na defesa de bens, rendas, direitos ou interesses do Município sujeitos à administração da Prefeitura (art. 4º, inciso VIII); impedir o funcionamento regular da Câmara (art. 4º, inciso I). Os mesmos tipos abertos são utilizados na Lei 1.079/1950, que trata dos crimes de responsabilidade do Presidente da República: cometer ato de hostilidade contra nação estrangeira, expondo a República ao perigo da guerra, ou comprometendo-lhe a neutralidade (item 3, artigo 5º); celebrar tratados, convenções ou ajustes que comprometam a dignidade da Nação (item 6 do artigo 5º); proceder de modo incompatível com a dignidade, a honra e o decoro do cargo (item 7 do artigo 9º). O próprio conceito de "organização criminosa", contido no artigo 2º da Lei 12.850/2013 (promover, constituir, financiar ou integrar, pessoalmente ou por interposta pessoa, organização criminosa), reclama exercício hermenêutico judicial. 9. Não é diferente com os conceitos abertos nas qualificadoras do crime de homicídio (artigo 121, § 2º, do Código Penal), um dos mais severamente punidos no Direito Penal. Confiram-se: motivo torpe (inciso I); motivo fútil (inciso II); outro meio insidioso ou cruel (inciso III); mediante dissimulação ou outro recurso que dificulte ou torne impossível a defesa do ofendido (inciso IV). 10. Em síntese, se nem no campo criminal os

que houvesse um aumento exponencial de demandas sancionatórias em todo o Brasil. O medo de figurar no polo passivo de uma das milhares ações de improbidade que tramitam no país inibiu o exercício da atividade administrativa pelos gestores, causando um fenômeno chamado de "apagão das canetas". O resultado foi a paralisação generalizada de obras, que redundou num prejuízo aproximado de R$ 1 trilhão de reais[28]. A crescente ingerência dos órgãos de controle no exercício da atividade administrativa, propiciada pela indeterminação dos textos que regulavam o processo sancionatório pela prática de ato de improbidade, acarretou um grave e efetivo retrocesso social[29], oriundo da inércia provocada pelo medo. Segundo Felipe Ramirez Gullo:

> A alta probabilidade de ser responsabilizado pelo exercício de função pública, por causa de um sistema de controle disfuncionalizado, leva ao medo de responsabilização do agente público. Ao mesmo tempo que o medo é consequência dos excessos do controle, também é causa, à medida que produz respostas disfuncionais visando a autoproteção dos agentes públicos, a exemplo do imobilismo decisório decorrente do medo em decidir, o que pode levar a uma postura mais firme dos órgãos de controle no exercício de sua atividade. O medo reflete, portanto, a incapacidade de gerir estes riscos, pois o grau

Tribunais cogitaram de atuar de modo a, preventivamente e à margem da lei, restringir, em numerus clausus, o alcance e abrangência das disposições abertas – o que tampouco se afiguraria plausível, porque inviável antever e narrar a multiplicidade e a riqueza de situações que a realidade da vida apresenta -, não se vê justificativa para que essa limitação seja executada em matéria civil ou administrativa, ou seja, na improbidade administrativa. 11. Embargos de Divergência providos (SUPERIOR TRIBUNAL DE JUSTIÇA, 2020).

[28] "Há um tripé que paralisa uma parte expressiva das obras públicas no Brasil: o rigor excessivo na regulação, leis insuficientes e o temor de responsabilização de agentes públicos. O clima de insegurança jurídica provoca o chamado "apagão das canetas", uma expressão que se refere à escolha deliberada, por parte dos gestores, de evitar autorizar qualquer iniciativa que envolva o uso de recursos públicos e possa, posteriormente, provocar investigações e punições – que são aplicadas individualmente aos profissionais, mesmo depois que eles deixam seus cargos no serviço público.

O resultado se traduz em números impressionantes: 38% das obras públicas do Brasil estão inacabadas – pelo critério do Tribunal de Contas da União, a definição se aplica a qualquer projeto que não tenha avançado 2% nos últimos 90 dias. Do total, 78% ficam em municípios de até 50 mil habitantes. Erros técnicos e abandono das empresas respondem por sete em cada dez paralisações. O prejuízo total é estimado em 1 trilhão de reais" (O "APAGÃO DAS CANETAS" EM OBRAS PÚBLICAS FOI TEMA DE BATE-PAPO NO INSPER, 2022).

[29] "APAGÃO DA CANETA FAZ VÍTIMAS TODOS OS DIAS NO BRASIL", 2022.

de probabilidade de ameaça é tão alto que naturalmente dá lugar ao medo. Os gestores públicos deparam-se com o medo porque não sabem o que fazer para evitar estes riscos pessoais do processo decisório que estarão sujeitos às mais diversas penalidades e responsabilidades.[30]

A sanha punitivista, expressada em milhares de demandas judiciais que se fundavam em atos, muitas vezes, sem qualquer potencialidade lesiva à administração pública, além das graves restrições patrimoniais efetuadas já no início do processo, com base no entendimento que dispensava a presença de qualquer elemento indicador da necessidade de cautela, geraram o Direito Administrativo do Medo.[31]

Esse sentimento de insegurança foi o principal motivo para a reforma realizada pela Lei nº 14.230/2021. Segundo se colhe do parecer proferido pelo relator do projeto na Câmara, Deputado Carlos Zarattini:

> [...] a Lei nº 8.429/92, nos seus 29 anos de vigência, causou inúmeras injustiças em virtude de conter conceitos demasiadamente abertos e que, portanto, necessita de uma reforma substancial para que a mens legis possa ser restabelecida.
>
> [...]
>
> Nesse sentido, a principal alteração em relação ao primeiro relatório que deve ser ressaltada diz respeito aos atos de improbidade administrativa que atentam contra os princípios da Administração Pública (Art. 11). Após um longo debate com a comunidade especializada, chegou-se ao entendimento que a exclusão por completo deste tipo de improbidade não seria a melhor opção legislativa, haja vista a necessidade de se imporem sanções mais severas aos agentes públicos que pratiquem atos que causem inequívoca ofensa aos princípios consagrados pelo ordenamento constitucional.
>
> Optou-se, então, pela retomada da redação anterior do artigo 11, porém estabelecendo um rol taxativo para as condutas caracterizadoras de improbidade por ofensa aos princípios administrativos. A solução pretende, ao mesmo tempo, prestigiar a proteção aos predicados constitucionais e garantir a necessária segurança jurídica ao gestor público.[32]

[30] Gullo, 2022, p. 107.
[31] Santos, 2020.
[32] BRASIL, 2018.

É importante destacar que a proposta inicial abolia o artigo 11 da Lei 8.429, de 1992, em razão da completa vagueza do seu texto. A decisão pela taxatividade do rol, portanto, foi a solução encontrada pelo legislador para manter a tipificação das condutas que violam os princípios da administração pública e, ao mesmo tempo, proporcionar o aumento da segurança jurídica.

A exposição da realidade social que justificou a reforma da Lei de Improbidade – totalmente ignorada por aqueles que sustentam a inconstitucionalidade de seus dispositivos –, é suficiente para invalidar qualquer argumentação no sentido de um suposto retrocesso, seja ele social ou legislativo, ou de uma proteção insuficiente causada com o advento da Lei 14.320/2021.

Conclusão: os últimos suspiros de uma cruzada moralista?

De toda a argumentação construída pelos insatisfeitos com as adversidades da democracia, que se reproduz nos processos de improbidade Brasil afora, a única consequência jurídica possível seria a defesa da obrigação de o Estado editar um estatuto normativo que tratasse da improbidade administrativa, como já o fez. Esse, pois, é o limite possível que deriva do entendimento externado, de forma mais ou menos geral, pelo Ministério Público.

Coisa totalmente distinta é invocar a dignidade humana e as balizas do Estado Democrático de Direito para defender um punitivismo cego, a permitir o exercício indiscriminado e discricionário do *jus puniendi*, como ocorria, até então. Essa pretensão, na verdade, choca-se com os fundamentos estabelecidos pela Constituição de 1988, porquanto, no direito sancionador, a taxatividade é uma garantia fundamental de primeira geração que, limitando o poder estatal, tutela a esfera de liberdades individuais do cidadão.[33] Trata-se de simples repercussão normativa do princípio da legalidade, o qual obsta a criação de infrações e penas por meio do costume ou de mero processo interpretativo,[34] como se dava na prática sedimentada sob a égide da legislação anterior.

A reforma não buscou, portanto, restringir a tipificação de determinadas condutas como ímprobas, mas estabelecer uma racionalidade no sistema de improbidade que permita ao indivíduo conhecer, previamente, as

[33] Simão, p. 123.
[34] Simão, p. 123.

condutas pelas quais poderá ser processado e eventualmente sancionado, de modo a afastar a larga discricionariedade que a lei anterior conferia – com a adesão do Poder Judiciário – aos legitimados ativos. É exatamente essa discricionariedade na determinação das condutas tidas como ímprobas que provocou graves problemas sociais na administração pública. Ao corrigi-la, andou bem o legislador.

Referências

"APAGÃO DA CANETA FAZ VÍTIMAS TODOS OS DIAS NO BRASIL". Sócio-gestor da Farallon aponta em artigo o pior dos dois mundos no país: impunidade criminal para desvios e excessos de sanções, que paralisam decisões. 18 jun. 2020. Disponível em: https://exame.com/exame-in/apagao-da-caneta-faz-vitimas-todos-os-dias-no-brasil/. Acesso em: 07 jun. 2022.

BRASIL. **Comissão Especial destinada a proferir parecer ao Projeto de Lei nº 10.887, de 2018, do Sr. Roberto de Lucena, que "altera a lei nº 8.429, de 2 de junho de 1992, que dispõe sobre improbidade administrativa"**. 2018. Disponível em: https://www.camara.leg.br/proposicoesWeb/prop_mostrarintegra?codteor=2029275&filename=PPP+1+CEURG+%3D%3E+PL+2505/2021+%28N%C2%BA+Anterior:+pl+10887/2018%29. Acesso em: 06 jul. 2022.

BRASIL. **Decreto nº 5.687, de 31 de janeiro de 2006**. Promulga a Convenção das Nações Unidas contra a Corrupção, adotada pela Assembléia-Geral das Nações Unidas em 31 de outubro de 2003 e assinada pelo Brasil em 9 de dezembro de 2003. Disponível em: https://www.planalto.gov.br/ccivil_03/_Ato2004-2006/2006/Decreto/D5687.htm. Acesso em: 06 jul. 2022.

BRASIL. **Lei nº 8.429, de 02 de junho de 1992**. Dispõe sobre as sanções aplicáveis em virtude da prática de atos de improbidade administrativa, de que trata o § 4º do art. 37 da Constituição Federal; e dá outras providências. Disponível em: https://www.planalto.gov.br/ccivil_03/Leis/L8429.htm. Acesso em: 06 jul. 2022.

BRASIL. **Lei nº 14.230, de 25 de outubro de 2021**. Altera a Lei nº 8.429, de 2 de junho de 1992, que dispõe sobre improbidade administrativa.
Disponível em: https://www.planalto.gov.br/ccivil_03/_Ato2019-2022/2021/Lei/L14230.htm#art1. Acesso em: 06 jul. 2022.

BRASIL. Ministério Público Federal. Procuradoria-Geral da República. **Nota Técnica nº 01/2021**, da 5ª Câmara de Coordenação e Revisão – Combate à Corrupção. Disponível em: https://www.mpf.mp.br/pgr/documentos/NTOrientao12.2021.pdf. Acesso em: 7 jul. 2022.

BRASIL. Superior Tribunal de Justiça. **Embargos de Divervência no Recurso Especial nº 1193248/MG**, Primeira Seção, Relator: Ministro Og Fernandes. Data de Julgamento: 26/06/2019, data de Publicação: DJe 18/12/2020.

FERNANDES JÚNIOR, José Carlos. **Considerações sobre a retroatividade da lei mais benéfica no âmbito da Proteção à Probidade Administrativa**: impactos da Lei nº 14.230, de 25 de outubro de 2021, no rol do art. 11 da Lei de Improbidade Administrativa, à luz da Constituição da República. 2021. Disponível em: https://ammp.org.br/

consideracoes-sobre-a-retroatividade-da-lei-mais-benefica-no-ambito-da-protecao--a-probidade-administrativa-impactos-da-lei-no-14-230-de-25-de-outubro-de-2021--no-rol-do-art-11-da-lei-de-improbidade/. Acesso em: 07 jul. 2022.

GULLO, Felipe Ramirez. **"Apagão das canetas"**. Análise econômica da responsabilidade da improbidade administrativa. 2022. Dissertação (Mestrado em Direito) – Fundação Getúlio Vargas. Disponível em: https://bibliotecadigital.fgv.br/dspace/handle/10438/31899. Acesso em 06 jul. 2022.

MUNIZ, Mariana. **PGR defende ao STF que nova Lei de Improbidade não deve retroagir para beneficiar agente público condenado**. 08 jul. 2022. Disponível em: https://oglobo.globo.com/politica/noticia/2022/07/pgr-defende-ao-stf-que-nova-lei-de--improbidade-nao-deve-retroagir-para-beneficiar-agente-publico-condenado.ghtml. Acesso em: 08 jul. 2022.

O "APAGÃO DAS CANETAS" EM OBRAS PÚBLICAS FOI TEMA DE BATE-PAPO NO INSPER. 24 mai. 2022. Disponível em: https://www.insper.edu.br/noticias/o--apagao-das-canetas-em-obras-publicas-foi-tema-de-bate-papo-no-insper/. Acesso em: 08 jul. 2022.

PRADO, Fabiana Lemes Zamalloa do. **A continuidade normativa típica do artigo 11 da Lei 8.429/92 após as alterações introduzidas pela Lei 14.230/2021**. Disponível em: https://www.conamp.org.br/publicacoes/artigos-juridicos/8641-a-continuidade--normativa-tipica-do-artigo-11-da-lei-8-429-92-apos-as-alteracoes-introduzidas--pela-lei-14-230-2021.html?tmpl=component&print=1&layout=default. Acesso em: 07 jul. 2022.

REMÉDIO; José Antônio. LOPES, Thiago Henrique Teles. A probidade administrativa como direito fundamental difuso. **Revista Paradigma**, Ribeirão Preto-SP, a. XXIV, v. 28, n. 2, p. 154-176, mai./ago. 2019 ISSN 2318-8650.

SANTOS, Rodrigo Valgas dos. **Direito Administrativo do medo**: risco e fuga da responsabilização dos agentes públicos. 1. ed. São Paulo: Thomson Reuters Brasil, 2020.

SARLET, Ingo Wolfgang. Notas sobre a assim designada proibição de retrocesso social no constitucionalismo latino-americano. **Revista do Tribunal Superior do Trabalho**, Porto Alegre, v. 75, n. 3, p. 116-149, jul./set. 2009.

SIMÃO, Calil. **Improbidade Administrativa**: teoria e prática. 6. ed. Leme: Mizuno, 2022.

SOUZA NETO, Cláudio Pereira de; SARMENTO, Daniel. **Direito constitucional**: teoria, história e método de trabalho. 2. ed. 7. reimpr. Belo Horizonte: Fórum, 2021.

11
A BANALIZAÇÃO DO CONCEITO DE IMPROBIDADE ADMINISTRATIVA E SEU USO POLÍTICO: O CASO DA DISCRICIONARIEDADE TÉCNICA

Eumar Roberto Novacki
Getúlio Velasco Moreira Filho
Luiz Carlos Azevedo Costa Pereira
Felix Alberto Ciekalski
Marcos Rogério Brito

1. Introdução

Em texto opinativo e impactante, Gilson Dipp e Rafael Araripe Carneiro alertam para o fato de que o comum e reiterado de tratamento faltas menores, ou irregularidades, administrativas, como a mora, como atos de improbidade é prejudicial ao interesse público porque gera presunção de incerteza e suspeição sobre todos os atos administrativos, tirando da sociedade o salutar referencial de má-fé. Adicionamos que tal estado policialesco inspira no servidor público a predisposição defensiva, traduzida na tendência à negativa e à exagerada burocratização de processos, com vistas a salvaguardar-se de posterior questionamento legal. Semelhante disposição tampouco é benéfica ao jurisdicionado, criando um verdadeiro paradoxo.

De acordo com os autores, a Lei nº 8.429, de 2 de julho de 1992, que *Dispõe sobre as sanções aplicáveis aos agentes públicos nos casos de enriquecimento ilícito no exercício de mandato, cargo, emprego ou função na administração pública direta, indireta ou fundacional e dá outras providências,* trouxe conceitos temerariamente abertos como "ofensa aos princípios da administração pública" e "qualquer tipo de vantagem patrimonial indevida), os quais podem ensejar argumentos jurídicos acusatórios que redundem em inculpações desproporcionais.

O elevado grau de ações por improbidade considerados improcedentes (64,7%, no Tribunal de Justiça do Mato Grosso, 65,22% no Tribunal Regional Federal 4ª região e cerca de 60% no Superior Tribunal de Justiça), o intensa participação do Ministério Público nas representações para instauração de investigação (94%), o não insignificante grau de inquéritos civis sem contraditório pleno (39%), de acordo com pesquisa levada a cabo pelo Conselho Nacional de Justiça (CNJ), podem sugerir precipitação temerária, que não apenas intensifica o ambiente de incertezas e descréditos da máquina pública, mas pode servir, inadvertidamente que o seja, como vetores no jogo político.

O controle jurisdicional e social dos atos administrativos oferece desafio ainda maior quando em face da seara da discricionariedade técnica. Com a progressiva especialização dos serviços públicos, a Administração passou a lidar com temas sobejamente especializados, para não dizer científicos, cujo mérito exige *rationale* específica e metajurídica.

2. Desenvolvimento

Para Terso Gamella *apud* Lima (2016, p. 18), *a falta de preparo dos juízes sobre matérias extrajurídicas acabaria deixando nas mãos dos peritos judiciais o controle da decisão técnica adotada por órgão da Administração Pública*. Acrescentamos aos peritos judiciais toda sorte de técnicos que seriam consultados no âmbito do processo complexo de tomada de decisão e em sede de controle jurisdicional. Essa circunstância pode ensejar a inadvertida proteção do judiciário a corporativismos técnicos, protegidos pelo manto do hermetismo do discurso científico, em nada benéficos ao interesse público.

Dessarte, os níveis de auto-restrição ou de incursão do Poder Judiciário no mérito técnico-administrativo, e favor do bem geral, consistirá, sempre, em um desafio em relação ao qual o socorro do embasamento pericial nem sempre bastará, devendo ser oportunizadas, real e eficazmente, uma dialética técnica visando a identificar os axiomas sofismáticos da argumentação de uma argumentação científica ou técnica que, para leigos, parecerá, *prima facie*, não rechaçável.

Para que uma acusação equivocada, mas com aparente procedência técnica, não se torne em arma política, fundamental haver maior detença, durante o inquérito civil, quanto à dialética supramencionada, e um real posicionamento do Ministério Público como garantidor da ordem jurídica e não como uma Parte, *de facto*, no processo, o que, é cediço, não é o caso comum.

Outrossim, comum é o tolhimento da discricionariedade administrativa pelos órgãos de controle em razão de conflitos de interpretação fundamentados exclusivamente em posição ou convicção doutrinária pessoal, caracterizando o intento do órgão de sobrepor as escolhas interpretativas próprias àquelas eleitas pelo agente público. Exemplificamos com a hipótese, recorrente, de um juiz colocar em primeiro plano sua convicção pessoal contra o parto humanizado, em caso de procedimento que culmine em lesão física ou óbito, quando ele (parto humanizado) faz parte da política pública de saúde nacional de redução do número de leitos no serviço público, afiançado pelo Organização Mundial da Saúde. Adverte Nascimento (2016, p.128) que o exercício da discricionariedade não deve ser tolhido pelos órgãos de controle senão em face de erros de fato ou de direito do agente, de apreciações objetivas, específicas, claras e detalhadas.

Para além dos protocolos de atuação dos órgãos de investigação e da necessidade de real impessoalidade do magistrado na abordagem dos casos ao seu mister, o discernimento quanto a legitimidade do ato ungido de discricionariedade técnica encontra desafios normativos e doutrinários, sobre os quais discorreremos, sem pretensões de esgotamento do tema, na sequência.

Sérgio Augustin (2015) lembra que a jurisdição brasileira foi moldada com base no modelo de Estado baseado na separação dos poderes, harmônicos e independentes, mas capazes de supervisionar uns aos outros, para que não haja abuso dessa autonomia. O famoso sistema de freios e contrapesos, ou seja, a sistemática fiscalização de um poder sobre o outro.

Para o autor, o inciso XXXV do art. 5º ("A lei não excluirá da apreciação do Poder Judiciário lesão ou ameaça a direito") submete o controle dos atos da Administração pública ao Poder Judiciário, ao contrário do sistema francês, que conta com um Tribunal Administrativa. Nesse diapasão, a Constituição brasileira ampliou, pode-se dizer, a capacidade de supervisão do Poder Judiciário sobre os demais poderes, constitucionalizando seus baldrames por forma de princípios: legalidade, impessoalidade, moralidade, publicidade e eficiência. Em razão do que Lima (2016, p. 4), relembrando Mariano Bacigalupo, assevera que a discricionariedade tem uma índole constitucional.

Esse é o fundamento porque os doutrinadores se dividem a respeito da amplitude do controle jurisdicional sobre atos de discricionariedade técnica.

Se, por um lado, o princípio da legalidade impõe que o administrador público deve observar os mandamentos da lei e as exigências do bem comum, por outro, há casos em que o último baldrame depende de uma análise factual e não fundamentada propriamente na ciência jurídica.

Há de convir-se que, modernamente, o princípio da juridicidade se sobrepôs ao princípio da legalidade do Estado Democrático de Direito. O princípio da juridicidade determina cognição muito mais ampla e compressiva no escrutínio da norma *in nascendi* ou do ato administrativo. Exige que norma e ato sejam cotejados com o arcabouço normativo vigente, observado o ordenamento jurídico nacional, o qual não se cinge às leis.

Em sentido amplo, o princípio da juridicidade exige a conformidade com a constituição, as leis (no que for cabível) e o devido processo legislativo, mas, em sentido estrito, exige que leis e normas contenham os atributos de lei e norma, sejam eivadas de legalidade e conformidade com os princípios jurídicos e observem a técnica legislativa.

Seriam atributos de lei a novidade, a abstratividade, a generalidade, a imperatividade, a coercibilidade, a obediência à organicidade do sistema jurídico, a necessidade da espécie legislativa e sua efetividade.

O ato administrativo teria, assim, a título exemplificativo, o dever até de se constituir meio adequado e eficaz, sob o risco de injuridicidade por exação sobre o jurisdicionado.

A apreciação jurisdicional dos atos administrativos, vinculados ou discricionários, todavia, pouco enfrenta os outros aspectos de juridicidade das normas para além da legalidade. A adequação da norma à sua finalidade, a sua eficácia, é tema, salvo melhor juízo, que tem passado ao largo do controle judicial. No limite, significaria a revisão jurisdicional sobre o cipoal normativo ensejador de burocracia que atuaria contra o jurisdicionado. Semelhante perspectiva liberal ainda é incomum ao Brasil, nada obstante o dever de motivação de atos públicos sugira a obrigação de confronto da coerência e da consistência da norma com sua fundamentação.

Acorre, parcialmente, em auxílio à tese, Nobre Júnior (2016, p), embora versando apenas sobre os atos administrativos discricionários. Para o autor, inclina-se o Judiciário a reconhecer que os conceitos ditos juridicamente indeterminados, sobre os quais discorreremos adiante, oportunizam o desempenho de competência discricionária, principalmente quando se revestem de conceitos de valor e de prognose, considerado que o cada vez maior desenvolvimento das ciências vem fazendo com que a Administração Pública se ache influenciada por considerações de ordem técnica. O controle jurisdicional, neste sentido, deveria ater-se à supervisão da conformidade procedimental, vergando-se à demonstração de equívoco na verificação da existência e da correspondência do motivo (pressuposto fático da decisão administrativa), o que se insere na província da legalidade. Esse exame de coerência e consistência, pressupostos da eficácia e da juridicidade, devem ser, pelas mesmas razões, aplicados aos atos administrativos vinculados.

A discricionariedade é um dos conceitos plurissignificativos do Direito, na rama do Direito Administrativo. Atos vinculados e atos discricionários são a dualidade reinante na doutrina dos atos administrativos.

Segundo Celso Antonio Bandeira de Mello *apud* Lima (2016, p. 2), *ato administrativo é a declaração do Estado (ou de quem lhe faça as vezes), no exercício de prerrogativas públicas, manifestadas mediante providências jurídicas complementares à lei, a título de lhe dar cumprimento, e sujeitas ao controle de legitimidade pelo órgão jurisdicional.*

Incontroversos são os atos administrativos vinculados, aqueles que oferecem ao agente um curso de ação determinado em sede legal. Mais polêmicos são os atos administrativos discricionários, ou seja, aqueles que exigem do administrador a análise de mérito (conveniência e oportunidade) sem descuidar da axiologia constitucional.

Os doutrinadores italianos Alessi e Giannini, preleciona Heinen (p. 458), consideram existirem dois tipos de discricionariedade: a discricionariedade administrativa e a discricionariedade técnica. Alessi entende que haverá discricionariedade administrativa, ou liberdade do administrador público não controlada pelo poder judiciário, tão-somente quando o agente estatal estiver diante da opção por vários critérios técnicos. Sua opção será legitimamente política, embora embasada, porquanto o critério técnico impõe um padrão de conduta, parcialmente que seja, vinculado. A discricionariedade técnica consistiria na *rationale* especializada, de acordo com o estado da arte.

A discricionariedade do ato administrativo é assunto controverso na doutrina internacional e nacional e sua reflexão é longeva. Para Lima (2016, p.1), a discricionariedade técnica, desenvolvida, especialmente, pela doutrina italiana, é tema dada a polêmicas.

Para Andreas J. Krell *apud* Nobre Júnior (2016, p. 117), a polêmica iniciou-se na Alemanha, país no qual, a partir do final do século XIX até o término da Segunda Guerra Mundial, prevaleceu o entendimento de que conceitos como o de "interesse público" e outros não estariam sujeitos à revisão judicial. A história comprova que esse entendimento redundou em incontáveis abusos da máquina pública, cuja epítome são os mais diversos fascismos.

Passada a experiência nazista, no âmbito da recém-criada República Federal da Alemanha, houve a consagração da ideia de garantia da tutela jurisdicional efetiva dos atos administrativos. Passou-se a procurar parâmetros para reter a discricionariedade administrativa quanto aos atos decorrentes de conceitos jurídicos indeterminados.

De acordo com Augustin (2015, p. 158), a doutrina acerca dos conceitos indeterminados foi iniciada por Bernatzik, na Áustria, em obra lançada no final do século XIX. O pensador austríaco *definia a livre discricionariedade como sendo a inexistência de vinculação a disposições legais precisas*. Todavia, constatou que situações previstas por certos conceitos indeterminados na lei, como "adequação", "utilidade", "perigo", só podiam ser delineados após processo interpretativo, muitas vezes complexo e interdisciplinar, a que ele denominou "discricionariedade técnica". Decerto, a teoria encontrou opositores, mas passou a inspirar a jurisprudência austríaca e a doutrina do Direito comparado.

Maria Sylvia Zanella di Pietro *apud* Lima (2016, p. 8) recorda que o termo discricionariedade técnica não subsistiu na sua origem (Áustria e Alemanha, mas desenvolvido na Itália), porquanto passou a ser tratado de forma conexa ao tema dos conceitos jurídicos indeterminados.

Heinen (p.457) exemplifica que a resolução de problemas nas áreas de saúde, educação, *inter alia*, exigem valorações de elementos técnicos essencialmente obtidos nas ciências não jurídicas. Os conceitos jurídicos indeterminados reclamariam, assim, alto grau de valoração técnica, mas questiona se consistira essa valoração, chamada de discricionariedade técnica, consistiria em verdadeira discricionariedade.

Evoca Heinen (p.458) os vaticínios de Eduardo Garcia de Enterria e Tomás-Ramón Fernández, que defendem que os conceitos jurídicos indeterminados não revelam a discricionariedade da atuação administrativa, pois seriam passíveis de determinabilidade técnica ou científica. Por meio da interpretação, revelarão solução única, enquanto a discricionariedade permite que o Administrador Público tenha, diante de si, várias opções.

Na hipótese de que, da interpretação técnica, exsurja mais de uma opção de ação ou entendimentos inconclusivos quanto à melhor escolha, Heinen relembra Maria Sylvia Zanena Di Pietro, para quem somente existe discricionariedade administrativa diante de conceitos jurídicos indeterminados quando estes conceitos estiverem embebidos de valor, por exemplo, de conveniência, oportunidade, moralidade, economicidade, impessoalidade.

Diante do que, somente seria cabível a correção jurisdicional do ato quando a decisão do administrador for incontroversamente desarrazoada, contrária ao senso comum. Lima (2016, p. 6) vai ao encontro desse entendimento, evocando a doutrina alemã reconhece uma margem de apreciação em favor da Administração como primeira aplicadora do conceito, concedendo-lhe o benefício da dúvida.

Para Oswaldo Aranha Bandeira de Mello *apud* Augustin (2015, p.157), a discricionariedade decorre da norma, do comando da norma ou da finalidade da norma. A primeira diz respeito ao modo impreciso com que a lei haja descrito ou omitido as hipóteses de incidência da norma. A segunda concede alternativas o agente público atuar. A terceira prescreve que, na indeterminação, há de se seguir os valores que foram expressos meio de conceitos plurissignificativos à luz da norma e do enquadramento constitucional.

Esse grau de imprecisão normativa é, para Nobre Júnior (p.113), decorrente do próprio processo de formação da ordem jurídica, na perspectiva da pirâmide kelseniana, que remete às normas infralegais adentrar-se em minudências e especificações.

José Carlos Vieira de Andrade *apud* Lima (2016, p. 4) reforça o entendimento de que a discricionariedade administrativa ou mesmo técnica tem enquadramento muito mais estreito do que, em princípio, poder-se-ia supor, com a assertiva de que ela é um *espaço funcional e materialmente jurídico*, onde a administração tem que concretizar a lei, atuando em consonância com princípios jurídicos (igualdade, imparcialidade, justiça, proporcionalidade, boa-fé, entre tantos outros).

A discricionariedade, assim, quando envolve análise técnica, não difere da discricionariedade administrativa "geral, embora exija a solução exata, consoante Celso Antônio Bandeira de Melo *apud* Lima (2016, p.3), da análise do caso concreto.

Luis Manoel Fonseca Pires *apud* Lima (2016, p. 6) adiciona que os conceitos jurídicos indeterminados que se referem a elementos técnicos e científicos de outras áreas, mas cujos elementos de informação, identidade e convencimento (exames, perícias, pareceres técnicos, laudos, estudos) possibilitam ao gestor convencer-se sobre a melhor conduta, do ponto de vista lógico, técnico e social.

Conclusões

De concluir-se que os atos fundamentados na discricionariedade técnica somente excepcionalmente em alguns casos ensejarão discricionariedade *strictu sensu* da Administração e que o controle jurisdicional, tanto da discricionariedade técnica quanto a discricionariedade "plena", podem exceder, se não der azo ao amplo contraditório técnico e à prudência da experiência que somente a autoridade administrativa poderá plenamente aportar, como também podem acanhar-se perante todo o universo que perfaz a análise de juridicidade.

À guisa de conclusão, impende refletir que se diversos núcleos semânticos dos atos de improbidade administrativa constantes do diploma penal extravagante são imprecisos e se, doutrinária e jurisprudencialmente, o tema da discricionariedade técnica é aberto a controvérsias, cumpre aos órgãos de investigação e ao Parquet redobrados cuidado, comedimento e atenção antes do ajuizamento de ações de improbidade administrativa, dando, efetiva e eficazmente, oportunidade à dialética técnica e à motivação administrativa, reconhecendo a sua legitimidade, ainda em sede do inquérito civil, para evitar que uma ação de improbidade, ajuizada precipitadamente, denigra a imagem o agente político ou faça com que essas reputadas instâncias sirvam como inocentes úteis em um jogo político ou de corporativismos.

Referências

AUGUSTIN, Sérgio. **A Problemática dos Conceitos Indeterminados e da Discricionariedade Técnica**. Juris Plenum. Direito Administrativo. Ano II-Número 7-setembro de 2015. Editora Plenum Ltda. Pp 151-164.

CONSELHO NACIONAL DE JUSTIÇA. **Justiça Pesquisa. Lei de Improbidade Administrativa: Obstáculos à Plena Efetividade do Combate dos Atos de Improbidade**. CNJ. Poder Judiciário.

DI Pietro, Maria Sylvia Zanella. **Discricionariedade técnica e discricionariedade administrativa.** Revista Brasileira de Direito Público – RBDP Belo Horizonte, ano 5, n. 17, abr. / jun. 2007. Editora Fórum.

DIPP, Gilson & CARNEIRO, Rafael Araripe. **Banalização do Conceito de Improbidade Administrativa é prejudicial a todos**. Coluna Opinião. Consultor Jurídico. 19 de março de 2017.

HEINEN, Juliano. **Para uma Nova Concepção do Princípio da Legalidade em face da Discricionariedade Técnica**. Estudos e Comentários. Volume 412. Revista Forense. Pp 449-466.

JÚNIOR, Edilson Pereira Nobre. **Há uma discricionariedade técnica?**. Direito Constitucional. Revista do Programa de Pós-Graduação em Direito da UFBA 107-148.

LIMA, Ana Júlia Andrade Vaz de.**A discricionariedade técnica e seu controle pelo Poder Judiciário**. Revista Brasileira de Estudos da Função Pública – RBEFP Belo Horizonte, ano 5, n. 13, jan. / abr. 2016. Editora Fórum.

NASCIMENTO, Antônio Rodrigues. **Conflito de interpretação normativa no controle interno da competência discricionária**. R. bras. de Dir. Público – RBDP | Belo Horizonte, ano 14, n. 52, p. 119-130, jan./mar. 2016. Pp. 119-129.

12

A IMPROBIDADE COMO MODALIDADE DOLOSA DE ILÍCITO ADMINISTRATIVO: INTERPRETAÇÃO À LUZ DA LEI DE INTRODUÇÃO ÀS NORMAS DO DIREITO BRASILEIRO

EDSON VICTOR EUGÊNIO DE HOLANDA

1. Introdução

Pretende-se evidenciar e demonstrar, com o presente artigo, a insubsistência da modalidade de Improbidade Administrativa por culpa comum (i.e. a culpa levíssima ou leve). O arcabouço principiológico do ordenamento jurídico pátrio, bem como os demais elementos normativos que regem todo o sistema de responsabilização do Estado e dos seus agentes pelos atos que importem em prejuízo entre eles e/ou a terceiros, não conduzem a outra conclusão senão à de que o ato ímprobo não comporta a conduta eivada de culpa comum.

A importância deste debate salta aos olhos quando, no âmbito do Superior Tribunal de Justiça, observa-se dissidência jurisprudencial quanto à possibilidade de responsabilização de agentes públicos por atos lesivos ao erário – art. 10 da Lei n. 8.429 (BRASIL, 1992) – na modalidade culposa, acerca da improbidade administrativa. Se, por um lado, o entendimento majoritário na Primeira Turma da Corte Especial é o de que "[...] considera indispensável, para a caracterização de improbidade, que a atuação do agente seja dolosa, para a tipificação das condutas descritas nos artigos 9º e 11 da lei 8.429 (BRASIL, 1992), ou pelo menos eivada de culpa grave, nas do artigo 10"[1]; por outro, prevalece na Segunda Turma deste mesmo tribunal interpretação que admite a existência da improbidade do art. 10

[1] AgInt no AREsp 943769/PB, 1ª Turma, rel. Min. Gurgel de Faria, j. 13.11.2018

em qualquer modalidade culposa, seja ela levíssima ou grave, conforme o julgamento da 2ª Turma do Superior Tribunal de Justiça:[2] "[...] para que seja reconhecida a tipificação da conduta do réu como incurso nas prescrições da Lei de Improbidade Administrativa, é necessária a demonstração do elemento subjetivo, consubstanciado pelo dolo para os tipos previstos nos artigos 9º e 11 e, ao menos, pela culpa, nas hipóteses do artigo 10".

Acontece que, em meio a este contexto de decisões dissidentes, fora introduzido, em 2018, novel dispositivo de lei com regra que consagra, de vez, o entendimento já há algum tempo firmado pela Primeira Turma do STJ. E não é qualquer dispositivo de lei: trata-se do art. 28, da Lei n. 13.655 (BRASIL, 2018). A referida norma, autodenominada de Lei de Introdução às Normas do Direito Brasileiro (LINDB), cuja terminologia empregada, no entendimento de Rafael Wallbach Schwind[3], possui, reconhecidamente, da natureza de "norma de sobredireito", de "lei sobre lei", de "verdadeira metanorma". Sua função, portanto, é regulamentar a aplicação, por parte do Estado, da totalidade da legislação brasileira, pelo que se impõe também ao aplicador da Lei de Improbidade Administrativa a observância das normas oriundas da LINDB – dentre as quais, a contida no referido art. 28.

Dadas estas considerações iniciais, convém adentrar, com maior profundidade, em uma análise de elementos do ordenamento jurídico pátrio que evidenciam, com robustez, a insubsistência da interpretação que possibilita a subsunção de atos culposos ao tipo contido no art. 10 da Lei n. 8.429 (BRASIL, 1992).

2. Modalidades de responsabilização por atos da administração pública

É possível afirmar que a responsabilidade decorrente de atividades estatais compreende seis modalidades distintas – todas englobadas pelo art. 37 da Constituição Federal (BRASIL, 1988). São elas: *1) a Responsabilidade Civil do Estado*, prevista no artigo 37, par. 6o, da Constituição Federal de 1988, cumulado com o art. 927, parágrafo único, do Código Civil (BRASIL 2002); *2) o Direito de Regresso do Estado* frente ao agente público, insti-

[2] Trecho da ementa do julgamento do REsp 1708269/SP, 2ª Turma, rel. Min. Herman Benjamin, j. 18.09.2018).

[3] Da Cunha Filho, Alexandre Jorge Carneiro; ISSA, Rafael Hamze; Schwind, Rafael Wallbach (Coords.). **Lei de Introdução às Normas do Direito Brasileiro** – Anotada: Decreto-Lei n. 4.657, de 4 de Setembro de 1942. Vol. 02. São Paulo: Quartier Latin, 2019. P. 304.

tuído pelo trecho final do mesmo art. 37, par. 6o, do Constituição Federal (BRASIL, 1988); *3) a Responsabilidade Administrativa* dos agentes estatais prevista, por exemplo, na Lei do Regime Jurídico dos Servidores da União, 8.112 (BRASIL, 1990), e na Lei Orgânica do TCU, Lei 8.443 (BRASIL, 1992); *4) a Responsabilidade por Ato de Improbidade Administrativa* (também denominada "Responsabilidade Administrativa Qualificada", instituída pela Constituição Federal (BRASIL, 1988), art. 37, §4º, e regulamentada pela Lei de Improbidade Administrativa); *5) a Responsabilidade Político--Administrativa* do agente político – instituída pelo art. 52 da Constituição Federal e regulamentada, por exemplo, pela Lei 1.079, (BRASIL,1950); e a *6) Responsabilidade Penal* (regrada pelo Código Penal Brasileiro).[4]

A existência destas distintas modalidades de responsabilização é evidenciada pelo regramento específico que o ordenamento – seja no plano constitucional ou no legal – confere a cada uma delas. Para cada modalidade há previsão de um conjunto distinto de sanções correlatas, que incorrem em diferentes graus de privação de direitos das pessoas envolvidas – naturais ou jurídicas. Assim, há de se presumir que entre as diversas modalidades de responsabilização existe, igualmente, uma distinção entre os critérios de aplicação das normas.

Isto porque o Estado Democrático de Direito, art. 1o, *caput*, CF (BRASIL, 1988) impõe aos aplicadores da lei o respeito ao Princípio da Razoabilidade e da Proporcionalidade, sobretudo no que tange à atividade sancionatória estatal. Este princípio, embora não possua menção expressa no texto da Constituição, decorre de inúmeros dos seus dispositivos – a exemplo do que se observa no artigo 5o, *caput*, e incisos II, XXXV e LIV , da Constituição Federal (BRASIL, 1988), sendo bem traduzido pela máxima metafórica outrora apregoada por Walter Jellinek[5]: "Não se abatem pardais disparando canhões". O jurista austríaco explica: "O Estado somente pode limitar com legitimidade a liberdade do indivíduo na medida em que isso for necessário à liberdade e à segurança de todos."

[4] A respeito da divisão das esferas de responsabilização, Mônica Nicida Garcia tece relevantes comentários em sua obra "Agente político, crime de responsabilidade e ato de improbidade", disponível em: http://www.mpf.mp.br/atuacao-tematica/ccr5/publicacoes/publicacoes-diversas/prerrogativa-de-foro/monica_nicida_agentepolitico.pdf.

[5] JELLINEK, Walter. **Gesetz, Gesetzesanwendung und Zweckmassigkeitserwagung** (1913). P.P. 290 e 291.

Ou seja, há de se compreender as distintas formas de responsabilização por atividades estatais como formas graduadas (por vezes complementares), que compõem, em conjunto, um todo apto a defender os valores jurídicos tutelados pelo Estado, sem, contudo, incorrer em sanções excessivas. O excesso punitivo as levaria a um contra-senso, visto que atentariam contra aqueles mesmos valores que se põem a proteger.

O Princípio da Proporcionalidade, assim, impõe: o quão mais reprovável for o ato tipificado, mais intensa será a sua sanção. É inaceitável, portanto, que o cometimento de um ato doloso (inclui-se, na hipótese, a culpa grave) importe em sanção com a mesma intensidade das infrações culposas ou que dispensam o elemento subjetivo do agente.

Prossegue-se com a explicação.

2.1. Responsabilidade civil do Estado e direito de regresso

A Responsabilidade Civil do Estado e o "Direito de Regresso do Estado face aos agentes públicos" incorrem, necessária e unicamente, em sanções de cunho pecuniário. Trata-se de modalidades de responsabilização que visam à restituição de prejuízos financeiros causados, respectivamente, I) pelo Estado à terceiros e II) pelos agentes públicos ao Estado. É o que preceitua o parágrafo 6o do art. 37 da Constituição Federal (BRASIL, 1988), *in verbis*:

> Art. 37. § 6º As pessoas jurídicas de direito público e as de direito privado prestadoras de serviços públicos **responderão pelos danos que seus agentes, nessa qualidade, causarem a terceiros**, assegurado o **direito de regresso contra o responsável nos casos de dolo ou culpa**.
>
> (Grifos acrescidos).

Da leitura do artigo conclui-se que a sua primeira parte institui a responsabilização do Estado pelos danos causados por seus agentes a terceiros. Tanto no texto constitucional, como na legislação geral pertinente ao tema art. 927 do Código Civil (BRASIL, 2002), a existência do dolo, na conduta do administrador, é irrelevante para a configuração do dever estatal de ressarcir. Trata-se, portanto, de responsabilidade civil de natureza objetiva, com fundamento na Teoria do Risco Administrativo, amplamente reconhecida pela doutrina e pela jurisprudência, e já consagrada no ordenamento jurídico brasileiro desde a Constituição Federal de 1946 (BRASIL, 1946).

Desta forma, a responsabilidade objetiva do ente público estabelece o dever de indenizar pelo correlato dano moral e/ou patrimonial injustamente suportado pela vítima, independentemente da caracterização da culpa dos agentes estatais envolvidos ou da demonstração da omissão quanto à prestação do serviço público assegurado.[6]

A segunda parte do dispositivo acima, por outro lado, refere-se ao direito de regresso do Estado contra os seus agentes – direito, este, que está impreterivelmente condicionado à demonstração do dolo ou da culpa na conduta do agente estatal, que incorreu no prejuízo ao administrado. Por meio da norma, o constituinte impôs, de forma expressa, hipótese subjetiva de responsabilidade por atos da administração, pelo que não cabe à Lei Complementar ou a outros meios normativos infra-constitucionais modificá-la, seja para torná-la uma responsabilidade objetiva ou para restringi-la somente aos atos administrativos cometidos com má-intenção.

Assim, tem-se que ambas as modalidades de responsabilização acima tratadas visam, precipuamente, à tutela da propriedade (no primeiro caso, a propriedade privada do administrado; no segundo caso, a propriedade estatal), e não à proteção dos deveres de moralidade ou de eficiência no desempenho da atividade administrativa.

2.2. A responsabilidade administrativa ("sentido amplo") e a responsabilidade administrativa qualificada

Por outro lado, a terceira e a quarta modalidades de responsabilização – respectivamente, a Responsabilização Administrativa e a Responsabilização Administrativa Qualificada – não têm como objetivo principal o ressarcimento de dano pecuniário, mas o resguardo, por meio da punição, dos valores que regem as Atividades da Administração e, consequentemente, a inibição da má-conduta do agente público. Esta lógica decorre de regra constitucional segundo a qual "a administração pública direta e indireta de qualquer dos Poderes da União, dos Estados, do Distrito Federal e dos Municípios obedecerá aos princípios de [...] moralidade [...] e eficiência [...]" (art. 37, *caput*, CF/88).

Assim, face a esta finalidade dos institutos de responsabilização acima, as sanções deles advindas possuem um caráter punitivo-educativo (ainda

[6] Trecho do voto do Ministro Celso de Mello do Supremo Tribunal Federal, no Recurso Extraordinário de nº 109.615/RJ.

que revestidas de um viés pecuniário), pelo que incorrem, necessariamente, em constrições na esfera de direitos fundamentais de liberdade dos agentes públicos incursos nas infrações. Esta natureza punitiva das sanções – bem se sabe – vincula as regras da Responsabilidade Administrativa e da Responsabilidade Administrativa Qualificada ao princípio da legalidade típico do *jus puniendi* estatal, vedando, aos aplicadores da lei, a interpretação ampliativa de normas, no sentido de que "[...] a penalidade administrativa deve ser aplicada de acordo com a previsão legal. [...] não cabe qualquer interpretação ampliativa de hipóteses ou efeitos do direito sancionador."[7]

A lógica é de suma importância para a compreensão da temática ora em debate. Isto porque norteia a correta interpretação dos dispositivos constitucionais que fundamentam os institutos da Responsabilidade Administrativa e da Responsabilidade Administrativa Qualificada (relacionada aos atos de improbidade).

Ora. Em análise da redação do art. 37 da Carta Magna (BRASIL, 1988), observa-se que este não condiciona, obrigatoriamente, a reprovabilidade do ato administrativo a uma má-intenção do agente público (voltada para o resultado pernicioso que se obteve). Não o faz nem tácita, nem explicitamente. Isto não quer dizer, no entanto, que a Constituição consagra uma aproximação entre o Direito Administrativo punitivo e a "Teoria da Objetivação da Culpa"; o sentido é diverso: face à sensibilidade do tema aos direitos fundamentais de liberdade, e, em prol do Estado Democrático de Direito, o ordenamento exige algum grau de reprovabilidade na subjetividade do agente público, por menor que seja – da culpa leve ao dolo.[8]

Neste sentido, convém reproduzir, mais uma vez, o *caput* do art. 37 da CF (BRASIL, 1988) – desta vez, na íntegra:

> **Art. 37.** A administração pública direta e indireta de qualquer dos Poderes da União, dos Estados, do Distrito Federal e dos Municípios obedecerá aos princípios de legalidade, impessoalidade, moralidade, publicidade e eficiência e, também, ao seguinte:
>
> [...].

[7] DA CUNHA FILHO, Alexandre Jorge Carneiro; ISSA, Rafael Hamze; SCHWIND, Rafael Wallbach (Coords.). **Lei de Introdução às Normas do Direito Brasileiro** – Anotada: Decreto-Lei n. 4.657, de 4 de Setembro de 1942. Vol. 02. São Paulo: Quartier Latin, 2019. P. 428.

[8] *Idem, ibidem*. P. 205.

É possível se cogitar, por exemplo, de conduta bem intencionada de agente público que, ainda assim, atente contra a "eficiência" ou contra a "moralidade" da Administração, como nos casos em que o servidor público, levemente negligente, deixa de observar, por mais de uma vez, dever funcional previsto em lei.

O legislador infra-constitucional, assim, tratou de elaborar um conjunto normativo adequado a estes parâmetros constitucionais. Tipificou as infrações administrativas em associação aos elementos subjetivos das condutas (das modalidades de culpa ao dolo), com uma relação de equivalência/proporcionalidade entre o grau de reprovabilidade do ato e o nível de repressão do "consequente normativo" – ou seja: punições mais severas para infrações mais graves, e punições mais brandas para infrações igualmente menos danosas.

Neste sentido, o art. 127 da Lei do Regime Jurídico dos Servidores da União, Lei 8.112 (BRASIL, 1990) estabelece um rol gradativo de penalidades administrativas:

> Art. 127. São penalidades disciplinares:
> I – advertência;
> II – suspensão;
> III – demissão;
> IV – cassação de aposentadoria ou disponibilidade;
> V – destituição de cargo em comissão;
> VI – destituição de função comissionada.

E vincula-o proporcionalmente a condutas administrativas antijurídicas, que vão desde a "inobservância de dever funcional previsto em lei" (passível de modalidade culposa) ao "abandono de cargo" (infração necessariamente dolosa). É clarividente a preocupação com o respeito ao Princípio da Proporcionalidade ao longo do texto da Lei 8.112 (BRASI,1990):

> Art. 129. A **advertência** será aplicada por escrito, nos casos de violação de proibição constante do art. 117, incisos I a VIII e XIX, e de **inobservância de dever funcional previsto em lei**, regulamentação ou norma interna, que não justifique imposição de penalidade mais grave.
>
> Art. 130. **A suspensão será aplicada em caso de reincidência das faltas punidas com advertência** e de violação das demais proibições que não tipifiquem infração sujeita a penalidade de demissão, não podendo exceder de 90 (noventa) dias.

> Art. 132. **A demissão** será aplicada nos seguintes casos:
> I – crime contra a administração pública;
> II – **abandono de cargo**;
> III – inassiduidade habitual;
> IV – **improbidade administrativa**;
> V – incontinência pública e conduta escandalosa, na repartição;
> VI – insubordinação grave em serviço;
> VII – ofensa física, em serviço, a servidor ou a particular, salvo em legítima defesa própria ou de outrem;
> VIII – aplicação irregular de dinheiros públicos;
> IX – revelação de segredo do qual se apropriou em razão do cargo;
> X – lesão aos cofres públicos e dilapidação do patrimônio nacional;
> XI – corrupção;
> XII – acumulação ilegal de cargos, empregos ou funções públicas;
> XIII – transgressão dos incisos IX a XVI do art. 117.

Pois bem. Acontece que aquele mesmo art. 37 da Constituição Federal (BRASIL, 1988) – agora, em seu parágrafo 4o – trata de especificar expressamente uma das modalidades de responsabilidade administrativa, destacando-a das demais abarcadas pelo *caput* do dispositivo e regulamentadas, por exemplo, pelo Regime Jurídico dos Servidores Públicos Civis da União. É uma hipótese mais gravosa de conduta moral, que demanda medidas repressivas mais severas do Estado a fim de preveni-la: trata-se da responsabilidade por ato ímprobo – a que chamamos de Responsabilidade Administrativa Qualificada, distinguindo-a da Responsabilidade Administrativa ("sentido amplo").

Nas palavras de José dos Santos Carvalho Filho, os atos, a fim de serem tratados como ímprobos, hão de ser praticados "retratando comportamentos desonestos, despidos de integridade e usualmente ofensivos aos direitos de outrem."[9] Não basta o mero exercício irregular de suas atribuições para que reste configurada a improbidade de agentes estatais. Corroborando a conclusão, a jurisprudência da Primeira Turma do Superior Tribunal de Justiça[10] impõe:

[9] FILHO, José dos Santos Carvalho. **Improbidade Administrativa:** Prescrição e outros prazos extintivos. 1ª ed. São Paulo: Editora Atlas S.A., 2012. P. 98.

[10] Julgamento do REsp n. 827.445-SP, de relatoria do Ministro Teori Zavaski, datado de 08.03.2010.

> "Não se pode confundir ilegalidade com improbidade. **A improbidade é ilegalidade tipificada e qualificada pelo elemento subjetivo** da conduta do agente [...]. **A ilegalidade do ato, se houver, estará sujeita a sanção de outra natureza, estranha ao âmbito da ação de improbidade.**" (Grifos acrescidos).

É justamente a gravidade desta modalidade de responsabilização – sobretudo quando comparada às demais hipóteses de punição – que justifica a imposição constitucional no sentido de que, sobre o agente público incurso na Improbidade Administrativa, recai a "[...] suspensão dos direitos políticos, a perda da função pública, a indisponibilidade dos bens e o ressarcimento ao erário, na forma e gradação previstas em lei, sem prejuízo da ação penal cabível" (art. 37, par. 4o, da CF). São, portanto, sanções que importam em severa constrição aos direitos fundamentais de liberdade, em grau substancialmente maior do que os que se observa nas hipóteses de Responsabilidade Cível ou de Responsabilidade Administrativa ("sentido amplo") do agente público, outrora expostas.

Neste sentido, Francisco Zardo e José Roberto Pimenta Oliveira afirmam, coerentemente, que:

> "As graves consequências previstas pelo poder constituinte para os atos violadores da probidade administrativa, que vão muito além da ação de regresso prevista no art. 37, par. 6o, produzindo efeitos nas esferas cível, administrativa e política, **revelam que a improbidade é uma forma especial de responsabilidade.** Segundo José Roberto Pimenta Oliveira, 'houve, por determinação constitucional, uma qualificação jurídica específica no tratamento da ilicitude no terreno da atividade pública."[11]

Assim, quando o art. 10 da Lei 8.429 (BRASIL, 1992) estabelece que "constitui ato de improbidade administrativa que causa lesão ao erário qualquer ação ou omissão, dolosa ou culposa", não se refere a qualquer grau de culpa, mas àquelas condutas eivadas por grave negligência, grave imprudência ou grave imperícia. É incompatível com a ideia de ato ímprobo a culpa simples (levíssima ou leve), visto que esta pressupõe a conduta voltada para fins lícitos, embora o meio empregado, por "falta de devida

[11] Da Cunha Filho, Alexandre Jorge Carneiro; Issa, Rafael Hamze; Schwind, Rafael Wallbach (Coords.). **Lei de Introdução às Normas do Direito Brasileiro** – Anotada: Decreto-Lei n. 4.657, de 4 de Setembro de 1942. Vol. 02. São Paulo: Quartier Latin, 2019. P. 423.

atenção" – na definição do ilustre Pontes de Miranda[12] –, tenha conduzido a ilícito desfecho.

Neste ponto, inclusive, convém remeter novamente ao art. 132 da Lei 8.112 (BRASIL, 1990) – que elenca as hipóteses de aplicação da penalidade de demissão aos agente públicos. Isto porque uma breve análise da sistemática que envolve este dispositivo reitera a insubsistência de hipotética modalidade de Improbidade Administrativa por culpa simples.

Segue.

No conjunto normativo da Lei 8.112 (BRASIL,1990), a demissão é considerada um dos apenamentos capitais. Não à toa está vinculada, no art. 132, exclusivamente a infrações cometidas dolosamente – dentre as quais está inclusa a improbidade administrativa. Isto porque ninguém abandona um cargo (inciso II do art. 132); se insubordina gravemente em serviço (inciso VI); ofende fisicamente um servidor em serviço (inciso VII); ou comete qualquer das outras infrações listadas no dispositivo, sem a intenção de fazê-lo (ou, ao menos, sem cometer erro grosseiro). Outrossim, a proporcionalidade do Direito Sancionatório impõe a reserva da pena de demissão a atos praticados dolosamente, visto ser aquela o consequente normativo mais severo de uma legislação que tipifica desde infrações por culpa simples a infrações por dolo.

Este é, inclusive, o entendimento da Controladoria Geral da União, a qual, por meio da sua Apostila sobre Processo Administrativo Disciplinar, afirma, em comentário àquela listagem do artigo 132, reproduzido alguns parágrafos acima:

> "Os ilícitos supracitados pressupõem, em regra, a responsabilidade subjetiva dolosa, quer dizer, **o agente transgressor deve ter agido com intenção ou, ao menos, ter assumido os riscos do resultado.**"[13]

Ou seja: tendo em vista que, 1) nos tipos firmados pelo art. 132 da Lei 8.112 (BRASIL,1990), consta o da Improbidade Administrativa; e 2) que todos estes tipos pressupõem o elemento subjetivo "dolo" do agente; não há de se sustentar o ato ímprobo como a excessão da listagem, a abarcar modalidade culposa.

[12] MIRANDA, Pontes de. **Manual do Código Civil Brasileiro**. *In*: Paulo de Lacerda (coord.). Rio de Janeiro: Jacintho Ribeiro dos Santos, 1927. P. 130.

[13] **Apostila sobre Processo Administrativo Disciplinar** (Controladoria-Geral da União). Versão 2013. Disponível em: www.cgu.gov.br. P .363.

Assim, o único sentido possível para o termo "culposa", que se extrai da redação do artigo 10 da Lei n. 8.429 (BRASIL, 1992), é o de culpa grave, posto que esta, tamanha a grosseria, iguala-se ao dolo, sem o qual não há desonestidade – leia-se improbidade. Quanto ao tema, Paula Greco Bandeira[14] afirma que, na culpa grave, "[...] o autor, embora não tenha agido com a intenção de causar o dano, comportou-se como se o tivesse querido, daí equiparar-se ao dolo." E complementa: "a culpa grave [...] traduziria a violação a *standard* de conduta posicionado abaixo do *standard* médio."

Em respeito aos ditames da Razoabilidade e da Proporcionalidade, impõe-se o reconhecimento, a nível constitucional e legal, da existência de um escalonamento entre as diversas modalidades de Responsabilização por Atos da Administração Pública – inclusive entre a Responsabilidade Administrativa e a Responsabilidade Administrativa Qualificada (por improbidade administrativa). O escalonamento viabiliza o desejado resguardo do equilíbrio entre a gravidade das condutas e a severidade das sanções a elas vinculadas.

3. A influência do art. 28 da LINDB na interpretação da lei de improbidade administrativa

Pois bem. O conjunto dos aspectos já apontados é suficiente para evidenciar, com robustez, a insubsistência da modalidade de Improbidade Administrativa por ato eivado de culpa. A improbidade será necessariamente dolosa ou, ao menos, marcada por culpa grave, seja porque o ordenamento jurídico insere, na sua sistemática – com a previsão do art. 37, par. 4o, da CF (BRASIL, 1988), e regramento da Lei de improbidade administrativa –, forma mais severa e, portanto, qualificada de Responsabilidade Administrativa, ou porque a própria natureza do "ato ímprobo" pressupõe a intenção perversa do agente.

Soma-se a isto, no entanto, o fato de que, em 2018, por meio da Lei de n. 13.655 (BRASIL, 2018), o entendimento acima esposado fora consagrado, de vez, pela introdução do já mencionado art. 28 da LINDB no ordenamento jurídico brasileiro. Isto porque o dispositivo determina, de modo expresso:

[14] BANDEIRA, Paula Greco. **A Evolução do Conceito de Culpa e o Artigo 944 do Código Civil**. Revista da EMERJ, v. 11, n. 42, 2008. P. 236-237. Disponível em: http://www.emerj.tjrj.jus.br/revistaemerj_online/edicoes/revista42/Revista42_227.pdf. Acesso em: 10 de Junho de 2019.

> Art. 28. O agente público responderá pessoalmente por suas decisões ou opiniões técnicas **em caso de dolo ou erro grosseiro**.
>
> (Grifos acrescidos).

Ora. Pela redação do enunciado, a conduta do agente estatal somente será passível de punição quando eivada de dolo ou de erro grosseiro (i.e. de dolo ou de culpa grave, visto que esta última é expressão equivalente ao erro grosseiro[15]); o conteúdo da norma, preciso e cristalino, não dá margens a dúvidas, sobretudo face aos comentários do próprio autor de seu texto-base, quando do trâmite do Projeto de Lei no Senado Federal. O jurista Carlos Ari Sundfeld assim comentou o então artigo 27 (hoje, art. 28 da LINDB), por ele redigido:

> O art. 27 lida com o problema da incerteza do Direito. Será que comete ilicitude um agente público que adote uma interpretação depois rejeitada pelos controladores? Uma visão mais tradicional diria que sim: sempre que interpreta "erradamente" o Direito, o agente o violaria – pois o Direito, que é certo em completo, não comportaria esse erro. **O projeto diz que não é bem assim: responsabilização, só em caso de dolo ou erro grosseiro (ou seja, culpa grave).**[16]
>
> (Grifos acrescidos).

O conteúdo do novel dispositivo, portanto, impõe uma confrontação com a Lei n. 8.429 (BRASIL, 1992). Isto porque refuta frontalmente, a interpretação erroneamente realizada por parcela dos operadores do direito, no sentido de que o termo "ação ou omissão [...] culposa", contido no art. 10 da LIA, referir-se-ia a qualquer modalidade de culpa.

Assim, no que tange à ala que entende pela existência da modalidade culposa, as modificações na Lei de Introdução às Normas do Direito Brasileiro impõem uma revisão do posicionamento até então adotado – cuja incoerência, mais do que nunca, resta evidenciada. Já para a Primeira

[15] SUNDFELD, Carlos Ari; SALAMA, Bruno Meyerhof. **Chegou a hora de mudar a velha Lei de Introdução.** *In*: PEREIRA, Flávio Henrique Unes (coord.). **Segurança jurídica e qualidade das decisões públicas:** desafios de uma sociedade democrática. Senado Federal: Brasília, 2015. P. 15.

[16] DA CUNHA FILHO, Alexandre Jorge Carneiro; ISSA, Rafael Hamze; SCHWIND, Rafael Wallbach (Coords.). **Lei de Introdução às Normas do Direito Brasileiro** – Anotada: Decreto-Lei n. 4.657, de 4 de Setembro de 1942. Vol. 02. São Paulo: Quartier Latin, 2019. . P. 422.

Turma do Superior Tribunal de Justiça e para os demais juízo que seguem o entendimento desta parcela da Corte Especial, a edição da nova norma implicou, tão somente, em um reforço dos entendimentos já postos à luz do Texto Magno.[17]

Ou seja: o art. 28 da LINDB é uma diretriz interpretativa de normas sancionatórias de direito administrativo. Ele não vem para modificar o texto de lei, muito menos o do art. 37, par. 4o, da Constituição Federal (BRASIL, 1988). O novel dispositivo, ao bem da verdade, limita-se a fixar e impôr a correta interpretação destes enunciados, pelo que não há de se falar em inconstitucionalidade da Lei de Improbidade e/ou da Lei de Introdução às Normas do Direito Brasileiro – ou mesmo de uma incompatibilidade entre elas –, mas tão somente de uma equivocada interpretação conferida à lei de improbidade administrativa, por parte da doutrina e da jurisprudência.

O mesmo não se pode afirmar no que tange à compatibilidade entre a regra do dispositivo 28 da LINDB e a modalidade de responsabilização administrativa prevista na Lei 8.112 (BRASIL,1990), no Regime Jurídico dos Servidores da União. Isto porque, ao contrário do que se observa quanto ao regime dos atos ímprobos, o texto da Constituição dá margens para a tipificação de infrações administrativas comuns por culpa levíssima, leve, grave, ou por dolo – conforme fora demonstrado. Nestes casos, portanto, não há razões para se atribuir ao emprego legal do termo "culpa" a acepção de "culpa grave", visto que não há limitação constitucional neste sentido, explícita ou tácita.

Todavia, a discussão apresentada pelo parágrafo acima, embora seja capaz de render relevante e acalorado debate, em nada interfere quanto à seguinte conclusão: a improbidade administrativa, na forma preconizada pelo constituinte, certamente não comporta a culpa simples.

Se o artigo 37, par. 4o, da Carta Magna (BRASIL, 1988), institui modalidade qualificada de responsabilidade administrativa – a qual, conforme foi demonstrado, pressupõe a má intenção do agente –, há de se atribuir às disposições infraconstitucionais sentido compatível a esta natureza "qualificada". Com base nisso e na presunção de acerto do legislador, tem-se

[17] MARQUES NETO, Floriano de Azevedo. **O STJ e os desafios na interpretação da nova LINDB**. Migalhas, 2019. Disponível em: https://www.migalhas.com.br/dePeso/16,MI303289,91041-O+STJ+e+os+desafios+na+interpretacao+da+nova+LINDB. Acesso em: 10 de junho de 2019.

que a "culpa" referida no art. 10, da lei de improbidade administrativa é, de fato, a culpa grave, compatível com o dolo, sinônima do "erro grosseiro" contido na norma do art. 28 da LINDB.

Conclusões

A improbidade administrativa, pelos motivos já expostos, é modalidade qualificada de ilícito administrativo que tem o dolo como elemento subjetivo necessário. A relevância dos valores constitucionais-administrativos pretensamente defendidos pela Lei n. 8.429 (BRASIL, 1992), bem como a gravidade dos "consequentes normativos" por ela culminados (com severas constrições a Direitos Fundamentais de primeira geração), não dão margem à subsunção de atos levemente culposos às suas hipóteses. Afinal de contas, a Constituição impõe, ao legislador e aos aplicadores do Direito, um dever de proporcionalidade entre os fins perseguidos pelo Estado e os meios de obtenção.

Assim, em meio a recorrentes escândalos de corrupção, as tentativas de legitimar a errônea interpretação que concebe modalidade culposa do tipo do art. 10 da Lei n. 8.429 (BRASIL, 1992), mais parecem uma forma tendenciosa de asseverar, a qualquer custo – ou melhor, às custas dos ditames do Estado Democrático de Direito –, o regime jurídico a incidir sobre a conduta do agente político, em época onde "político" é sinônimo de "bandido".

Acontece que, a contra-senso, este arrocho desprovido de critérios jurídicos sólidos induz a efeitos perniciosos para o ambiente sócio-político brasileiro. Isto porque, se reduz o ímpeto do gestor público mal intencionado, mas também desencoraja as nobres e ousadas intenções do gestor público probo, que se vê à mercê da arbitrariedade de órgãos julgadores, quando na tentativa de inovar comentem erros. É o que bem traduz o jurista Carlos Ari Sundfeld: "a gestão pública no Brasil ficara [ficou] fragilizada e até acuada, muitas vezes por conta de avaliações apressadas e superficiais."[18]

É em meio a este contexto que surgem as modificações na Lei de Introdução às Normas do Direito Brasileiro – dentre as quais se destaca a promovida pelo seu artigo 28. A recente legislação, portanto, ao rechaçar a interpretação que admite a modalidade de culpa leve para fins de Impro-

[18] SUNDFELD, Carlos Ari. **Uma lei geral inovadora para o Direito Público.** Portal Jota .Disponível em: https://www.jota.info/opiniao-e-analise/colunas/controle-publico/uma-lei-geral-inovadora-para-o-direito-publico-01112017. Acesso em: 09 de maio de 2018.

bidade Administrativa, promove a sistemática constitucional, a unicidade do ordenamento jurídico e, consequentemente, um ambiente de maior segurança jurídica, propício a um aumento da eficiência na gestão pública.

Referências

BRASIL. Constituição dos Estados Unidos do Brasil de 1946. Disponível em: <http://www.planalto.gov.br/ccivil_03/constituicao/constituicao46.htm >. Acesso em: 20 jun. 2020.

BRASIL. **Constituição da República Federativa de 1998**. Disponível em: <http://www.planalto.gov.br/ccivil_03/Constituicao/Constituicao91.htm>. Acesso em: 22 jun. de 2020.

BRASIL. **Lei n. 8.429, de 02 de junho de 1992.**. Dispõe sobre as sanções aplicáveis aos agentes públicos nos casos de enriquecimento ilícito no exercício de mandato, cargo, emprego ou função na administração pública direta, indireta ou fundacional e dá outras providências. Disponível em: <http://www.planalto.gov.br/ccivil_03/leis/l8429.htm>. Acesso em: 22 jun. de 2020.

BRASIL. **Lei n. 8.112, de 11 de dezembro de 1990**. Dispõe sobre as sanções aplicáveis aos agentes públicos nos casos de enriquecimento ilícito no exercício de mandato, cargo, emprego ou função na administração pública direta, indireta ou fundacional e dá outras providências. Disponível em: <http://www.planalto.gov.br/ccivil_03/leis/l8112cons.htm >. Acesso em: 22 jun. de 2020.

BRASIL. **Lei n. 10.406, de 10 de janeiro de 2002**. Institui o Código Civil. Disponível em: <http://www.planalto.gov.br/ccivil_03/leis/2002/l10406.htm>. Acesso em: 22 jun. de 2020.

BRASIL. **Lei n. 13.655, de 25 de abril de 2018.** Inclui no Decreto-Lei nº 4.657, de 4 de setembro de 1942 (Lei de Introdução às Normas do Direito Brasileiro), disposições sobre segurança jurídica e eficiência na criação e na aplicação do direito público. Disponível em: http://www.planalto.gov.br/ccivil_03/_ato2015-2018/2018/lei/L13655.htm>. Acesso em: 22 jun. de 2020.

BRASIL. CGU. **Apostila sobre Processo Administrativo Disciplinar**. Versão 2013. Disponível em: www.cgu.gov.br. P .363. Acesso em: 01 jun. de 2020.

BRASIL. STJ. **Recurso Especial n. 827.445-SP**, Relator: Ministro Teori Zavaski, j 02/02/2010. primeira turma. DJe 08/03/2010.

BRASIL. STJ. **AgInt no AREsp 943769-PB**, Relator: Min. Gurgel de Faria, j. 13.11.2018, 1ª Turma, DJe 17/12/2018.

BRASIL. STJ. **Recurso Especial n. 1.708.269-SP,** Relator: Min. Herman Benjamin, j. 18.09.2018, 2ª Turma, DJe 27/11/2018.

BRASIL. STF. **Recurso Extraordinário de nº 109.615/RJ.** Relator: Min. Celso de Mello. J. 28/05/1996, 1ª Turma, DJe 18/06/1996.

BANDEIRA, Paula Greco. **A Evolução do Conceito de Culpa e o Artigo 944 do Código Civil.** Revista da EMERJ, v. 11, n. 42, 2008. P. 236-237. Disponível em: http://www.emerj.tjrj.jus.br/revistaemerj_online/edicoes/revista42/Revista42_227.pdf. Acesso em: 10 de Junho de 2019.

DA CUNHA FILHO, Alexandre Jorge Carneiro; ISSA, Rafael Hamze; SCHWIND, Rafael Wallbach (Coords.). **Lei de Introdução às Normas do Direito Brasileiro** – Anotada:

Decreto-Lei n. 4.657, de 4 de Setembro de 1942. Vol. 02. São Paulo: Quartier Latin, 2019. P. 422.

FILHO, José dos Santos Carvalho. **Improbidade Administrativa:** Prescrição e outros prazos extintivos. 1ª ed. São Paulo: Editora Atlas S.A., 2012. P. 98.

GARCIA, Mônica Nicida. **Agente político, crime de responsabilidade e ato de improbidade.** Disponível em: http://www.mpf.mp.br/atuacao-tematica/ccr5/publicacoes/publicacoes-diversas/prerrogativa-de-foro/monica_nicida_agentepolitico.pdf. Acesso em 22 jun. de 2020.

JELLINEK, Walter. **Gesetz, Gesetzesanwendung und Zweckmassigkeitserwagung** (1913). P.P. 290 e 291.

MARQUES NETO, Floriano de Azevedo. **O STJ e os desafios na interpretação da nova LINDB**. Migalhas, 2019. Disponível em: https://www.migalhas.com.br/dePeso/16,MI303289,91041-O+STJ+e+os+desafios+na+interpretacao+da+nova+LINDB. Acesso em: 10 de junho de 2019.

MIRANDA, Pontes de. **Manual do Código Civil Brasileiro**. *In*: Paulo de Lacerda (coord.). Rio de Janeiro: Jacintho Ribeiro dos Santos, 1927. P. 130.

SUNDFELD, Carlos Ari. **Uma lei geral inovadora para o Direito Público**. Portal Jota .Disponível em: https://www.jota.info/opiniao-e-analise/colunas/controle-publico/uma-lei-geral-inovadora-para-o-direito-publico-01112017. Acesso em: 09 de maio de 2018.

SUNDFELD, Carlos Ari; SALAMA, Bruno Meyerhof. **Chegou a hora de mudar a velha Lei de Introdução**. *In*: PEREIRA, Flávio Henrique Unes (coord.). **Segurança jurídica e qualidade das decisões públicas:** desafios de uma sociedade democrática. Senado Federal: Brasília, 2015. P. 15.

13
O JUÍZO DE PRELIBAÇÃO DAS AÇÕES DE IMPROBIDADE BASEADA EM DELAÇÃO PREMIADA: LIMITES E POSSIBILIDADES À LUZ DO GARANTISMO JUDICIAL

José Carlos Novelli

1. Introdução

O presente artigo propõe-se a debater acerca dos pressupostos fáticos e jurídicos autorizativos da utilização da delação premiada como elemento de prova para fins do exercício do juízo de prelibação nas ações de improbidade administrativa.

Em junho deste ano de 2017, a Lei de Improbidade Administrativa completou 25 anos de vigência no ordenamento jurídico brasileiro.

Conquanto a ação de improbidade administrativa traduza, assim, medida judicial consolidada no ordenamento jurídico brasileiro por meio dessa legislação, com vistas à promoção da probidade e da moralidade pública, as recentes movimentações ministeriais e sociais de combate à corrupção, bem como as mudanças legislativas e internacionais acerca do instituto da delação premiada, têm lançado novas luzes sobre a matéria, que demandam debate em torno do garantismo judicial.

Com efeito, na atualidade, em matéria não apenas de direito penal, mas de todo sistema sancionador, duas grandes correntes disputam entre si espaço. Trata-se das correntes "garantista" e "eficientista".

De acordo com a vertente garantista, proposta por Luigi Ferrajoli na Itália por volta dos anos 70, o Direito Penal serve como instrumento de defesa não só social e dos interesses do acusado e da vítima, mas também como instrumento de defesa e limite das interferências do poder estatal na questão penal, por meio de sua sujeição às regras constitucionais asseguradoras de direitos, garantias e liberdades individuais[1].

A respeito o garantivismo, Luis Prietro Sanchés[2] destaca:

> el garantismo necesita del constitucionalismo para hacer realidad su programa ilustrado; y el constitucionalismo se alimenta del proyecto garantista para condicionar la legitimidad del poder al cumplimento de ciertas exigencias morales que se condensam en los derechos fundamentales.

Lado outro, a vertente penal "eficientista[3]", com maior preocupação na eficiência e funcionalidade dos aparelhos estatais incumbidos do tratamento penal.

Para os fins a que se propõe esse estudo tem-se como legítima a adoção do garantismo como pressuposto teórico, a despeito das ações de improbidade administrativa serem legalmente consideradas espécie do gênero Direito Sancionador Civil[4] (natureza político administrativa dos delitos de improbidade, como explicou o STF na Rcl 2138 / DF[5]), dada a comunicabilidade dos princípios constitucionais penais e processuais penais a todo

[1] Ferrajoli, Luigi. Garantismo: Una Discusión sobre Decrecho y Democracia. Madrid: Editorial Trotta, 2006, p. 3. Resumidamente, Ferrajoli estabelece dez axiomas relativos à pena, ao delito e ao processo, a saber: 1) princípio da retributividade ou da consequencialidade da pena em relação ao delito; 2) princípio da legalidade, no sentido lato ou no sentido estrito; 3) princípio da necessidade ou da economia do Direito Penal; 4) princípio da lesividade ou da ofensividade do evento; 5) princípio da materialidade ou da exterioridade da ação; 6) princípio da culpabilidade ou da responsabilidade pessoal; 7) princípio da jurisdicionariedade, também no sentido lato ou no sentido estrito; 8) princípio acusatório ou da separação entre juiz e acusação; 9) princípio do ônus da prova ou da verificação; 10) princípio do contraditório ou da defesa, ou da falseabilidade."

[2] Sanchés, Luis Prietro. "Constitucionalismo y garantismo". In: Garantismo – Estudios sobre el pensamiento jurídico de Luigi Ferrajoli. Madrid: Editorial Trotta, 2005, p. 44.

[3] Doutrinariamente apontado como ínsito ao Movimento da Lei e da Ordem, surgido nos Estados Unidos da América, na década de 70. Caracterizado pelo estabelecimento de penas extremamente rígidas em regime fechado e aplicação da teoria do three strikes and you're out. (Lotke, Eric. A dignidade humana e o sistema de justiça criminal nos EUA in Revista Brasileira de Ciências Criminais, n. 24, trad. de Ana Sofia Schmidt de Oliveira, p. 39-50)

[4] Osório, Fábio Medina. Direito Administrativo Sancionador. São Paulo: Revista dos Tribunais, 2000, p. 102.

[5] Atos de improbidade administrativa fazem parte do "regime de responsabilidade político-administrativa";

o sistema punitivo estatal, inclusive a essa espécie de direito punitivo, por força do §2º do artigo 5º da CF/88[6].

No que diz respeito especificamente à temática da utilização de delação premiada como justa causa para admissibilidade de ação de improbidade, objeto de nossas atenções, surge com grande nitidez a tensão essencial entre os referidos modelos de tratamento da questão sancionatória. De um lado, sob o viés garantista há de se sustentar, por via de regra, a inadmissibilidade da delação como justa causa; de outro lado, sob o viés eficientista, há de e defender maior horizonte à utilização da delação premiada como justa causa suficiente, basicamente em virtude da incidência do princípio da proporcionalidade e da técnica constitucional da ponderação de interesses.

Assim, na primeira parte deste artigo são expostas as noções gerais de probidade administrativa e das dimensões material e processual da lei de improbidade, com vistas a analisar e defender o necessário caráter garantista da justa causa legalmente exigida como condição de admissibilidade das ações de improbidade.

Em sequência, são expostos os aspectos evolutivo-legislativo e conceitual do instituto da delação premiada e da sua admissibilidade como meio de prova no direito sancionador.

Por fins, discute-se os limites e possibilidades da admissibilidade de ação de improbidade cuja petição inicial esteja lastreada tão somente no "depoimento" do beneficiado pelo instituto da delação premiada em sede criminal.

O garantismo nas ações de improbidade não pode ser prima facie assimilado como sinônimo de impunidade, deslealdade processual e absolvição a qualquer custo[7].

[6] Por força do disposto no § 2º do art. 5º da Constituição da República, o subgênero sancionador cível também sofre a incidência dos princípios jurídicos norteadores tanto do Direito Constitucional Penal quanto do Direito Penal (material e processual) comum, embora com estes não se confunda pela natureza cível (no sentido amplo, ou seja, não penal) de suas sanções, que, por não preverem a privação de liberdade – a mais gravosa das sanções existentes no Ordenamento Jurídico nacional para os tempos de paz – às vezes leva à mitigação de tal influência na construção da devida adaptação. (SANTOS, Carlos Frederico Brito dos. Improbidade Administrativa: Reflexões sobre a Lei nº 8.429/92. 2. ed. Rio de Janeiro: Forense, 2007, p. 2).

[7] "Em tempos de baixo comprometimento com a Constituição Federal, parece até mesmo politicamente incorreto falar em ilicitude de provas. Vigora atualmente uma espécie de vale-

Lado outro, é equivocado combater o abuso de poder do Estado, repetindo o erro com abuso da defesa[8], de modo que o que se defende é que haja uma ponderação concreta entre as garantias constitucionais do Réu da ação de improbidade administrativa e a eficiência do aparato estatal em prevenir e reprimir os atos ímprobos, a começar pela racionalização do poder acusatório a ser exigido no exercício dialético do juízo de admissibilidade dessas ações.

2. Dialeticidade da defesa da probidade e as garantias do réu em sede de juízo de prelibação na ação de improbidade

A probidade administrativa traduz a dimensão ética pragmática do princípio da moralidade administrativa e consiste, como bem leciona Marcello Caetano, no dever funcional "(...) de servir à Administração com honestidade, procedendo no exercício de suas funções sempre no intuito de realizar os interesses públicos, sem aproveitar os poderes ou facilidades delas decorrentes em proveito pessoal ou de outrem a quem queira favorecer[9]". Assumida como dever constitucional contido no princípio da moralidade administrativa (§ 4º, do artigo 37, bem como o inciso LXXIII do artigo 5º, todos da CF/88), a probidade consiste, pois, em bem jurídico a ser devidamente tutelado, em direito público subjetivo difuso de se ter agentes públicos pautando suas ações pelos postulados da honestidade (retidão) e da lealdade ao interesse público[10].

Nesse afã protetivo, a Lei 8.429/92 (LIA) introduziu no direito brasileiro as dimensões substanciais, objetivos e subjetivos, bem como a dimensão processual da tutela da probidade administrativa.

tudo para enfrentar-se a criminalidade. O chamado garantismo penal virou sinônimo de impunidade para a 'opinião pública". (Justiça Federal. 1ª Subseção Judiciária de São Paulo. 7ª Vara Criminal de São Paulo. Processo 0002421- 63.2016.403.6181. Juiz Federal Ali Mazloum).

[8] Sena Bedê Junior, nesse sentido, adverte que "o exagero garantista, no sentido de que a 'defesa tudo pode', é tão gritante que chega ao ponto de ensejar decisões inacreditáveis, que acabam fomentando comportamentos maliciosos, criminosos e desonestos dos réus no processo penal, desde que não venham a atingir o interesse de particulares, em uma visão individualista e – data vênia – ultrapassada de um processo penal verdadeiramente democrático e garantista".

[9] CAETANO. Marcello. Manual de Direito Administrativo, Coimbra: Almedina, 1997

[10] FREITAS, Juarez. Do princípio da probidade administrativa e de sua máxima efetivação. Revista de informação legislativa: v. 33, n. 129 (jan./mar. 1996). Disponível em: http://www2.senado.leg.br/bdsf/handle/id/176382, acesso em: 10 de outubro de 2017.

Essa legislação visa dar concretude à elevação constitucional da probidade como pressuposto não apenas de legalidade, mas também de legitimidade dos atos praticados na gestão da coisa pública.

Nos seus artigos 1º a 8º, a LIA disciplina a dimensão subjetiva dos atos ímprobos e nos seus artigos 9 a 13 regulamenta as hipóteses de configuração de ato improbo e as respectivas sanções cabíveis.

Nos termos dos artigos 9 a 11, respectivamente, são considerados atos de improbidade administrativa os atos administrativos, as condutas dolosas ou culposas, sejam elas omissivas ou comissivas, que importam em enriquecimento ilícito, que geram prejuízo ao erário público ou que atentem contra os princípios da Administração Pública.

A par dessas hipóteses, também o artigo 73 da Lei 9.504/97, o artigo 14, parágrafo único da Lei 9.782/99, o artigo 8º da Lei 9.986/00, o artigo 10 da Lei 9.637/98, o artigo 13 da Lei 9.790/99, o artigo 52 da Lei 10.257/01, estabeleceram novas hipóteses, novos tipos de improbidade administrativa.

Da análise geral dessas hipóteses legais de atos configuradores de conduta improba extrai-se a fundamental necessidade de se distinguir atos ímprobos de atos ilícitos, o que é de suma importância para fins de delimitação do objeto cognitivo de uma ação de improbidade em sede de juízo de prelibação. Com acerto, a jurisprudência firma-se no reconhecimento de que a configuração do ato de improbidade administrativa não se apresenta como reflexo automático de eventual ilegalidade, ainda que manifesta seja essa.

Nesse sentido, anotou o Ministro Luiz Fux:

> É cediço que a má-fé é premissa do ato ilegal e ímprobo. Consectariamente, a ilegalidade só adquire o status de improbidade quando a conduta antijurídica fere os princípios constitucionais da Administração Pública coadjuvados pela má-fé do administrador. A improbidade administrativa, mais que um ato ilegal, deve traduzir, necessariamente, a falta de boa-fé, a desonestidade.

Sob o aspecto processual, dentre tantos outros de igual relevo, destacamos a questão atinente ao juízo de prelibação, matéria a que se volta o presente estudo.

A noção de juízo de prelibação é de natureza processual e encontra-se relacionada ao momento atinente ao conhecimento, à admissibilidade judicial de uma demanda.

Nos termos do artigo 17, §6º, da Lei 8.429/92 (LIA), a admissibilidade da ação de improbidade administrativa demanda instrução probatória documental ou justificada acerca dos indícios suficientes da materialidade dos atos de improbidade alegado ou, ao menos, as razões fundamentadas da impossibilidade de apresentação de qualquer dessas provas.

Wallace Paiva Martins Junior[11] vislumbra no §6º do artigo 17 uma norma de "inutilidade flagrante", porquanto, segundo analisa, na prática "as ações de improbidade têm esteio em inquérito civil, credenciador do exercício responsável do direito de ação pelo Ministério Público".

Nessa mesma senda de considerações, para Wallace Paiva, o §8º do citado artigo viola agudamente o princípio do contraditório e do amplo acesso ao Judiciário, ao prever a possibilidade de rejeição antecipada da ação "pelo simples convencimento sumário do juiz, à míngua da completa e extensa instrução processual no momento adequado segundo as regras do ônus da prova".

Defende-se, ao contrário, que a possibilidade judicial de extinção sumária da ação de improbidade adequa-se com as regras sancionatórias que ela prevê e com a regra de que a má-fé não se presume.

Destaque-se, nesse sentido, que não se busca por meio desta ação a anulação pura e simples de atos jurídicos, mas sim o apenamento político, funcional, e pecuniário do agente, sob a alegação de má-fé.

3. Prova da existência de ato de improbidade e probabilidade da autoria como justa causa da ação de improbidade: o sentido e o alcance da expressão legal "indícios suficientes da existência do ato de improbidade" permitem a dúvida como causa autorizadora da admissibilidade da ação de improbidade?

Para a jurisprudência corrente consolidada, a expressão "indícios suficientes", utilizada no artigo 17, § 6º, da Lei 8.429 /92, preconiza que "(...) para que o juiz dê prosseguimento à ação de improbidade administrativa não se exige que, com a inicial, o autor junte "prova suficiente" à condenação, já que, do contrário, esvaziar-se-ia por completo a instrução judicial, transformada que seria em exercício dispensável de duplicação e (re) produção de prova já existente[12]".

[11] MARTINS JUNIOR. Wallace Paiva. Probidade Administrativa. Ed. Saraiva: São Paulo, p. 435 e 440.

[12] BRASIL. STJ. AgRg no Ag 730.230/RS, Rel. Ministro HERMAN BENJAMIN, SEGUNDA TURMA, julgado em 04/09/2007, DJ 07/02/2008, p. 296. Precedentes: AgRg no REsp 1296116/RN, Rel. Ministro Olindo Menezes (Desembargador convocado do TRF 1ª Região),

Em acórdão da lavra da Ministro Olindo Menezes, desembargador convocado do TRF 1ª Região, o STJ chegou a decidir que "se há dúvida quanto à procedência dos fatos imputados, diante dos elementos de ordem indiciária, o natural é que se dê pelo processamento da ação, em ordem a que, ultimada a instrução, se torne possível uma avaliação definitiva a respeito da imputação e defesa[13]".

A jurisprudência do STJ pacificou, pois, o entendimento de que "a presença de indícios de cometimento de atos ímprobos autoriza o recebimento fundamentado da petição inicial nos termos do art. 17, §§ 7º, 8º e 9º, da Lei n. 8.429/92, devendo prevalecer, no juízo preliminar, o princípio do in dubio pro societate[14]".

Trata-se de jurisprudência calcada na teoria eficienticista do direito processual político-administrativista sancionador.

Esse entendimento jurisprudencial é questionado pelo Ministro e professor Napoleão Nunes Maia Filho, o qual adverte acerca da necessidade de provas e não apenas de indícios do fato punível, nos precisos termos:

> A leitura pura e simples desse dispositivo poderá passar a impressão de que a exigência de indícios suficientes do ato de improbidade refere-se tanto à

Primeira Turma, DJe 02/12/2015; AgRg no AREsp400.779/ES, Rel. Ministro Napoleão Nunes Maia Filho, Rel. p/ Acórdão Ministro Sérgio Kukina, Primeira Turma, DJe 17/12/2014; REsp 1357838/GO, Rel. Ministro Herman Benjamin, Segunda Turma, DJe 25/09/2014; AgRg no AREsp 268.450/ES, Rel. Ministro Castro Meira, Segunda Turma, DJe 25/03/2013; REsp 1220256/MT, Rel. Ministro Mauro Campbell Marques, Segunda Turma, DJe 27/04/2011.

13 BRASIL. STJ. AgRg no AREsp 76.313/SP, Rel. Ministro OLINDO MENEZES (DESEMBARGADOR CONVOCADO DO TRF 1ª REGIÃO), PRIMEIRA TURMA, julgado em 15/09/2015, DJe 23/09/2015.

14 Acórdãos: AgRg no AREsp 604949/RS,Rel. Ministro HERMAN BENJAMIN, 2ª Turma, Julgado em 05/05/2015, DJE 21/05/2015; AgRg no REsp 1466157/MG,Rel. Ministro MAURO CAMPBELL MARQUES, 2ª Turma, Julgado em 18/06/2015, DJE 26/06/2015; REsp 1504744/MG,Rel. Ministro SÉRGIO KUKINA, 1ª Turma, Julgado em 16/04/2015,DJE 24/04/2015; AgRg nos EDcl no AREsp 605092/RJ, Rel. Ministra MARGA TESSLER (JUÍZA FEDERAL CONVOCADA DO TRF 4ª REGIÃO), 1ª Turma, julgado em 24/03/2015, DJE 06/04/2015; AgRg no AREsp 612342/RJ,Rel. Ministro HUMBERTO MARTINS, 2ª Turma, Julgado em 05/03/2015,DJE 11/03/2015, AgRg no AREsp 444847/ES,Rel. Ministro BENEDITO GONÇALVES, 1ª Turma, Julgado em 05/02/2015, DJE 20/02/2015, AgRg no REsp 1455330/MG,Rel. Ministro OG FERNANDES, 2ª Turma, Julgado em 16/12/2014, DJE 04/02/2015; REsp 1259350/MS,Rel. Ministro NAPOLEÃO NUNES MAIA FILHO, 1ª Turma, Julgado em 22/10/2013, DJE 29/08/2014; AgRg no AREsp 318511/DF,Rel. Ministra ELIANA CALMON, 2ª Turma, Julgado em 05/09/2013,DJE 17/09/2013

materialidade do ilícito, quanto à sua provável autoria, porquanto o texto legal alude aos tais indícios como reveladores da existência do ato de improbidade. Essa conclusão seria, porém, enganosa, porquanto a orientação tradicional, amplamente acolhida no Direito Processual Penal moderno – e transplantável para o domínio de quaisquer ações sancionadoras, inclusive a Ação de Improbidade Administrativa – é a que a imputação demonstre – com provas, e não apenas com indícios – a ocorrência material ou empírica do fato punível e indique, pelo menos indiciariamente, quem seja o seu provável – e não apenas possível autor (artigo 41 do CPP).

Com efeito, a leitura conjugada do disposto no artigo 17, §§ 6º 7º, 8º e 9º, da Lei n. 8.429/92 nos conduz à razoável ideologia garantivista adotada pelo legislador e albergada pelo constituinte de 1988 em matéria de direito sancionador, pois está a exigir justa causa para a admissibilidade de ações de improbidade, as quais voltam-se naturalmente a acarretar graves e contundentes repercussões aos direitos políticos do cidadão réu, como meio preventivo e repressor das condutas desonestas ali legalmente desabonadas.

A justa causa legalmente exigida, consubstanciada na apresentação pelo autor da ação de prova da materialidade do ato de improbidade e da probabilidade da autoria do ato pelo réu indicado no polo passivo da demanda, afigura-se, no regime democrático de direito constitucionalmente adotado pela CF/88, uma barreira racional de contenção e de legitimação da intervenção judicial na esfera político-administrativa civil dos agentes públicos e particulares, réus nessas ações.

Nesse sentido, preciosas ainda são as lições do professor Napoleão Nunes de que "a locução justa causa não tem emprego exclusivo no domínio jurídico científico do Direito Penal e Processual (...) constituindo, assim, uma espécie de critério de justiça do caso concreto para mensurar a legitimidade – e não apenas a legalidade – de quaisquer iniciativas administrativas ou judiciais de que resultem (...) efeitos prejudiciais ou danosos a direitos ou a interesses das pessoas".

Se é certo que as condutas alegadamente ímprobas são passíveis de receber graves e cumulativas sanções político-administrativas, certo também é que o poder de acusar e de pleitear a aplicação dessas sanções deve ser exercido sério e responsavelmente, lastreado de "prova induvidosa da ocorrência material do fato apontado como duvidoso[15]" e de "prova – ou indícios – de ser a pessoa imputada o seu autor".

A advertência à necessária racionalidade da atividade persecutória do Estado também foi externada com maestria pelo Ministro Celso de Mello[16], *in litteris*:

> Não se revela admissível, em juízo, imputação penal destituída de base empírica idônea, ainda que a conduta descrita na peça acusatória possa ajustar-se, em tese, ao preceito primário de incriminação. Impõe-se, por isso mesmo, ao Poder Judiciário, rígido controle sobre a atividade persecutória do Estado, notadamente sobre a admissibilidade da acusação penal, em ordem a impedir que se instaure, contra qualquer acusado, injusta situação de coação processual.

José António Henriques dos Santos Cabral[17], discorrendo acerca das provas indiciárias, esclarece que a necessidade de controle dos instrumentos através dos quais o juiz adquire a sua convicção sobre a prova:

> (...) visa assegurar que os mesmos se fundamentam em meios racionalmente aptos para proporcionar o conhecimento dos factos e não em meras suspeitas ou intuições ou em formas de averiguação de escassa ou nula fiabilidade. Igualmente se pretende que os elementos que o julgador teve em conta na formação do seu convencimento demonstrem a fidelidade as formalidades legais e as garantias constitucionais.

A robustez de elementos de convencimento para o recebimento e processamento de ações de improbidade administrativa constituem a margem de segurança do cidadão em geral, como também a medida de equilíbrio entre as forças que litigam nessa espécie de processo, uma vez que cada vez mais se afiguram crescentes não apenas os poderes instrutórios do juiz, mas em especial os poderes investigatórios unilaterais do Ministério Público.

[15] Moura. Maria Theresa Rocha de Assis. Justa Causa para a Ação Penal. São Paulo: RT, 2001, p. 241, apud.Maia Filho. Napoleão. ob. cit. p. 32.

[16] BRASIL. STF. STF, Inquérito 1.978-0, Rel. Ministro Celso de Mello, Plenário, J. 13/09/2006 DJ de 17/08/2007.

[17] Cabral. José António Henriques dos Santos. Prova indiciária e as novas formas de criminalidade. Intevenção no Centro de Formação Jurídica e Judiciária de Macau em 30 de Novembro de 2011. Disponível em: http://www.stj.pt/ficheiros/estudos/provaindiciarianovasformascriminalidade.pdf.

Sob essa perspectiva, invoca-se a percuciente advertência de Cristo constante no livro de Lucas, capítulo 12, versículo 48, parte final, de que "a quem muito foi dado, muito será exigido; e a quem muito foi confiado, muito mais será pedido". Verdadeira medida de proporcionalidade na efetivação da justiça.

Não se pode ignorar o estruturado aparelho investigatório estatal. Muito menos ainda se pode ignorar as conquistas normativas[18], doutrinárias e jurisprudenciais[19] do aparato ministerial acusador em matéria de poderes

[18] O artigo 129, inciso III, da Constituição da República. O artigo 5º, § 6º, da Lei nº 7.347/85. O artigo 26 da Lei Orgânica Nacional do Ministério Público, Lei Federal 8.625/93. O artigo 7º da Lei Complementar n 75/93. O art. 201, VII da Lei 8.069/90 (Estatuto da Criança e do Adolescente). O artigo 74, VI da Lei 10.741 (Estatuto do Idoso). O artigo 356, §2º do Código Eleitoral. O artigo 29 da Lei 7.492/96. A Resolução nº 13/2006, alterada pelas Resoluções nº 111/2014 e 161/2017 do Conselho Nacional do Ministério Público

[19] Repercussão geral. Recurso extraordinário representativo da controvérsia. Constitucional. Separação dos poderes. Penal e processual penal. Poderes de investigação do Ministério Público. 2. Questão de ordem arguida pelo réu, ora recorrente. Adiamento do julgamento para colheita de parecer do Procurador-Geral da República. Substituição do parecer por sustentação oral, com a concordância do Ministério Público. Indeferimento. Maioria. 3. Questão de ordem levantada pelo Procurador-Geral da República. Possibilidade de o Ministério Público de estado-membro promover sustentação oral no Supremo. O Procurador-Geral da República não dispõe de poder de ingerência na esfera orgânica do Parquet estadual, pois lhe incumbe, unicamente, por expressa definição constitucional (art. 128, § 1º), a Chefia do Ministério Público da União. O Ministério Público de estado-membro não está vinculado, nem subordinado, no plano processual, administrativo e/ou institucional, à Chefia do Ministério Público da União, o que lhe confere ampla possibilidade de postular, autonomamente, perante o Supremo Tribunal Federal, em recursos e processos nos quais o próprio Ministério Público estadual seja um dos sujeitos da relação processual. Questão de ordem resolvida no sentido de assegurar ao Ministério Público estadual a prerrogativa de sustentar suas razões da tribuna. Maioria. 4. Questão constitucional com repercussão geral. Poderes de investigação do Ministério Público. Os artigos 5º, incisos LIV e LV, 129, incisos III e VIII, e 144, inciso IV, § 4º, da Constituição Federal, não tornam a investigação criminal exclusividade da polícia, nem afastam os poderes de investigação do Ministério Público. Fixada, em repercussão geral, tese assim sumulada: "O Ministério Público dispõe de competência para promover, por autoridade própria, e por prazo razoável, investigações de natureza penal, desde que respeitados os direitos e garantias que assistem a qualquer indiciado ou a qualquer pessoa sob investigação do Estado, observadas, sempre, por seus agentes, as hipóteses de reserva constitucional de jurisdição e, também, as prerrogativas profissionais de que se acham investidos, em nosso País, os Advogados (Lei 8.906/94, artigo 7º, notadamente os incisos I, II, III, XI, XIII, XIV e XIX), sem prejuízo da possibilidade – sempre presente no Estado democrático de Direito – do permanente controle jurisdicional dos atos, necessariamente documentados (Súmula Vinculante 14), praticados pelos membros dessa instituição". Maioria. 5. Caso concreto.

investigatórios. Por conseguinte, assim como democraticamente, e com vistas à tutela de interesses públicos legitimo, se tem aparelhado o poder estatal acusatório, de igual modo, dele se deve exigir justa causa no agir processual, conduta processualmente honesta e reta de postular com base em convicção evidenciada e não em achismos temerários.

Não é crível que se conceda poderes investigatórios ao Ministério Público e que ele não o utilize, ou o utilize insuficientemente, e baseado nessa conduta temerária de seus poderes ainda receba do Judiciário a chancela de admissibilidade de seus pleitos despidos de prova idônea das alegações, em nome de um pseudo eficienticismo persecutório estatal.

O equilíbrio das forças ativas num processo é questão de paridade de armas. Desse modo, impor ao réu da ação de improbidade o dever de contraprova exauriente – apta a ensejar o convencimento judicial a que aludem os §8º e 9º da Lei de Improbidade – à uma justa causa duvidosa ou incipiente apresentada por um autor robustecido de poderes investigatórios é um atentado ao princípio da igualdade processual.

Outrossim, importante destacar que a aplicação do princípio *in dubio pro societa* atenta contra a o princípio constitucional da economicidade, ao da efetividade da justiça e ao da própria eficiência a que se quer primar, pois todo processo tem um custo, bem como porque o ajuizamento e admissibilidade de ações de improbidade infundadas ou de duvidosa justa causa gera o inchaço da máquina judiciária em detrimento de casos que clarividentemente reclamam sua atuação.

Nesse sentido, Juliana Vieira Bernat de Souza[20], apoiada nas lições de Aury Lopes Junior, destaca que:

Crime de responsabilidade de prefeito. Deixar de cumprir ordem judicial (art. 1º, inciso XIV, do Decreto-Lei nº 201/67). Procedimento instaurado pelo Ministério Público a partir de documentos oriundos de autos de processo judicial e de precatório, para colher informações do próprio suspeito, eventualmente hábeis a justificar e legitimar o fato imputado. Ausência de vício. Negado provimento ao recurso extraordinário. Maioria. (RE 593727, Relator(a): Min. CEZAR PELUSO, Relator(a) p/ Acórdão: Min. GILMAR MENDES, Tribunal Pleno, julgado em 14/05/2015, ACÓRDÃO ELETRÔNICO REPERCUSSÃO GERAL – MÉRITO DJe-175 DIVULG 04-09-2015 PUBLIC 08-09-2015)

[20] SOUZA, Juliana Vieira Bernat de. Poderes investigatórios do ministério público: solução ou problema?. In: Âmbito Jurídico, Rio Grande, XX, n. 157, fev 2017. Disponível em:. Acesso em out 2017.

> (...) o principal objetivo da investigação preliminar a função de evitar acusações infundadas. O que significa, esclarecer o juízo de probabilidade e assegurar à sociedade de que não existirão abusos por parte do poder persecutório estatal. Se a impunidade causa uma grave intranquilidade social, não menos grave é o mal causado por processar um inocente. Consideramos que essa atividade de "filtro processual", expressão adotada pelo ilustre, Aury Lopes Junior, resta afirmada, já que consideramos fatores básicos em relação à instauração da ação penal, como: custo do processo, o sofrimento que causa ao sujeito passivo e a estigmatização social e jurídica que gera.

Assim também explicam Alexandre de Moraes e Salah Khaled que[21]:

> (...) a utilização em qualquer momento da regra de bolso do in dubio pro societate é uma 'gambiarra' retórica utilizada por atores jurídicos preguiçosos e muitas vezes alienados do seu respectivo papel de compreender autenticamente o regime probatório existente, analisando motivadamente o recebimento da denúncia, a decisão de pronúncia e a revisão criminal, três momentos em que se utiliza da regra de bolso do in dubio pro societate, uma das faces do in dubio pro hell.
>
> (...)
>
> não se pode invocar o in dubio pro societate para burlar o necessário enfrentamento da presença (ou ausência) das condições de admissibilidade da acusação, fundamentando essa decisão, sem desconsiderar que não se está a exigir uma cognição exauriente ou a plena convicção, mas, sim, um juízo

[21] MORAIS DA ROSA, Alexandre; KHALED, Salah H. In dubio pro hell I: profanando o sistema penal. Florianópolis: Empório do Direito, 2015, p. 103-104. Tão contundentemente quanto, Alexandre de Moraes e Aury Lopes Jr asseveram que: "a noção de justa causa, como núcleo imantador das condições de admissibilidade da acusação, não pode mais ser entendida como o acoplamento hipotético-formal da acusação. Deve considerar as implicações da instauração penal, a partir da leitura da criminologia[1], dando-se relevo ao juízo político criminal das imputações, dentre elas as bagatelares e abusivas, bem como aos custos decorrentes da aceitação de todas as acusações. Acrescente-se, ainda, que diante da delação e leniência surge novo modelo de disponibilidade do exercício da acusação por parte do Estado, cujos efeitos ainda não se espraiaram. Nesse momento, então, surgem novas tarefas de controle jurisdicional que dependem do mapa mental do jogador-acusador e do julgador em face da qualidade dos requisitos de admissibilidade da acusação (...)". (LOPES JR. Aury, ROSA. Alexandre Morais. Conheça a pedalada retórica do in dubio pro societate. Disponível em: https://www.conjur.com.br/2017-jul14/limite-penal-conheca-pedalada-retorica-in-dubio-pro-societate?imprimir=1).

de verossimilhança, de probabilidade, que não isenta de fundamentação e elementos probatórios mínimos. Presente a verossimilhança das condições de admissibilidade, que se fundamente e receba a acusação. Não superando esse juízo de convicção, deve ser rejeitada a denúncia. Não existe espaço para o drible do *in dubio pro societate* como imunizador retórico ao dever de fundamentação e enfrentamento da justa causa (e demais condições).

Importante recordar que, em sede de processo penal, o STJ já afastou o princípio do *in dubio pro societa*, em um caso em que o tribunal a quo, em sede recursal, determinou o recebimento de denúncia sob o argumento de que, havendo indícios de autoria e materialidade, mesmo na dúvida quanto à participação dos corréus deveria vigorar o princípio *in dubio pro societate*. Confira-se:

> PROCESSO PENAL. HABEAS CORPUS. ROUBO CIRCUNSTANCIADO E QUADRILHA. REJEIÇAO DA DENÚNCIA. AUSÊNCIA DE JUSTA CAUSA. RECURSO EM SENTIDO ESTRITO. PROVIMENTO PELO TRIBUNAL A QUO. REMISSAO AO CHAMADO PRINCÍPIO IN DUBIO PRO SOCIETATE. ILEGALIDADE. RECONHECIMENTO. 1. A acusação, no seio do Estado Democrático de Direito, deve ser edificada em bases sólidas, corporificando a justa causa, sendo abominável a concepção de um chamado princípio in dubio pro societate. In casu, não tendo sido a denúncia amparada em hígida prova da materialidade e autoria, mas em delação, posteriormente tida por viciada, é patente a carência de justa causa. Encontrando-se os corréus Gualberto Gonçalves de Queiroz e Aroldo Ishii em situação objetivamente assemelhada à dos pacientes, nos termos do art. 580 do Código de Processo Penal, devem eles receber o mesmo tratamento dispensado a estes. 2. Ordem concedida para cassar o acórdão atacado, restabelecendo a decisão de primeiro grau, que rejeitou a denúncia em relação aos pacientes e os corréus Gualberto Gonçalves de Queiroz e Aroldo Ishii, nos autos da ação penal n. 0008955-43.2005.8.01.0001, da 1ª Vara Criminal da Comarca de Rio Branco/AC. (HC 175.639-AC, Rel. Min. Maria Thereza de Assis Moura, julgado em 20/3/2012).

Nesse julgamento foram citados os seguintes precedentes do STF: HC 95.068, DJe 15/5/2009; HC 107.263, DJe 5/9/2011, e HC 90.094, DJe 6/8/2010; do STJ: HC 147.105- SP, DJe 15/3/2010, e HC 84.579-PI, DJe 31/5/2010.

À toda vista, pois, o sentido e o alcance da expressão legal "indícios suficientes da existência do ato de improbidade" não permitem a dúvida como causa autorizadora da admissibilidade da ação de improbidade.

Há prevalecer a lógica principiológica do *in dubio pro societa* deve-se promover a inversão do ônus, o que poderia ensejar na imposição ao réu de ter de fazer prova acerca de fato negativo (ex. que não cometeu o dano ou que para ele não concorreu), o que constituiria, em hipótese, verdadeira *probatio diabolica* e denotaria desigualdade probatória entre as partes.

É inconcebível e contraditório que aquele que busca a justiça na luta contra a improbidade administrativa pratique a injustiça ao buscá-la e para alcançar seu desiderato. Pertinente, nessa toada de pensamento, rememorar a máxima socrática de que "era melhor sofrer o mal que cometê-lo", visto que, no diálogo reflexivo do agente consigo mesmo, ele não suportaria ter que conviver com ele sendo o próprio adversário da sua consciência. Semelhantemente, Hannah Arendt, discorrendo acerca da dualidade reflexiva do pensamento advertia que "seja o que quer aparecer – o que significa, apareça sempre como quer aparecer para os outros, mesmo quando você estiver sozinho e aparecer apenas para si mesmo[22]". Trata-se do imperativo de que o ser humano não contradiga a si mesmos, visto que "alguém que se contradiz não é confiável[23]".

Concluímos, portanto, pela necessidade de revisão da jurisprudência do STJ, para que seja firmada uma interpretação conforme à Constituição do disposto no artigo 17, § 6º, da Lei 8.429 /92, no sentido de que a ação de improbidade administrativa deve necessariamente ser instruída com provas da ocorrência material do ato administrativo e com a indicação da provável e não apenas da possível autoria do ato, em primazia aos princípio da presunção de inocência, da dignidade da pessoa humana, da proporcionalidade, da eficiência acusatória (artigo 37 e 129, III, da CF88), da economicidade e da efetividade processual, bem como em primazia ao princípio da igualdade material no processo.

4. Regime jurídico da delação premiada

"o elemento ontológico da delação premiada não está na pessoa do colaborador e sim no pragmatismo, no interesse da persecução penal e na perspec-

[22] Arendt, Hanna. A dignidade da política. 2002. Rio de Janeiro: Relume-Dumará, p. 30.
[23] Id. Ibdem, p. 101.

tiva de reduzir os danos causados pelos crimes que orientam a razão de ser da própria colaboração"
Ministra Rosa Weber[24]

O direito premial, assim entendido como aquela subárea do direito sancionador vocacionado a regular a premiação jurídica da traição criminal, não é uma inovação ou exclusividade brasileira. Remonta à época de Cristo, encontrando na famosa traição remunerada de Judas uma de suas expressões antigas.

Beccaria, em 1764, em sua obra Dos delitos e das penas[25], já tratava do instituto. Fez referências contrárias à figura dos delatores e traidores, mas reconheceu as vantagens do instituto, sob os seguintes argumentos:

> Alguns tribunais oferecem a impunidade àquele cúmplice de delito grave que denuncie seus companheiros. Tal expediente tem seus inconvenientes e suas vantagens. Os inconvenientes são que a nação autoriza a traição, detestável mesmo entre os celerados, porque não menos fatais a uma nação os delitos de coragem que os de vileza: porque a coragem não é frequente, já que só espera uma força benéfica e diretriz que faça concorrer ao bem público, enquanto a vileza é mais comum e contagiosa, e sempre mais se concentra em si mesma. Ademais o tribunal revela a sua própria incerteza, a fraqueza da lei, que implora ajuda de quem a ofende (...) (...) As vantagens consistem na prevenção dos delitos importantes que, por terem efeitos evidentes e autores ocultos, atemorizam o povo; além disso, se contribui para mostrar que quem não tem fé nas leis, isto é, no público, é provável que também não confie no privado. Parece-me que uma lei geral que prometesse a impunidade ao cúmplice delator de qualquer delito seria preferível a uma declaração especial num caso particular, porque assim preveniria as uniões pelo temor recíproco que cada cúmplice teria de se expor sozinho e o tribunal não faria homens audaciosos, dos celerados que se vissem chamados a ajudar num caso particular. Uma tal lei, portanto, deveria unir a impunidade ao banimento do delator (...).

De igual modo, no ano de 1878, Rudolf Von Ihering utilizou-se do termo direito premial quando previu um Estado incapaz de desvendar crimes,

[24] BRASIL. STF. HC 127.483

[25] Beccaria, Cesare B. Dos delitos e das penas, Tradução de Flávio de Angelis. Bauru: Edipro, 1999, p 78

diante das sofisticações e complexidades decorrentes da modernidade e advertiu:

> Um dia, os juristas vão ocupar-se do direito premial. E farão isso quando, pressionados pelas necessidades práticas, conseguirem introduzir a matéria premial dentro do direito, isto é, fora da mera faculdade e do arbítrio. Delimitando-o com regras precisas, nem tanto no interesse do aspirante ao prêmio, mas, sobretudo, no interesse superior da coletividade[26]".

No direito comparado, a doutrina unânime faz menção ao *immunity from prosecution*, do direito inglês; ao *plea bargaining*, do direito norte-americano; ao pentiti, do direito italiano e ao *kronzeugenregelung*, do direito alemão[27]. No Brasil, os primeiros indícios do instituto da delação premiada são encontrados no "Código Filipino", na parte em que previa o crime de "Lesa Majestade" e disciplinava as regras atinentes à "Como se perdoará aos malfeitores que derem outros á prisão"[28].

Sua evolução em termos legislativos ganha contornos relevantes no pós-Constituição de 1988, dado seu viés garantista e racionalizador do poder interventor persecutório e punitivo do Estado. Assim, na década de 90 proliferam legislações prevendo o gênero colaboração premiada, merecendo destaque as leis de crimes hediondos (Lei 8.072/90[29]), de crimes tributários (Lei nº 8.137/90[30]), de crime organizado (Lei 9.034/95[31] , revogada

[26] Rudolf Von Ihering apud CERQUEIRA, Thales Tácito Pontes Luz de. Delação premiada. Revista Jurídica Consulex, Brasília, v. 9, n. 208, p. 24-33, set. 2005. p. 25.

[27] GUIDI, José Alexandre Marson. Delação Premiada no Combate ao Crime Organizado, França-SP: Lemos & Cruz, 2006, p. 107-110. FERREIRA, Cristiano de Oliveira. O processo penal de emergência face as garantias constitucionais ao devido processo na utilização do instituto da delação premiada no Brasil Disponível em Acesso em: out. 2017

[28] BARRETO, Ricardo Araújo de. A delação premiada no Brasil. Disponível em: Acesso em out. 2017.

[29] Na parte em que alterou a redação do artigo 159, 4º do Código Penal, dispondo que: "Se o crime é cometido por quadrilha ou bando, o coautor que denunciá-lo à autoridade, facilitando a libertação do sequestrado, terá sua pena reduzida de um a dois terços."

[30] Art. 16, § único "nos crimes previstos nesta lei, cometidos em quadrilha ou coautoria, o coautor ou partícipe que através de confissão espontânea revelar à autoridade policial ou judicial toda a trama delituosa terá a sua pena reduzida de um a dois terços"

[31] Art. 6º Nos crimes praticados em organização criminosa, a pena será reduzida de um a dois terços, quando a colaboração espontânea do agente levar ao esclarecimento de infrações penais e sua autoria.

pela Lei 12.850/13[32]), de crimes do colarinho branco e crimes tributários (Lei 7.492/86 cc Lei 9.080/95[33]), de sequestro (Lei 9.269/96[34]), de lavagem de dinheiro (Lei 9.613/98 cc Lei 12.683/12[35]) e de tóxicos (11.343/06[36]).

Além dessas normativas penais especiais, foi editada a Lei 9.807/99[37], que instituiu o Programa Federal de Assistência a Vítimas e a Testemu-

[32] Amplo regramento da delação premiada.

[33] Art. 25. (...) § 2º Nos crimes previstos nesta Lei, cometidos em quadrilha ou coautoria, o coautor ou partícipe que através de confissão espontânea revelar à autoridade policial ou judicial toda a trama delituosa terá a sua pena reduzida de um a dois terços. (Incluído pela Lei nº 9.080, de 19.7.1995)

[34] Altera novamente o § 4º do art. 159 do Código Penal, que passa a vigorar com a seguinte redação: Art. 159 (...)§ 4º Se o crime é cometido em concurso, o concorrente que o denunciar à autoridade, facilitando a libertação do sequestrado, terá sua pena reduzida de um a dois terços."

[35] 7 § 5o A pena poderá ser reduzida de um a dois terços e ser cumprida em regime aberto ou semiaberto, facultando-se ao juiz deixar de aplicá-la ou substituí-la, a qualquer tempo, por pena restritiva de direitos, se o autor, coautor ou partícipe colaborar espontaneamente com as autoridades, prestando esclarecimentos que conduzam à apuração das infrações penais, à identificação dos autores, coautores e partícipes, ou à localização dos bens, direitos ou valores objeto do crime.

[36] Art. 41. O indiciado ou acusado que colaborar voluntariamente com a investigação policial e o processo criminal na identificação dos demais coautores ou partícipes do crime e na recuperação total ou parcial do produto do crime, no caso de condenação, terá pena reduzida de um terço a dois terços. Art. 49. Tratando-se de condutas tipificadas nos arts. 33, caput e § 1º, e 34 a 37 desta Lei, o juiz, sempre que as circunstâncias o recomendem, empregará os instrumentos protetivos de colaboradores e testemunhas previstos na Lei no 9.807, de 13 de julho de 1999

[37] Art. 13. Poderá o juiz, de ofício ou a requerimento das partes, conceder o perdão judicial e a conseqüente extinção da punibilidade ao acusado que, sendo primário, tenha colaborado efetiva e voluntariamente com a investigação e o processo criminal, desde que dessa colaboração tenha resultado: I – a identificação dos demais co-autores ou partícipes da ação criminosa; II – a localização da vítima com a sua integridade física preservada; III – a recuperação total ou parcial do produto do crime. Parágrafo único. A concessão do perdão judicial levará em conta a personalidade do beneficiado e a natureza, circunstâncias, gravidade e repercussão social do fato criminoso. Art. 14. O indiciado ou acusado que colaborar voluntariamente com a investigação policial e o processo criminal na identificação dos demais co-autores ou partícipes do crime, na localização da vítima com vida e na recuperação total ou parcial do produto do crime, no caso de condenação, terá pena reduzida de um a dois terços. Art. 15. Serão aplicadas em benefício do colaborador, na prisão ou fora dela, medidas especiais de segurança e proteção a sua integridade física, considerando ameaça ou coação eventual ou efetiva. § 1o Estando sob prisão temporária, preventiva ou em decorrência de flagrante delito, o colaborador será custodiado em dependência separada dos demais presos. § 2o Durante a instrução criminal, poderá o juiz competente determinar em favor do colaborador qualquer

nhas Ameaçadas e dispôs sobre a proteção de acusados ou condenados que tenham voluntariamente prestado efetiva colaboração à investigação policial e ao processo criminal.

Também no cenário internacional o instituto da delação premiada é consagrado e o Brasil é signatário de convenções internacionais da ONU que recomendam o uso da delação premiada para combate à organizações criminosas e à corrupção. Trata-se da Convenção de Palermo de 2000 e da Convenção de Mérida de 2003.

Com o advento da Lei 12.850/13 deu-se corpo e procedimento ao instituto da delação premiada, espécie do gênero colaboração premiada.

Sob a vigência dessa normativa, pode-se afirmar que a delação premiada ou chamamento do correu, em sentido amplo, consiste em negócio jurídico processual penal[38] (STF, HC 127.483-PR), entabulado entre o Ministério Público e o acusado que figura como coautor e partícipe do ilícito, por meio do qual esse coautor não apenas confessa os seus atos ilícitos praticados, como também incrimina seu(s) comparsa(s) e o órgão acusador transaciona o poder estatal persecutório e punitivo, com vistas a obter os resultados elencados no artigo 4º da Lei, *in litteris*:

> Artigo 4º (...)
>
> I – a identificação dos demais coautores e partícipes da organização criminosa e das infrações penais por eles praticadas;
>
> II – a revelação da estrutura hierárquica e da divisão de tarefas da organização criminosa;
>
> III – a prevenção de infrações penais decorrentes das atividades da organização criminosa;
>
> IV – a recuperação total ou parcial do produto ou do proveito das infrações penais praticadas pela organização criminosa;
>
> V – a localização de eventual vítima com a sua integridade física preservada.

das medidas previstas no art. 8o desta Lei. § 3o No caso de cumprimento da pena em regime fechado, poderá o juiz criminal determinar medidas especiais que proporcionem a segurança do colaborador em relação aos demais apenados.

[38] 0 O pacto de San José, Costa Rica condiciona a validade da confissão do acuado à ausência de qualquer espécie de coação.

Por essa mesma via negocial, sob a ótica dos benefícios processuais e/ou penais concedidos ao corréu delator, a delação pode assumir a natureza jurídica de causa de diminuição de pena (caput e §5º, do artigo 4º), ou de extinção da punibilidade (perdão judicial, §2º do artigo 4º), ou de suspensão do processo penal (§3º, do artigo 4º), ou de causa de progressão de regime (§ 5º, do artigo 4º).

Acerca da legitimidade da concessão desses benefícios legais, Valdir Sznick[39], defende que:

> o instituto da colaboração (e por extensão, do arrependimento) se apresenta rico em dois aspectos: para o réu, já que em reconhecendo seu erro e colaborando está se redimindo de sua participação na infração penal, uma atitude que merece ser encorajada e só merece elogios; para a sociedade, em virtude da coleta de material relevante, permitindo o desmonte do grupo criminoso. A sociedade que havia sofrido uma violação com a conduta delituosa, o colaborador, com sua colaboração, sente-se em parte ressarcida, daí a concessão do benefício.

Trata-se de posicionamento doutrinário que vislumbra no instituto da delação premiada um verdadeiro e promissor instrumento jurídico de incremento da efetividade da persecução penal, no combate ao chamado crime organizado. Com efeito, sob uma perspectiva funcionalista ou eficientista do processo penal não se tem como negar os benefícios trazidos pela delação premiada.

Lado outro, severas críticas são tecidas ao instituto, não apenas em razão do caráter denunciatório da incompetência persecutória e investigativa estatal, mas também pela sua perspectiva utilitarista que, malfere princípios éticos e constitucionais da moralidade administrativa.

Neste lanço de considerações, são pertinentes o repúdio ao instituto de há muito externado por Eugenio Raúl Zaffaroni[40], quando afirma que "a impunidade de agentes encobertos e dos chamados 'arrependidos' constitui uma séria lesão à eticidade do Estado, ou seja, ao princípio que forma

[39] Sznick, Valdir. Crime Organizado: comentários. São Paulo: Livraria e Editora Universitária de Direito Ltda, 1997, p. 371.

[40] ZAFFARONI, Eugenio Raúl. "Crime organizado": uma categorização frustrada. Discursos sediciosos; crime, direito e sociedade. Instituto Carioca de Criminologia, Rio de Janeiro, ano I, n. 1, 1996, p. 59-63.

parte essencial do estado de direito: o Estado não pode se valer de meios imorais para evitar a impunidade".

A delação não é confissão *strictu sensu*[41], pois a enunciação dos fatos pelo delator não se restringe apenas a ele. De igual modo, não se trata de testemunho, na medida em que esse pressupõe a postura equidistante das partes. A delação, em verdade, se consubstancia em uma técnica processual investigativa de estímulo à verdade processual e de busca dessa.

5. A delação premiada como justa causa para a prelibação positiva das ações de improbidade administrativa: valor probatório da palavra do colaborador e processo Kafkiano

A questão final posta para análise é o âmago do tema deste trabalho. A delação premiada integra o conceito legal de indício suficiente exigido para a admissibilidade de ações de improbidade administrativa?

A premissa inicial para resposta à essa indagação é que considerando a dubiedade ética da delação premiada, a fragilidade moral da conduta do delator, e o feitio eminentemente acusador da delação premiada, a delação em si não é prova, mas meio de obtenção de prova, como, inclusive, já assentou o STF no Inq 4130 QO/PR[42] .

[41] Artigo 197 do CPP – o valor da confissão se aferirá pelos critérios adotados para os outros elementos de prova, e para a sua apreciação o juiz deverá confrontá-la com as demais provas do processo, verificando se entre ela e estas existe compatibilidade ou concordância. Art. 341 – NCPC – Incumbe também ao réu manifestar-se precisamente sobre as alegações de fato constantes da petição inicial, presumindo-se verdadeiras as não impugnadas (...). I – não for admissível, a seu respeito, a confissão; Art. 389 – NPC – Há confissão, judicial ou extrajudicial, quando a parte admite a verdade de fato contrário ao seu interesse e favorável ao do adversário. Art. 390 – NPC – A confissão judicial pode ser espontânea ou provocada. § lo A confissão espontânea pode ser feita pela própria parte ou por representante com poder especial. § 2o A confissão provocada constará do termo de depoimento pessoal. Art. 391 – NPC – A confissão judicial faz prova contra o confitente, não prejudicando, todavia, os litisconsortes. I – não for admissível, a seu respeito, a confissão;

[42] (...) 3. A colaboração premiada, como meio de obtenção de prova, não constitui critério de determinação, de modificação ou de concentração de competência. (...) (...) 5. Os elementos de informação trazidos pelo colaborador a respeito de crimes que não sejam conexos ao objeto da investigação primária devem receber o mesmo tratamento conferido à descoberta fortuita ou ao encontro fortuito de provas em outros meios de obtenção de prova, como a busca e apreensão e a interceptação telefônica. (BRASIL. Supremo tribunal Federal. Questão de Ordem no Inquérito 4.130-PR. Relator: Ministro Dias Toffoli. Disponível em: http://redir.stf.jus.br/paginadorpub/paginador.jsp?docTP=TP&docID=10190406. Acesso em: out. 2017.

Desta feita que, entre outras razões, isoladamente considerada a delação premiada não constitui prova suficiente para a condenação do réu. Esse tratamento jurídico à delação premiada é conferido pela própria Lei 12.850/13 que, em seu art. 4º, § 16, prescreve que "nenhuma sentença condenatória será proferida com fundamento apenas nas declarações de agente colaborador". Trata-se da regra da corroboração, que exige a confirmação das acusações do delator por outras provas seguras, à luz das regras probatórias do processo e do direito penal.

Com propriedade, Gabriel Silveira de Queirós Campo[43] questiona qual o grau de importância deve o julgador atribuir às informações ou declarações fornecidas pelo réu arrependido, e em sequência, pautado na premissa constitucional da presunção da inocência adverte que:

> No caso da delação premiada, há que se ter especial cuidado com o valor probatório a ela atribuído. Tal não significa afastar sua força probante, é certo. Compete ao juiz, em compasso com o sistema da persuasão racional, analisar todo o conjunto probatório, cotejando as informações advindas do réu colaborador com os demais elementos colhidos sob o crivo do contraditório processual. Na realidade, esse é o procedimento a ser adotado em qualquer caso, para que a decisão seja devidamente fundamentada. O plus, na hipótese de delação, é o acentuado rigor com o qual o julgador deve cotejar as declarações do delator com o restante acervo probatório. Com esse redobrado cuidado, pensamos não haver afronta à presunção de inocência. A discussão está longe de ser encerrada e as decisões judiciais a respeito da delação premiada ainda são bastante escassas. A título de conclusão, afirmamos que a utilização prática do instituto deve ser cautelosa e sua regulamentação legal, hoje pobre, merece aperfeiçoamentos, para que a funcionalidade não elimine garantias processuais da pessoa acusada.

Por foça de lei, retira-se, por conseguinte da delação premiada inclusive o caráter de prova indiciária para fins condenatórios penais.

[43] CAMPOS. Gabriel Silveira de Queirós. Temas pontuais sobre ilicitude probatória no processo penal: denúncia anônima, delação premiada e gravações clandestinas. Disponível em: http://boletimcientifico.escola.mpu.mp.br/boletins/boletim-cientifico-n-38-janeiro-junho-de-2012/temaspontuais-sobre-ilicitude-probatoria-no-processo-penal-denuncia-anonima-delacao-premiada-e-gravacoesclandestinas/at_download/file. Acesso em: out. 2017.

Não há, contudo, normativa que prescreva acerca da utilização da delação premiada como base isolada para a propositura de ação de improbidade administrativa e para seu posterior conhecimento.

A ausência dessa regulação normativa, porém, não autoriza a simplista conclusão de que não sendo vedado é, então, permitido.

A questão demanda análise à luz do princípio da presunção de inocência, da teoria das provas penas emprestadas ao processo civil de improbidade e à luz da própria natureza jurídica da delação premiada e do conteúdo nela contido.

Mauro Roberto Gomes de Mattos[44] é categórico em defender que "delação Premiada não serve para fins de admissibilidade de ação de improbidade administrativa", pois não cumpre o requisito formal a que impõe o artigo 17, § 6º. da Lei nº 8.429/1992. O autor fundamenta sua asserção afirmando:

> Isso porque, em se tratando de ação com a finalidade de apuração de atos de improbidade administrativa, a prova ganha relevância fundamental, na medida em que se faz necessário identificar as condutas e o nexo de causalidade dos atos praticados e o poder de ofensividade à Lei no. 8.429/1992. Ou seja, é de se provar, através da produção de meios diretos e robustos, o dolo do agente público ou do particular nos casos elencados no artigo 9o. e 11, da Lei no. 8.429/1992, e a culpa precedida de má-fé no tipo descrito no artigo 10 da citada lei de improbidade administrativa. Por isso a prova válida é fundamental para a caracterização do elemento subjetivo dos tipos descritos na Lei de Improbidade Administrativa. A relevância do termo de colaboração do direito penal somente confere efeitos jurídicos para aquela esfera do direito, não podendo ser transportado para fins de juízo de admissibilidade ou de condenação da prática do ato de improbidade administrativa, em face da expressa vedação a que aduz o artigo 17, § 1o., da Lei no. 8.429/1992. O Código de ritos autoriza a divisibilidade da confissão para evitar que o confidente use a confissão complexa como um instrumento simulado, produzido

[44] MATTOS. Mauro Roberto Gomes de. A Medida Provisória no. 703/2015, que revogou o § 1o., do Art. 17, da Lei de Improbidade Administrativa Não Autoriza Transação ou Delação Premiada para fins de Demonstração de Indícios da Prática do Ato Ímprobo. Revista do Superior Tribunal de Justiça. Vol. 241, ano 28 JANEIRO/FEVEREIRO/MARÇO 2016. Disponível em: https://ww2.stj.jus.br/docs_internet/revista/eletronica/stj-revista-eletronica-2016_241.pdf. Acesso em: out. 2017.

única e exclusivamente em seu próprio interesse, com o objetivo de desviar o rumo da investigação, ou prejudicar terceiros de forma irresponsável ou desatrelada de materialidade e de autoria. Da mesma forma, à guisa de ilustração, destaque-se que outros institutos do direito penal, como por exemplo o princípio da bagatela ou da insignificância, também não são aplicados na Lei de Improbidade Administrativa, justamente por permitir a mitigação à violação ao princípio da moralidade qualificada, para fins de excludente de responsabilidade. (...) A delação premiada não é prova de um delito, mas início da busca de provas, que irão confirmar ou rejeitar os termos do conteúdo da mesma. Não sendo admitido o instituto da delação premiada no direito administrativo sancionador, por razões lógicas não há como admiti-lo como demonstração da ocorrência de indícios da prática de ato de improbidade administrativa para fins de admissibilidade da petição inicial. É que no direito administrativo sancionador, vinculado diretamente aos princípios da legalidade e da tipicidade, como fundamento das garantias constitucionais, não se admite a utilização de analogia ao instituto da delação premiada, aplicado única e exclusivamente ao direito penal e sob condições específicas.

Concordamos com o autor e acrescemos que a delação premiada traduz meio de obtenção de prova produzida no bojo de um inquérito ou processo penal, de modo que seu empréstimo aos autos de uma ação de improbidade, demandaria que a ação já tivesse, por outros indícios de materialidade e de autoria justificados, sido admitida e que, na forma do entendimento preconizado pelo STF no Inq 3305 AgR/RS, a delação já tivesse sido corroborada por outras provas, uma vez que, "é possível compartilhar as provas colhidas em sede de investigação criminal para serem utilizadas, como prova emprestada, em inquérito civil público e em outras ações decorrentes do fato investigado[45]", e a delação premiada não tem natureza jurídica de prova.

Acresça-se, ainda, que teor da delação em relação ao terceiro corréu não confesso é de cunho acusatório.

Assim, a utilização isolada da delação premiada como indício, prova ou como justificativa para admissibilidade de ação de improbidade administrativa implicaria em uma duplicidade acusativa infundada, pois o corréu

45 BRASIL. Supremo Tribunal Federal. 1ª Turma. Inq 3305 AgR/RS, Rel. Min. Marco Aurélio, red. p/ o acórdão Min. Roberto Barroso. julgado em 23/2/2016 (Info 815).

confesso acusa o terceiro, com vistas à alcançar um prêmio e, por sua vez, o autor da ação de improbidade acusa esse terceiro baseado na acusação não virtuosa feita pelo corréu.

Acusação de improbidade com base em acusação delatória, nada mais incipiente, infundado, promíscuo, ineficiente e pernicioso.

Por fim, ainda que se atribuísse, forçadamente, à pessoa do corréu delator a natureza testemunhal, posto que é a pessoa que "tomou conhecimento de algo juridicamente relevante ao processo" essa argumentação não se sustentaria é necessário que se comprove a veracidade do ocorrido agindo sob o compromisso de ser imparcial.

Quais os pressupostos para se sustentar a presunção de imparcialidade de um corréu delator?

À luz do artigo 447 do CPC, "podem depor como testemunhas todas as pessoas, exceto as incapazes, impedidas ou suspeitas". Os 2º e 3º desse artigo preveem, respectivamente, o impedimento e a suspeição daquele que é parte na causa e daquele que é o inimigo da parte ou o seu amigo íntimo, ou, ainda, daquele tiver interesse no litígio.

Anote-se que a admissibilidade da prova testemunhal impedidas ou suspeitas, na forma do 4º desse mesmo artigo, demanda a prova da necessidade, elemento esse consectário do princípio da razoabilidade, e, por óbvio, se trata de ato judicial a ser praticado na fase instrutória da ação e não na fase de sua admissibilidade, pelo que também sob essa ótica a delação premiada certamente não integra o conceito legal de indício suficiente exigido para a admissibilidade de ações de improbidade administrativa.

Conclusões

O atual estágio de desenvolvimento e assecuração jurídica das liberdades públicas não autoriza retrocessos funcionalistas (cláusula de proibição de retrocessos) em busca de uma eficiência estatual punitiva desarrazoada e infundada, de modo que não é necessário vivenciar um regime autoritário para que os reclamos de legitimidade e racionalidade do exercício do poder sancionador do Estado sejam válidos.

Lado outro, o exercício pelo Estado-acusador e Estado-juiz do seu dever fundamental de promover justiça civil e penal como meio de desencorajamento e punição dos atos de improbidade administrativa constitui para os cidadãos a garantia de segurança jurídica das relações, da manutenção do regime democrático de direito, do princípio republicano e da exigência de boa governança pública. constitui a tutela de um bem fundamental, qual seja, a probidade administrativa traduzida na dimensão ética e pragmática do princípio da moralidade administrativa.

O equilíbrio entre esses valores constitucionais encontra na exigência de justa causa para propositura e processamento das ações de improbidade administrativa um meio de possibilidade de sua realização.

Com efeito, a leitura conjugada do disposto no artigo 17, §§ 6º 7º, 8º e 9º, da Lei n. 8.429/92 nos conduz à razoável ideologia garantivista adotada pelo legislador e albergada pelo constituinte de 1988 em matéria de direito sancionador, verdadeiro critério de justiça do caso concreto para mensurar a legitimidade – e não apenas a legalidade – de quaisquer iniciativas administrativas ou judiciais de que resultem (...) efeitos prejudiciais ou danosos a direitos ou a interesses das pessoa, como preleciona Napoleão Nunes.

A delação enquanto técnica processual investigativa de estímulo à verdade processual e de busca dessa, não integra o conceito legal de indício suficiente exigido para a admissibilidade de ações de improbidade administrativa. Considerando que a delação premiada não é prova, mas meio de sua obtenção, não se lhe aplica o precedente jurisprudência no sentido que é possível seu compartilhamento para serem utilizadas, como prova emprestada, em inquérito civil público e ação de improbidade administrativa, muito menos ainda como indício ou justificativa racional de admissibilidade dessa ação.

A utilização isolada da delação premiada como indício, prova ou como justificativa para admissibilidade de ação de improbidade administrativa implicaria em uma duplicidade acusativa infundada, pois o corréu confesso acusa o terceiro, com vistas à alcançar um prêmio e, por sua vez, o autor da ação de improbidade acusa esse terceiro baseado na acusação não virtuosa feita pelo corréu.

Em arremate, vimos que nem mesmo enquadrado no conceito de prova testemunhal as palavras do corréu delator seriam hábeis a consubstanciar justa causa para propositura e juízo de prelibação positivo em ação de improbidade, uma vez que, a pessoalidade da suposta relação criminosa que mantém com o réu da ação de improbidade e o interesse que detém no êxito dessa ação, inclusive para fins de que não seja revogado seu benefício, o enquadraria em uma das hipóteses de suspeição ou impedimento testemunhal, conforme o caso.

Referências

ARENDT, Hanna. A dignidade da política. Rio de Janeiro: Relume-Dumará. 2002.

_______________. Responsabilidade e julgamento. São Paulo: Companhia das Letras, 2004.

BARRETO, Ricardo Araújo de. A delação premiada no Brasil. Disponível em: Acesso em out. 2017. BECCARIA. Cesare B. Dos delitos e das penas, Tradução de Flávio de Angelis. Bauru: Edipro, 1999. BRASIL. Justiça Federal. 1ª Subseção Judiciária de São Paulo. 7ª Vara Criminal de São Paulo. Processo 0002421-63.2016.403.6181. Juiz Federal Ali Mazloum.

BRASIL. Superior Tribunal de Justiça. AgRg no Ag 730.230/RS, Rel. Ministro Herman Benjamin, 2ª Turma, julgado em 04/09/2007, DJ 07/02/2008, p. 296. BRASIL. Superior Tribunal de Justiça. AgRg no AREsp 76.313/SP, Rel. Ministro Olindo de Menezes (Desembargador convocado TRF 1ª Região), 1ª Turma, julgado em 15/09/2015, DJe 23/09/2015. BRASIL. Supremo Tribunal Federal. HC 127.483. Ministro Dias Toffoli. Disponível em: http://redir.stf.jus.br/paginadorpub/paginador.jsp?docTP=TP&docID=10199666. Acesso em: out. 2017.

BRASIL. Supremo Tribunal Federal. Inquérito 1.978-0, Rel. Ministro Celso de Mello, Plenário, J. 13/09/2006 DJ de 17/08/2007. BRASIL. Supremo Tribunal Federal. 1ª Turma. Inq 3305 AgR/RS, Rel. Min. Marco Aurélio, red. p/ o acórdão Min. Roberto Barroso. julgado em 23/2/2016 (Info 815).

BRASIL. Supremo Tribunal Federal. RE 593727, Relator (a): Min. Cezar Peluso, Relator (a) p/ Acórdão: Min. Gilmar Mendes, Tribunal Pleno, julgado em 14/05/2015, Acórdão eletrônico Repercussão Geral – Mérito DJe-175 DIVULG 04-09-2015 PUBLIC 08-09-2015) CABRAL. José António Henriques dos Santos. Prova indiciária e as novas formas de criminalidade. Intevenção no Centro de Formação Jurídica e Judiciária de Macau em 30 de Novembro de 2011. Disponível em: http://www.stj.pt/ficheiros/estudos/provaindiciarianovasformascriminalidade.pdf.

CAETANO. Marcello. Manual de Direito Administrativo, Coimbra: Almedina, 1997.

CAMPOS. Gabriel Silveira de Queirós. Temas pontuais sobre ilicitude probatória no processo penal: denúncia anônima, delação premiada e gravações clandestinas. Disponível em: http://boletimcientifico.escola.mpu.mp.br/boletins/boletim-cientifico-n-38-janeiro-junho-de2012/temas-pontuais-sobre-ilicitude-probatoria-no-processo-penal--denuncia-anonimadelacao-premiada-e-gravacoes-clandestinas/at_download/file. Acesso em: out. 2017.

FERRAJOLI, Luigi. Garantismo: Una Discusión sobre Decrecho y Democracia. Madrid: Editorial Trotta, 2006.

FREITAS, Juarez. Do princípio da probidade administrativa e de sua máxima efetivação. Revista de informação legislativa: v. 33, n. 129 (jan/mar. 1996). Disponível em: http://www2.senado.leg.br/bdsf/handle/id/176382, acesso em: 10 de outubro de 2017.

GUIDI. José Alexandre Marson. Delação Premiada no Combate ao Crime Organizado, França-SP: Lemos & Cruz, 2006, p. 107-110.

FERREIRA, Cristiano de Oliveira. O processo penal de emergência face as garantias constitucionais ao devido processo na utilização do instituto da delação premiada no Brasil Disponível em Acesso em: out. 2017. Página 25 de 25

LOPES JR. Aury, ROSA. Alexandre Morais. Conheça a pedalada retórica do in dubio pro societate. Disponível em: https://www.conjur.com.br/2017-jul-14/limite-penal-conhecapedalada-retorica-in-dubio-pro-societate?imprimir=1).

LOTKE, Eric. A dignidade humana e o sistema de justiça criminal nos EUA in Revista Brasileira de Ciências Criminais, n. 24, trad. de Ana Sofia Schmidt de Oliveira.

MARTINS JUNIOR. Wallace Paiva. Probidade Administrativa. Ed. Saraiva: São Paulo.

MATTOS. Mauro Roberto Gomes de. A Medida Provisória no. 703/2015, ue revogou o § 1o., do Art. 17, da Lei de Improbidade Administrativa Não Autoriza Transação ou Delação Premiada para fins de Demonstração de Indícios da Prática do Ato Ímprobo. Revista do Superior Tribunal de Justiça. Vol. 241, ano 28 Janeiro/Fevereiro/Março 2016. Disponível em: https://ww2.stj.jus.br/docs_internet/revista/eletronica/stj-revista-eletronica-2016_241.pdf. Acesso em: out. 2017

MORAIS DA ROSA, Alexandre; KHALED, Salah H. In dubio pro hell I: profanando o sistema penal. Florianópolis: Empório do Direito, 2015, p. 103-104.

MOURA. Maria Theresa Rocha de Assis. Justa Causa para a Ação Penal. São Paulo: RT, 2001, p. 241, apud. MAIA FILHO. Napoleão.

OSÓRIO, Fábio Medina. Direito Administrativo Sancionador. São Paulo: Revista dos Tribunais, 2000, p. 102. SANCHÉS, Luis Prietro. "Constitucionalismo y garantismo". In: Garantismo – Estudios sobre el pensamiento jurídico de Luigi Ferrajoli. Madrid: Editorial Trotta, 2005.

SANTOS, Carlos Frederico Brito dos. Improbidade Administrativa: Reflexões sobre a Lei nº 8.429/92. 2. ed. Rio de Janeiro: Forense, 2007, p. 2.

SOUZA, Juliana Vieira Bernat de. Poderes investigatórios do ministério público: solução ou problema? In: Âmbito Jurídico, Rio Grande, XX, n. 157, fev 2017. Disponível em:. Acesso em out 2017.

STJ – REsp n. 480.387-SP. No mesmo sentido: REsp 1.374.355, Esp 1.149.427/SC, relator ministro Luiz Fux, 1ª Turma, julgado em 17.8.2010, DJe 9.9.2010; AgRg no AREsp 81.766/MG, Relator Ministro Humberto Martins, 2ª Turma, julgado em 7/8/2012, DJe 14/8/2012.

SZNICK, Valdir. Crime Organizado: comentários. São Paulo: Livraria e Editora Universitária de Direito Ltda, 1997, p. 371.

ZAFFARONI, Eugenio Raúl. "Crime organizado": uma categorização frustrada. Discursos sediciosos; crime, direito e sociedade. Instituto Carioca de Criminologia, Rio de Janeiro, ano I, n. 1, 1996, p. 59-63.

14
LEGADO DO MINISTRO NAPOLEÃO NUNES AO DIREITO ADMINISTRATIVO SANCIONADOR: O CASO DA PERDA DA FUNÇÃO PÚBLICA EM AÇÃO DE IMPROBIDADE

Mariana Costa de Oliveira
Thiago de Lucena Motta

1. Considerações iniciais

Em 30 de dezembro de 1945, a cidade de Limoeiro do Norte/CE foi brindada com o nascimento de um Poeta, Professor e Jurista que gravaria seu nome na história nacional como uma voz que, tal qual João Batista, grita no deserto justamente em favor daquelas vozes que não são ouvidas. Em seus quase 30 anos de magistratura (sendo 13 deles exercidos no Superior Tribunal de Justiça), o Ministro Napoleão Nunes Maia Filho foi, de maneira perene, defensor dos grupos e indivíduos que se encontram em situação de vulnerabilidade frente à potestade estatal, ao poderio econômico ou mesmo às naturais vicissitudes da vida.

Provido de um olhar aguçado e extremamente sensível, o Ministro garantiu, nestas três décadas, a prestação de uma jurisdição humanizada a todos que se valem da prerrogativa insculpida no art. 5º, XXXV, da Constituição Federal – mormente aos idosos, às crianças, às pessoas com deficiência, aos mais humildes segurados do regime previdenciário e a todos aqueles que, em geral, se viram injustiçados pelos poderes dominantes. A Justiça, aliás, é o substrato axiológico fundamental de seu pensamento jurídico, tão vanguardista e moderno que constitui uma verdadeira *hermenêutica napoleônica* própria.

Quem acompanhou as sessões de julgamento do STJ bem sabe que o entusiasmo do Ministro Napoleão Nunes Maia Filho desponta, com especial ênfase, no Direito Sancionador. A visão garantista, permeada por uma crença indelével na capacidade de evolução do ser humano e pela compaixão com seus eventuais erros, sempre se manifesta nos votos que profere. Vencedores ou vencidos, seus arrojados argumentos enobrecem os debates e buscam construir uma jurisprudência humanitária e voltada à concretização da Justiça, esta que dá nome ao Superior Tribunal em que labora.

O tema objeto deste trabalho se insere justamente no Direito Sancionador, tendo recebido uma resposta recente por parte da Primeira Seção do STJ; as divergências surgidas durante a votação, todavia, mostram que a matéria permanece atual e talvez reclame, futuramente, um novo enfrentamento pela Corte Superior. Trata-se da definição, em ações de improbidade administrativa, da função pública alcançada pela pena de perda prevista no art. 12, I a IV, da Lei 8.429/1992.

Na Primeira Turma do STJ, prevalecia, por maioria, a compreensão de que somente pode ser objeto da sanção de perda o cargo ocupado pelo agente no momento da infração[1]. Deste modo, se o agente iniciasse nova carreira antes de sua condenação, esta outra função por ele exercida não seria perdida com espeque no art. 12 da Lei 8.429/1992.

A Segunda Turma, por sua vez, apresentava compreensão diversa: de maneira unânime, o órgão entendia que a pena de perda alcança qualquer cargo ocupado pelo réu quando do trânsito em julgado da condenação, independentemente de ter sido o mesmo utilizado para o cometimento da infração[2].

Este dissídio interpretativo entre as Turmas ensejou a interposição dos Embargos de Divergência em Recurso Especial de número 1.701.967/RS, apreciados pela Primeira Seção do STJ – responsável por uniformizar a jurisprudência da Corte em matéria de Direito Público. Naquela ocasião, os debates desenvolvidos entre os julgadores confrontaram riquíssimos argumentos, tendo prevalecido a corrente dominante da Segunda Turma.

A caneta garantista e humanitária do Ministro Napoleão Nunes Maia Filho subscreveu a tese vencida, proposta pelo relator, Ministro Gurgel de Faria. O presente artigo pretende, dest'arte, analisar os fundamentos

[1] Por exemplo: REsp. 1.766.149/RJ, de relatoria da Ministra Regina Helena Costa, relator para o acórdão o Ministro Gurgel de Faria, DJe de 01/02/2019.

[2] É bastante conhecido, na Segunda Turma, o acórdão lavrado pela Ministra Eliana Calmon no REsp. 924.439/RJ, DJe de 19/08/2009. Este precedente, a propósito, foi objeto de expressa discussão na apreciação dos EREsp. 1.701.967/RS, como se verá adiante.

norteadores desta linha minoritária, os quais bem sintetizam os valores que sempre embasaram a atuação profissional – e, em verdade, a própria personalidade – do Ministro Napoleão Nunes Maia Filho. No tópico 2 será apresentado brevemente o histórico do caso concreto, para contextualizar a discussão; o capítulo 3 empreenderá a exposição dos argumentos propriamente ditos, cotejando-os com a tese vencedora; e, por fim, a parte 4 arrematará o trabalho com suas considerações finais.

2. O julgamento dos EREsp. 1.701.967/RS

No caso levado a julgamento perante a Primeira Seção, o Ministério Público Federal ajuizou, na origem, ação de improbidade administrativa contra dois servidores da Polícia Federal, imputando-lhes a utilização de veículo, armas e munições do ente público em atividade diversa do exercício profissional (comparecimento em show musical). Em sentença, mantida pelo Tribunal Regional Federal da 4ª Região, os réus foram condenados com fundamento no art. 11 da Lei 8.429/1992, com a imposição, dentre outras, da sanção de perda da função pública.

Interpostos Recursos Especiais, ambos tiveram seguimento negado monocraticamente pelo relator, Ministro Herman Benjamin, em decisão mantida pelo colegiado da Segunda Turma no julgamento de Agravos Internos.

Ocorre que um dos demandados, após a prática dos atos objeto da ação, desligou-se da Polícia Federal e logrou aprovação no concurso para o cargo de Defensor Público da União. Diante disso, tomando como paradigmas acórdãos da Primeira Turma[3] segundo os quais a pena de perda somente atinge a função ocupada no momento da conduta ilícita, este réu manejou o recurso de Embargos de Divergência, com fundamento no art. 1.043, I, do CPC/2015, distribuído à relatoria do Ministro Gurgel de Faria.

No dia 09/09/2020, o relator apresentou seu voto perante a Primeira Seção do STJ, no qual se manifestou pelo acolhimento dos Embargos de Divergência, para decotar da condenação a pena de perda do cargo público e seguir o entendimento dominante na Primeira Turma. A esta proposta aderiu o Ministro Napoleão Nunes Maia Filho, adicionando seus próprios argumentos.

[3] AgRg no AREsp. 369.518/SP, relator o Ministro Gurgel de Faria, DJe de 28/03/2017; e AgInt no REsp. 1.423.452/SP, relator o Ministro Benedito Gonçalves, DJe de 13/03/2018.

Após os debates orais, a divergência foi inaugurada pelo Ministro Francisco Falcão, a fim de negar provimento aos Embargos e fazer prevalecer a tese oriunda da Segunda Turma; por consequência, seria mantida a pena de perda do cargo de Defensor Público. Seguiram este posicionamento os demais Ministros integrantes da Primeira Seção – com exceção do Ministro Benedito Gonçalves, que não votou, pois presidia o julgamento –, o que culminou na rejeição dos Embargos de Divergência.

A sessão foi bastante prolífica em argumentos jurídicos, com considerações densas e bem fundamentadas em ambos os lados. Foram discutidas, além da finalidade da perda da função pública, a necessidade de conferir eficácia prática à Lei 8.429/1992 e a redação pouco específica de seu art. 12 (que instituiu a pena em debate), potencialmente conflitante com o princípio da legalidade estrita.

A estas abordagens eminentemente técnicas somaram-se preocupações de natureza existencial e mesmo filosófica, relacionadas à proporcionalidade da pena que tira do agente a possibilidade de restaurar sua atuação funcional em outro cargo. Esta inquietação pode ser detectada também na corrente majoritária, como se vê no belo voto proferido pelo Ministro Og Fernandes, o qual, mesmo seguindo a tese vencedora, destacou que gostaria de continuar a refletir acerca do tema sob esta perspectiva.

Apresentado este rápido escorço histórico do julgamento, passa-se à análise dos argumentos então suscitados, com evidência para a posição garantista exposta pelo Ministro Napoleão Nunes Maia Filho.

3. Exame das teses em confronto

3.1. Irrelevância de eventual mudança de cargo: a tese vencedora

A ideia que orientou a tese vencedora, fortemente calcada na necessidade de tutela da moralidade administrativa, foi a de que a pena de perda da função tem como finalidade remover do contato com a coisa pública o indivíduo que tenha, em algum momento de sua vida funcional, violado determinada regra de conduta. Por isso, seria desimportante eventual mudança no cargo por ele ocupado: o fundamental, para esta corrente de pensamento, é que o agente já condenado por improbidade administrativa não permaneça vinculado à Administração.

É possível vislumbrar, neste raciocínio, uma similaridade com a crença na função de *prevenção especial negativa da pena*, em analogia com a conhecida doutrina do Direito Penal[4]. Afinal, uma vez constatado que o agente já transgrediu em uma ocasião pretérita, o seu desligamento da Administração – seja qual for o cargo que ocupa – assume nítida função acauteladora, com o propósito de evitar a possibilidade de reiteração da conduta ilícita[5].

São elucidativas, a este respeito, as palavras da Ministra Eliana Calmon, relatora do REsp. 924.439/RJ, DJe de 19/08/2009. Referido aresto orientou a jurisprudência da Segunda Turma nos anos seguintes (que a ele frequentemente se reporta), e foi reafirmado pela maioria dos Ministros da Primeira Seção no julgamento dos EREsp. 1.701.967/RS. Consta no voto condutor daquele precedente que "a intenção do legislador ao prever a sanção da perda da função pública é a de *extirpar* da Administração Pública aquele que exibiu inidoneidade (ou inabilitação) moral e desvio ético para o exercício da função". O vocábulo *extirpar* parece denotar a carga semântica geral desta orientação: para os Ministros que a seguiram, o agente faltoso deve ser *excluído*, *extraído* da Administração como um elemento danoso à totalidade do corpo funcional.

Também é possível identificar, na tese majoritária, uma preocupação com a efetividade prática das sanções da Lei 8.429/1992. A Lei de Improbidade Administrativa é, indubitavelmente, um relevante instrumento de proteção da coisa pública, e seria de todo indesejável que a condenação de um indivíduo restasse inócua, pela impossibilidade prática de imposição das penas. Este receio é reforçado pelo fato de que, consoante o art. 20 da Lei 8.429/1992, a perda da função pública somente produz efeitos a partir do trânsito em julgado da sentença condenatória – o que, como se sabe, pode levar anos, e neste lapso temporal é possível que a situação funcional do agente tenha sido modificada[6].

Em breve síntese, foram estes os principais argumentos defendidos pela corrente que se sagrou vencedora no julgamento dos EREsp. 1.701.967/RS, impondo a perda da função pública atualmente ocupada pelo embargante.

[4] Para uma sólida explanação sobre o tema, confiram-se: PIERANGELLI, José Henrique; ZAFFARONI, Eugenio Raúl. *Manual de direito penal brasileiro*. 11. ed. São Paulo: Revista dos Tribunais, 2015; BITENCOURT, Cezar Roberto. *Tratado de direito penal*. 25. ed. São Paulo: Saraiva, 2019, volume 1.

[5] Em sede doutrinária, manifestam-se também neste sentido ANDRADE, Adriano; MASSON, Cleber; ANDRADE, Landolfo. *Interesses difusos e coletivos*. 10. ed. São Paulo: Método, 2020.

[6] Neste sentido foram as considerações da Ministra Regina Helena Costa, que proferiu voto vencido no REsp. 1.766.149/RJ, já citado anteriormente. Para Sua Excelência, "a orientação no sentido de a sanção da perda do cargo público recair exclusivamente sobre aquele que serviu de instrumento para a prática da conduta caracterizada como ímproba, não alcançando o ocupado quando do trânsito em julgado da ação, compromete o objetivo maior da Lei 8.429/1992".

2.2. Preponderância da legalidade estrita: a tese vencida

No sólido voto apresentado pelo relator originário do processo, Ministro Gurgel de Faria, vê-se elevado prestígio aos princípios da legalidade estrita em matéria sancionadora e da segurança jurídica. A proposta de Sua Excelência tem como substrato a compreensão de que, dada a nítida aproximação entre o Direito Administrativo Sancionador e o Direito Penal, as garantias constitucionais de legalidade e tipicidade têm incidência, também, na esfera da improbidade administrativa, consoante já defendia a doutrina nacional[7].

Esta compreensão ecoa, de certo modo, a tese doutrinária – sempre defendida pelo Ministro Napoleão Nunes Maia Filho – de que o *jus puniendi* estatal constitui uma categoria una, abrangendo a ilicitude e suas consequências jurídicas como um todo. Sua divisão em matérias (penal e administrativa, por exemplo) tem apenas finalidades didáticas, de maneira que o sistema de garantias do acusado não se destina apenas à esfera criminal, mas ao Direito Sancionador como um todo[8].

Como decorrência, somente as sanções expressamente previstas em Lei podem ser aplicadas ao agente que cometa determinada infração; trata-se de corolário do vetusto brocardo *nulla poena sine lege*, comumente atribuído ao jurista alemão Paul Johann Anselm Ritter von Feuerbach[9]. A norma encontra-se positivada no art. 5º, XXXIX, da Constituição Federal, segundo o qual "não há crime[10] sem lei anterior que o defina, nem pena sem prévia cominação legal".

A interpretação do rol legal de penas, por sua vez, deve ser informada pelo princípio do *in dubio pro reo*: cabe ao Legislador a tarefa de bem especificar as sanções de determinada conduta, sem utilizar palavras impreci-

[7] Com esta precisa opinião: NOBRE JÚNIOR, Edilson Pereira. Sanções administrativas e princípios de direito penal. *Revista de Direito Administrativo*, Rio de Janeiro, v. 219, jan./mar. 2000, p. 127-151; OSÓRIO, Fábio Medina. Conceito e tipologia dos atos de improbidade administrativa. *Revista de Doutrina da 4ª Região*, Porto Alegre, n. 50, out. 2012.

[8] ROCHA FILHO, Altair Soares da. *Penaliformidade do ilícito de improbidade administrativa e a jurisprudência do Tribunal Regional Federal da 5ª Região e dos Tribunais Superiores: decorrência da unicidade do jus puniendi* (dissertação de mestrado). Natal, UFRN, 2018.

[9] FEUERBACH, Paul Johann Anselm Ritter von. *Lehrbuch des gemeinen in Deutschland gültigen peinlichen Rechts*. Giesse: Georg Friedrich Heyer, 1847. A propósito do tema, recomenda-se ao leitor a consulta ao voto vencido do Ministro Napoleão Nunes Maia Filho no REsp. 1.367.493/SC, de relatoria do Ministro Gurgel de Faria, DJe de 23/10/2020.

[10] Importa registrar que a interpretação do termo "crime", como já explicitado, abrange também as infrações administrativas, em virtude da proximidade epistemológica entre as sanções penais e por improbidade.

sas ou deixar de contemplar certas situações. Caso este encargo não seja cumprido, a omissão ou a ambiguidade do texto legal não podem ser valoradas em desfavor do acusado; semelhantemente, não é possível preencher eventuais vácuos legislativos por meio de analogia, quando esta medida hermenêutica implicar agravamento da situação do demandado[11].

Ocorre que os arts. 37, § 4º, da Constituição Federal, e 12, I a IV, da Lei 8.429/1992, ao instituírem a pena de perda da função pública, o fazem em termos lacônicos, sem a especificação de qual seria o cargo atingido pela sanção. Aparentemente, a possibilidade de alteração na situação funcional do agente não foi cogitada pelo constituinte ou pelo legislador, que deixaram de prevê-la nos textos normativos sobreditos. Esta omissão legislativa criou o problema prático de definir se a singela expressão "perda da função pública", contida nos dispositivos elencados, possui conteúdo suficiente para impor a pesada sanção mesmo nos casos em que o cargo ocupado pelo agente ao tempo da condenação for diverso do múnus exercido quando da prática do ato ímprobo.

Para o Ministro Napoleão Nunes Maia Filho, os conflitos trazidos ao Poder Judiciário não podem ser decididos com base apenas nas leis escritas – as quais representam, em sua visão, um ponto de partida para a construção da solução mais justa do caso concreto. A resposta jurisdicional aos litígios, ao contrário daquela dada pela Administração, não seria vinculada à mera aplicação da Lei (tarefa que caberia ao Poder Executivo), mas sim à busca da realização da Justiça em cada conflito[12].

Esta compreensão, entretanto, cede à exigência de legalidade estrita em matéria sancionadora, na qual a imposição de penas deve seguir, de maneira fiel, o catálogo instituído pelo Legislador. Consequentemente, mesmo admitindo a atuação criativa do Poder Judiciário em sede de direitos sociais ou previdenciários, para alargar seu conteúdo a hipóteses não

[11] ARAÚJO, Paulo Henrique Figueiredo de. A colmatação de lacunas legislativas na ação de improbidade administrativa: diálogo entre o civil e o penal. *Revista da AGU*, Brasília, v. 14, n. 3, jul./set. 2015, p. 209-230.

[12] MAIA FILHO, Napoleão Nunes. *Direitos e garantias fundamentais na jurisdição sancionadora: valores e princípios garantísticos na efetivação da legislação punitiva*. Fortaleza: Imprece, 2018. A insuficiência das regras legais escritas para a solução de conflitos jurídicos práticos, para a qual atenta o autor, é também um dos fundamentos da escola conhecida como *realismo jurídico*, que se difundiu principalmente nos Estados Unidos na primeira metade do século XX, como expõe GREEN, Michael. Legal realism as a theory of law. *William and Mary Law Review*, Williamsburg, v. 46, n. 6, 2005, p. 1.915-2.000.

previstas na literalidade do texto legal, o Ministro Napoleão Nunes Maia Filho não concorda com a relativização do princípio da legalidade em prejuízo das garantias fundamentais do acusado.

Ainda em razão da proximidade entre as lides penal e de improbidade administrativa, ambas espécies do gênero Direito Sancionador, Sua Excelência destacou que, consoante a jurisprudência das Turmas que compõem a Terceira Seção, bem como da Corte Especial do STJ (ao julgar matéria penal em competência originária), a perda do cargo enquanto efeito da condenação criminal (prevista no art. 92, I, do CP) só alcança aquele ocupado pelo agente quando praticou a conduta típica[13]. Por isso, se mesmo na esfera mais gravosa a perda da função não tem efeitos tão largos, não seria possível, à míngua de previsão legal, adotar entendimento diverso no âmbito da improbidade administrativa.

Por fim, para além destas considerações técnicas, o Ministro Napoleão Nunes Maia Filho discorda da equiparação entre a pena de perda da função e a *extirpação* do servidor condenado – e aqui brilha, com ainda mais força, a vertente humanitária de seu pensamento. Como expôs no voto vencido, *extirpar* uma pessoa do serviço público, na forma proposta pela Segunda Turma no REsp. 924.439/RJ, equivaleria a impor-lhe uma pena perpétua, análoga ao banimento, e desumana, hipóteses vedadas pelo art. 5º, XLVII, alíneas “b”, “d” e “e” da Constituição Federal.

Consequentemente, mesmo abstraindo-se o princípio da legalidade estrita, a finalidade do art. 12 da Lei 8.429/1992 não seria *banir* o servidor da Administração, ao contrário do que entendeu a tese vencedora no julgamento, pois tal exegese iria de encontro às determinações constitucionais das penas em geral. Para Sua Excelência, a imposição de uma sanção tão abrangente retiraria do réu a possibilidade de se regenerar, principalmente porque as *condições ambientais* que permitiram o cometimento do ato ímprobo não mais subsistiriam, em razão da troca de cargo. No exercício de uma nova função, o agente teria a oportunidade de recomeçar e restaurar sua história funcional – via esta que lhe seria subtraída, caso perdesse o cargo atualmente ocupado apenas pelo receio de que pudesse eventualmente voltar a errar.

A condenação por improbidade administrativa, deste modo, extrapolaria os seus efeitos (já bastante severos) e concorreria para tornar o deman-

[13] APn 629/RO, de relatoria da Ministra Nancy Andrighi, DJe de 28/06/2020; HC 482.458/SP, de relatoria do Ministro Sebastião Reis Júnior, DJe de 05/11/2019.

dado um pária, degredado e marcado eternamente como *ímprobo*. Todavia, o Direito Sancionador moderno não pode admitir qualificações ou rótulos para o agente: no raciocínio jurídico, ímprobo é adjetivo que descreve, no máximo, o ato por ele praticado, mas jamais o seu autor.

Na ótica do Ministro Napoleão Nunes Maia Filho, a *extirpação* do agente mais se aproximaria de uma perseguição movida pelo rancor do que propriamente da aplicação técnica de uma sanção; não obstante, como já alertava Mário Guimarães[14], "quem fala, na sentença, é o juiz, *e juiz não tem rancor*. O homem é que pode os ter". Vê-se, com esta parte final de seu voto, a grande preocupação nutrida por nosso homenageado com a progressiva exigência de *standards civilizatórios* para a atividade sancionadora, que não pode ser impulsionada por paixões ou sentimentos de vingança.

Conclusões

Conquanto seja impossível fazer jus à genialidade do Ministro Napoleão Nunes Maia Filho nestas breves linhas, espera-se que o exame dos fundamentos de seu voto consiga transmitir ao leitor um breve recorte do pensamento garantista por ele defendido, como já realizado pelo egrégio STF em outras oportunidades a partir do voto vencido do Ministro Napoleão no STJ[15]. Ao defender uma interpretação restritiva do art. 12 da Lei 8.429/1992, o Ministro alinha-se ao princípio da legalidade estrita em matéria sancionadora, como sugerido no voto do relator; além disso, demonstra que crê na capacidade de regeneração e crescimento próprios do ser humano, recusando-se a enxergá-lo como a soma de seus piores atos.

A aplicação desta lente ao processo sancionador é, de fato, uma proposta radical de mudança paradigmática. Enquanto a imposição de san-

[14] GUIMARÃES, Mário. *O juiz e a função jurisdicional*. Rio de Janeiro: Forense, 1958, p. 360.

[15] Como exemplos de julgamentos em que o voto do Ministro Napoleão Nunes Maia Filho, vencido no STJ, esteve em sintonia com a tese posteriormente adotada pelo STF podem ser citados os casos da incidência de IPI na importação de automóvel para uso pessoal (REsp. 1.396.488/SC, apreciado sob o rito dos Recursos Especiais Repetitivos, tendo como relator o Ministro Humberto Martins e no qual o Ministro Napoleão restou vencido, DJe de 17/04/2015; a tese foi modificada pelo STF no RE 723.651/PR, de relatoria do Ministro Marco Aurélio, DJe de 05/08/2016) e da exclusão do ICMS da base de cálculo do PIS e da COFINS (REsp. 1.144.469/PR, de relatoria do próprio Ministro Napoleão, que ficou vencido, e relator do acórdão o Ministro Mauro Campbell Marques, DJe de 02/12/2016; no STF, a virada jurisprudencial aconteceu no julgamento do RE 574.706/PR, de relatoria da Ministra Carmen Lúcia, DJe de 02/10/2017).

ções (seja na esfera criminal ou no âmbito cível-administrativo) costuma ser determinada pela valoração de tudo que o agente fez de ilícito ou imoral – em suma, pelas circunstâncias que lhe são desfavoráveis –, o Ministro Napoleão Nunes Maia Filho, com sua fé inabalável no indivíduo, prefere vislumbrar os caminhos pelos quais este pode reconstruir sua trajetória humana. No sistema axiológico napoleônico, a virtude máxima da Justiça está muito mais próxima da *misericórdia* do que da *retribuição*.

Ao comentar o infame simulacro de processo penal que resultou na crucificação de Jesus Cristo, a partir do exame da narrativa dos Evangelhos, o grande jurista Ruy Barbosa concluiu que a *coragem* é uma qualidade indispensável ao exercício da judicatura[16]. A vertente de pensamento da célebre Águia de Haia não ficou órfã em nosso cenário jurídico: a coragem do Ministro Napoleão Nunes Maia Filho em argumentar, divergir e, muitas vezes, em não acatar o pensamento predominante engrandece e inspira enormemente o Poder Judiciário brasileiro, principalmente os pequeninos (nós) que têm a honra de ouvi-lo diariamente.

Os autores deste trabalho, que construíram, no convívio diário, uma admiração permanente pelo Poeta, Professor, Jurista e principalmente pelo ser humano que é o Ministro Napoleão Nunes Maia Filho, não podem deixar de parabenizá-lo por essa coragem. Dotado de uma personalidade lírica ímpar, forjada no clima do semiárido cearense, o homenageado é fã incontestável da obra do saudoso Rei do Baião. Em uma de suas canções mais melancólicas, a qual ousamos parafrasear para transmitir ao leitor a tristeza que sentimos nesse momento, podemos dizer: *e a Justiça cega dos olhos, não vendo a luz, grita de dor.*

A Justiça brasileira perde um dos maiores expoentes do garantismo, que tem a habilidade de se despir de qualquer vaidade e de se colocar no lugar do outro; nos deixa órfãos do seu convívio diário, mas jamais poderemos esquecer de tudo que aprendemos ao longo desses anos, e aqui não falamos apenas de direito – que o Ministro conhece profundamente, mas não foi o mais importante que nos ensinou. O mais importante é o que aprendemos sobre alteridade, humanidade, justiça e amor.

[16] BARBOSA, Ruy. Obras Completas de Ruy Barbosa. A Imprensa, vol. XXVI, tomo IV, 1899.

Referências

ANDRADE, Adriano; MASSON, Cleber; ANDRADE, Landolfo. *Interesses difusos e coletivos.* 10. ed. São Paulo: Método, 2020.

ARAÚJO, Paulo Henrique Figueiredo de. A colmatação de lacunas legislativas na ação de improbidade administrativa: diálogo entre o civil e o penal. *Revista da AGU*, Brasília, v. 14, n. 3, jul./set. 2015, p. 209-230.

BARBOSA, Ruy. *Obras Completas de Ruy Barbosa.* A Imprensa, vol. XXVI, tomo IV, 1899.

BITENCOURT, Cezar Roberto. *Tratado de direito penal.* 25. ed. São Paulo: Saraiva, 2019, volume 1.

FEUERBACH, Paul Johann Anselm Ritter von. *Lehrbuch des gemeinen in Deutschland gültigen peinlichen Rechts.* Giesse: Georg Friedrich Heyer, 1847.

GREEN, Michael. Legal realism as a theory of law. *William and Mary Law Review*, Williamsburg, v. 46, n. 6, 2005, p. 1.915-2.000.

MAIA FILHO, Napoleão Nunes. *Direitos e garantias fundamentais na jurisdição sancionadora: valores e princípios garantísticos na efetivação da legislação punitiva.* Fortaleza: Imprece, 2018.

GUIMARÃES, Mário. *O juiz e a função jurisdicional.* Rio de Janeiro: Forense, 1958.

NOBRE JÚNIOR, Edilson Pereira. Sanções administrativas e princípios de direito penal. *Revista de Direito Administrativo*, Rio de Janeiro, v. 219, jan./mar. 2000, p. 127-151.

OSÓRIO, Fábio Medina. Conceito e tipologia dos atos de improbidade administrativa. *Revista de Doutrina da 4ª Região*, Porto Alegre, n. 50, out. 2012.

PIERANGELLI, José Henrique; ZAFFARONI, Eugenio Raúl. *Manual de direito penal brasileiro.* 11. ed. São Paulo: Revista dos Tribunais, 2015.

ROCHA FILHO, Altair Soares da. *Penaliformidade do ilícito de improbidade administrativa e a jurisprudência do Tribunal Regional Federal da 5ª Região e dos Tribunais Superiores: decorrência da unicidade do jus puniendi* (dissertação de mestrado). Natal, UFRN, 2018.